AF236272

Pitt
Die Heimsuchung des Lesers

*Uns beschäftigen Gedanken, die brennen.*
*Wir kommen auf sie zurück,*
*auch während produktiver Tätigkeiten, kaufmännischer.*
*Wir fahren aus dem Schlaf auf und sind sofort wieder da.*

Gottfried Benn, Doppelleben

Pitt

# Die Heimsuchung des Lesers

Literaturgeschichten

Ein Projekt der Agentur am Aspersort
August-Krogmann-Straße 174, 22159 Hamburg
Telefon 040-64551454, E-Mail: peter-aspersort@t-online.de
www.agentur-aspersort.hamburg

© 2020 Armin Peter

Gestaltung, Satz, Umschlagfoto:
Christian Wöhrl, Hoisdorf, feingedrucktes.de

Bibliografische Information der Deutschen Nationalbibliothek:
Die Deutsche Nationalbibliothek verzeichnet diese Publikation
in der Deutschen Nationalbibliografie; detaillierte bibliografische
Daten sind im Internet über dnb.dnb.de abrufbar.

Herstellung und Verlag:
BoD – Books on Demand, Norderstedt.
ISBN: 9783751998956

# Inhaltsverzeichnis

# Die Steine aus dem Goethehaus

Am Himmelfahrtstag öffnete sich ein Himmel: ein Schaukelstuhl in ledernem Patchwork auf anmutig schwebendem Gestell, ein Bett, ein Stuhl vor einem runden Tisch, ein Holzspind, geschmückt mit zwei untereinander stehenden Spindeln, ein Waschbecken vor blanken Fliesen unterm Spiegel, ein Südfenster im Kirschbaumschatten, ein Regal darunter, exakt vermessen an der Zahl der Bücher, die im Koffer Platz gehabt hatten. An der Schrägwand würden Goethe, Nietzsche, Benn aus ihren Bilderrahmen herabschauen auf den Leser, wenn er in seinem Himmel (das meinte der: „und alle Lust will Ewigkeit") erst angekommen wäre. In drei Tagen.

Den Himmel hatte der Zufall geöffnet. Wie? Hat nicht der Physiker des Jahrhunderts erklärt, Gott würfele nicht, und der berühmte Biologe, aus Steinwürfen lasse sich kein Pantheon erbauen? Und nun dieser Himmel: ein Zufallsgewölbe? Pitt, Erstsemester, hatte in der studentischen Zimmervermittlung das Los Nr. 111 gezogen, auf den ersten Blick eine schiere Niete, denn die preiswerte Mansarde lag, wie der Hamburg-Plan im Astabüro verriet, in einem abschreckend fernen Vorort. Und wirklich: Nicht enden wollte die Fahrt mit der U-Bahn, auch die Straße vom Bahnhof zum Häuschen in der Siedlung streckte sich. Das Zimmer könne erst in drei Tagen bezogen werden, sagte der Hauswirt, dessen Frau verreist war. Keine Herberge in der fremden Stadt, 1959, die Wohnungsnot nach dem Kriege war noch nicht am Ende. Die Jugendherberge auf dem Stintfang war überbelegt, und die kleinste Pension war zu groß fürs Portemonnaie. Die Mansarde war das große Los.

Der Hausherr, alt, doch noch nicht so alt wie Pitt heute, zierlich gebrechlich, war scheu-befangen gegenüber dem Obdachlosen, mit dem er ohne seine Frau nicht resolut verhandeln mochte. Im Wohnzimmer stand wandhoch, im rechten Winkel aufgeschlagen, die bunte Collage aus zweitausend Bücherrücken. Im Winkel der Bücherwände stand oben, schimmernd in einem dunkel metallischen Glanz, der Kopf des Kerubs, der die Bücherflügel zu regieren schien, das Büstenhaupt Goethes. Der alte Mann, der den staunenden Eindringling jetzt mit einem versonnenen Lächeln betrachtete, sagte: „Da könnten Sie sich bedienen, junger Mann. Ich lese nicht mehr viel." Ja, das große Los: eine Lesezelle über einer großen Bibliothek.

Pitt hatte sich an der Hamburger Universität für die Volkswirtschaftslehre eingeschrieben, und der alte Mann lachte freudig, als er das hörte: das sei auch sein Fach gewesen, in der Kaiserzeit, in Berlin, nur habe man das damals Staatswissenschaften genannt, „phänomenal, ein Kommilitone."

Der Gast war an das Regal getreten, und als er die huschenden Blicke hier und da an die Rücken vertrauter Bücher heftete, ertönte hinter einem Vorhang neben dem Regal ein Blechscheppern. „Einen Moment, junger Mann, ich muss in den Laden", sagte der alte Mann, auf dessen Gelehrtengesicht ein Zug schmerzlicher Resignation erschienen war, „ja, ich muss wohl." Schon war er hinter dem Vorhang verschwunden. Die Wanderung durch das Bücherpanorama war durch das Bimmeln nicht gestört worden. Dostojewski, Goethe, Heidegger, Hölderlin, Ludwig Klages, Oswald Spengler, „sogar der verrückte Weininger", Hamsun. „Das war nur ein Bote. Wissen Sie, meine Frau betreibt diesen kleinen Laden, Süßwaren, Kaffee und so" – auch Tee und Zigaretten im Sortiment? Ja. Das große Los, der Himmel, die Stimulantien, das Paradies für Logophagen. Fern lagen die Volkswirtschaft und der graugrüne Kuppelbau der Universität mit seinem erhaben plakatierten Versprechen: „Der Forschung, der Lehre, der Bildung."

Arthur Ohlsen war kein lebenspraktischer Mann und hatte sich keine Gedanken über die akute Wohnungsnot seines neuen Hausgenossen gemacht. Der tippelte mit einem Alb zum U-Bahnhof zurück. Doch es fand sich, am späten Abend, eine Bleibe für ihn in der Baracke der Bahnhofsmission neben den Gleisen. Auf seinem Pritschenlager unter dem quietschenden Lattenrost des Bettes über ihm, auf dem sich ein Heimatloser wälzte, träumte er sich in die Mansarde: in das erste eigene Zimmer, das er bewohnen würde.

Unter seinem Bett lag der Koffer mit seinen von Wäschebündeln gepolsterten Büchern. Viele waren es nicht, doch der Koffer war schwer – „ist da Gold drin?" hatte die Heimleiterin gefragt. Zuhause war er in der Stadtbibliothek ein Kunde mit beachtlichen Umsätzen gewesen. Zuhause, in einer für eine große Familie viel zu kleinen Wohnung, hatte er seine Bücher in der Küche lesen müssen, im Winter tapfer der kostspieligen Versuchung widerstehend, die erstarrten Hände am Gasherd zu wärmen. Die Staats- und Universitätsbibliothek hatte er gleich nach der Immatrikulation besichtigt, auch eine kleine Fakultätsbibliothek am Nonnenstieg. Überall Vorräte in Hülle und Fülle. Es gibt einen Himmel für Leser. Er hatte ihn gefunden, in einer begeistert „Studio" genannten Kammer für 60 Mark Miete.

Heute, sechzig Jahre später, steht die Büste Goethes, metallisch dunkel glänzend, in Pitts Arbeitszimmer, das er immer noch sein Studio nennt. Arthur Ohlsen hatte sie ihm vermacht. (Im vollgestopften Studio fand sie ihren Platz nur auf der Fensterbank, und die Insassen der Busse, die von der Thomas-Mann-Straße aus vorbeifahren, schauen auf den dunklen Kopf und wundern sich, dass einer zu allen Tageszeiten am Fenster sitzen kann). Sie ist eine Gipskopie des Werks von Christian Daniel Rauch aus dem Jahre 1820, das Goethe „wirklich grandios" fand. Die Augen über den leicht hängenden Wangen sind leer. Dennoch scheinen kritische Blicke auf die Regale zu fallen, als missbillige Ohlsens Kerub das Sammelsurium. Die Bücher lassen kein Ordnungsprinzip erkennen, keine Rangnachbarschaften, kein Muster von Wahlverwandtschaften, nicht den Ansatz einer Fächerlogik. Auch die Menge der Bücher kann ein Zeichen von Unordnung sein. Fünfzig Bücher, meinte George, sollten reichen, aber es müssten heilige Bücher sein. Goethe hatte am Frauenplan mehr Bücher, genau 5424 Titel, und er hatte doch die großherzogliche Bibliothek zu seiner Verfügung.

Doch das Regal birgt Dinge, die das tote Auge Goethes in höchster Neugier aufflammen lassen könnten. Vielleicht die zweiundzwanzig weinroten Cotta-Bände, die den Primaner nachhaltig ruiniert und ihn gezwungen hatten, in der Baracke der Bahnhofsmission zu nächtigen? Oder die Borde der Goetheana? Oder gar das kleine Buch[1], in dem Pitt Goethes Meriten als Manager und seine Führungslehre beschrieben hat? Nein, die Gegenstände auf dem Bord, die in Goethes Augenhöhlen Funken des Wiedererkennens aufglimmen lassen könnten, sind von grober irdener Natur.

Es sind zwei Steine aus hart gebranntem Ton, der eine massiv, der andere flacher, von Mörtelresten befreit wie von der Hand ordentlicher Trümmerfrauen, Backsteine, hingestellt als Bücherstützen, die eine feinkrümelige Spur auf das Holz legen. Es sind Mauersteine aus Goethes Vaterhaus am Großen Hirschgraben, das am 22. März 1944 in Schutt und Asche gefallen war, am Todestag Goethes. Vielleicht war einer der Steine aus der Wand der Kammer gebrochen, aus der Werther seinen Lauf um die Welt angetreten hat. Hatte er vielleicht das Echo des ersten Lebensschreis geworfen in dem Zimmer der gefährlichen Geburt, die den Großvater inspirierte, in amtlicher Eigenschaft die Geburtshilfe zu reformieren? Der flache Stein könnte seinen Platz in Frau Ajas Küche gehabt haben: steigt nicht ein feiner Duft empor zur Nase, der Rauch den edlen Schwung gegeben hat?

Nach dem deutschen Krieg, dem zweiten, hatte ein Liebhaber der Literatur das zerstörte Haus in fetischistischer Begierde heimgesucht. Er konnte der Versuchung nicht widerstehen: er klaubte die Steine aus Trümmern und Staub. Fast zwanzig Jahre später war der Dr. Rehden, Chefvolkswirt eines Unternehmensverbandes, Pitts erster Chef. Es hatte in seinem Lebensplan gelegen, ein Buch zu schreiben über ein berühm-

---

1  Pitt, Goethe als Manager – eine Führungslehre, Hamburg 1986/88

tes Buch des George-Kreises, Friedrich Gundolfs *Goethe*, denn auch er fühlte sich diesem Kreis verbunden, als ein „Enkel" Stefan Georges. Er wollte die Steine nicht stehlen, er wollte sie „bergen". Als Ernst Beutler 1947 zum Wiederaufbau des Goethehauses aufrief, hatte er den Gedanken verworfen, die Steine mit einem Reuebekenntnis an ihren historischen Standort zurückzuschicken: das sei ihm doch peinlich gewesen, und ohnehin habe der Bombenhagel Tausende von Steinen zu Staub und Splitter zermalmt. „Wenn Sie ein Haus bauen, mauern Sie die Steine in eine Wand", hatte er gesagt, als er sie Pitt schenkte. Der hat sie nur mobil in seine Bücherwand gebaut, denn er ist nicht der Eigentümer der Goethesteine; er wird sie zurücktragen nach Frankfurt, wo er lange gewohnt hat, wenn das Freie Deutsche Hochstift es verlangt.

Ob Flickenteppich oder Masterplan des Weltgeistes: in Pitts Bücherwand wird es immer ein Zentrum geben, unverrückbar, bis die Bücher nach dem Tod zum Trödler gehen. Auf zwei ihrer Etagen reihen sich in der Mitte die Bücher Goethes und Thomas Manns, der sich oft im Bilde Goethes gesucht hat. „So heb', o Leser, denn dein Auge auf / Mit mir zu jenen Kreisen dort, den hehren, / Wo eine Bahn berührt der andren Lauf" (*Göttliche Komödie*). Dort sollen auch die Trümmersteine stehen, unbeweglich wie der Grundstein im Haus am Großen Hirschgraben, den der Knabe Wolfgang beim Umbau des Vaterhauses gelegt hatte, als Totempfähle der Buchkultur. Gäste, die nach den erratischen Steinen im Regal fragten, erfuhren ihr ihr Geheimnis nie. „Das ist ein Symbol. Bücher sind Bausteine in einem Gebäude."

Als Thomas Mann in Kalifornien – jahrelang eine Heimstatt der deutschen Literatur – ein Haus kaufen wollte, wurde ihm ein Haus mit einer repräsentativen deutschen Bibliothek angeboten. Er hat es nicht gekauft. Seine Skizze zum Aufbau seines Bücherregals im ersten ehelichen Heim in München – die gekritzelte Büste auf dem obersten Bord fehlt nicht – ist überliefert: die Topografie seiner Heimat. Über dem Bord für Bibel, Philosophie und Kritik, das auf einem Fundament von Lexika ruht, stehen nebeneinander Lessing, Goethe, Schiller, Platen (könnte man doch den nächsten Namen lesen!), Eichendorff, Kleist, die Romantiker, Hebbel, links oben neben den drei Borden für Russisches die modernen Deutschen (Fontane, Hauptmann), rechts oben Engländer und Skandinavier. Wir leben in einem Haus, das wir aus Büchern gemauert haben.

Der Dr. Rehden, der mit seinem Gundolf-Goethe nicht fertig geworden ist, lebte in einer Drei-Zimmer-Wohnung, in der es nur in Bad und Küche Stellen nackter Wände gab. In seinem Studio standen die Regale, doppelseitig bepackt, frei im Raum. Da er auch die bildenden Künste liebte, hingen Bilder vor den Bücherrücken, ja Plastiken schwebten unter der Decke. Er hat erwogen, die Arbeitsplatte, auf der sich die Notizen für sein ungeschriebenes Buch häuften, von Bücherstapeln tragen zu lassen. Sprach er zu seinem Mitarbeiter über ein Buch, konnte er es finden, als sei ein RFID-Sender in seinem Einband verschweißt. Nur Georges *Tage und Taten*, die er ihm schenken wollte, musste er lange suchen, ehe er sie im Küchenschrank fand: aber sie waren kein Buch, sondern ein Stapel kopierter Miniblätter in einer schwarzen Schatulle.

Pitt spaziert gern durch gewachsene urbane Wohnviertel, in denen die Häuser hohe Fenster ohne Gardinen haben, durch Straßen, in denen sich Villen nicht allzu tief im Gartengrün verstecken, kurz: an Häusern vorbei, die Architektur und Licht transparent machen. In ihnen werden Lesewelten sichtbar. Oft sind die Bücherwände in den fremden Räumen nur vom Schein einer Leselampe erhellt. In seinem Kegel sieht man einen dunklen Schopf, eine graue Tolle, eine silbrig gerahmte Glatze. Wie der Herr, so's Gescherr: da sind die dunklen Edelhölzer in Dekor und Massivität der bildungsbürgerlichen Vorzeit, da schwingen die weißen Schleiflackbretter, da fügen sich die multifunktionalen Buchgerüste in der grauen Kargheit von Depots, da stapeln sich Ikeaboxen. Das Gestell der Buchkultur, aufgebaut von Jahrzehnten, und überall offenbart sich die Not, die Masse der Bücher unterzubringen, ohne sie wie Backsteine an den Wänden aufschichten zu müssen. Türen werden von Büchern gerahmt, Behelfsregale stören die Harmonie des Raums. Hinter den Fenstern leben Menschen von Büchern umstellt.

Pitt hat einmal einen Vortrag in der Hamburger Warburg-Bibliothek halten dürfen. Sie ist nur eine Rekonstruktion, denn die deutschen Schrifttümler haben sie ins Ausland verjagt, als sie wähnten, sie sei nicht deutsch genug. Aby Warburg bot dem Hamburger Philosophen Ernst Cassirer, dem Rektor der Universität, eine zweite Lese- und Forschungsheimat. Der fand in ihr ein geistiges Kunstwerk eigener Art, den geheimen Bauplan eines großen Buches, das er in der *Philosophie der symbolischen Formen* schrieb. Nicht im Stofflichen allein verkörperte die Weltsammlung den philosophischen Entwurf, sondern im „Prinzip ihres Aufbaus": hier waren die Segmente des Forschens und Wissens „aufeinander und auf einen gemeinsamen ideellen Mittelpunkt bezogen". Welch ein Ordnungstraum! Wie der Buchtraum Dr. Rehdens ist Pitts privater bibliothekarischer Ordnungstraum Traum geblieben. Das wurde ihm während seines Vortrages im Angesicht der Bücheremporen schmerzlich bewusst.

Und manchmal stehen wir staunend vor den haushohen Bücherwänden der Schloss- und Stiftsbibliotheken, den metallisch glänzenden Mauern der Lederrücken und fragen uns: wo sind die Leser, die noch auf die Leitern steigen oder schwindelfrei auf Stegen balancieren, um eines der Prachtexemplare aus den geschlossenen Reihen zu brechen? Der Antiquariatsjournalist Bernt Ture von zur Mühlen erinnert an die Inschrift über dem Portal des barocken Büchersaals der St. Gallener Stiftsbibliothek, in griechischen Lettern: Psyche Iatreion. Wer eine solche „Heilstätte der Seele" in Büchersammlungen erblickt, ist auch bereit, vier- bis sechsstellige Summen für ein einziges Buch auf den Auktionstisch zu legen. Das Jahr 2019, sagt der Kenner der Kostbarkeiten in der Zeitschrift *Kunst und Auktionen*, war das Jahr der Inkunabeln, jener absoluten Raritäten aus der Frühzeit der Gutenberg-Revolution, in der die Druckkunst aus Wiegen und Windeln zum Imperium heranwuchs.

Auch die Autographe, von denen sich Stefan Zweig faszinieren ließ, sind en vogue. Ob er wohl, lebte er heute, für die Briefe der Dichter Paul Celan und Franz Kafka, ja für die Rätselmanuskripte Robert

Walsers 22 bis 28.000 € ausgeben würde? Und was könnte Pitt bei Stargardt, dem Weltmarktführer für Handschriftliches, heute erwarten, wenn er in einen heute hundert Jahre alten Brief Thomas Manns, der ihm vor sechzig Jahren zum Kauf angeboten wurde, investiert hätte. Astronomisch Sechsstelliges zahlen Sammler für Erstausgaben der berühmtesten Bücher des 20. Jahrhunderts, wenn sie eine persönliche Widmung von Autor zu Autor ziert und dazu noch der Schutzumschlag erhalten ist, wie uns der Antiquar Rick Gekoski in seinen Erinnerungen *Eine Nacht mit Lolita* erzählt hat.

Als die Deutsche Bibliothek im Frankfurter Nordend gebaut wurde, hat Pitt oft in die gewaltige Baugrube geschaut. Er sah einen Glaspalast vor seinem geistigen Auge aus mehrstöckigen Kellergewölben herauswachsen. Dort werden sich, dachte er, Millionen Bücher zu stabilen Wänden stapeln, dort, aus den Minengängen des Weltgeistes, werden Bücher immer wieder ans Licht gefördert, die neuen Herders, Hegels, Burckhardts und Cassirers Baumaterialien für ihre Phänomenologie eines glücklichen Geistes liefern. Als er Jahre später einmal um Mitternacht, neugierig spähend, vor der alten Deutschen Bücherei in Leipzig (jetzt mit der Frankfurter zur Nationalbibliothek vereint) stand, öffnete plötzlich ein Hausmeister die Tür, und er führte ihn durch Traumräume, die ihm viele Jahrzehnte lang verschlossen waren (o ja, die Sachsen sind freundlich!).

Gibt es noch das Herrenzimmer, das voremanzipatorische Refugium des Paterfamilias oder des Professors, der noch im Talar erscheinen durfte? In ihm steht ein Rauchtisch neben der Stehlampe am Ohrensessel, in der Tiefe des Raums ahnt man die Wucht des Schreibtisches und des Lederstuhls mit den knorrigen Lehnen. Das Licht spiegelt sich in den Scheiben des Bücherschranks, die von Schnitzwerk gefasst und von schnörkeligen Gittern geschützt werden. Walter Benjamin hat bei seinen Recherchen zu den Pariser Passagen notiert: „sehr wichtig: Butzenscheiben in der Schranktür, aber gab es so etwas auch in Frankreich?" (*Passagenwerk*). Die Sonntagsleser, die kulturell ambitionierten

Lebenspraktiker, schränken die Stückzahl ihrer Bücher ein, damit die Literatur nicht Unordnung in ihre Häuslichkeit bringt. Victor Klemperer hat berichtet, dass die mörderischen Banausen mit Vorliebe die Herrenzimmer ihrer Opfer geraubt haben. Ein Herrenzimmer gab es in Pitts Elternhaus auch, durch eine Schiebetür vom Wohnzimmer – dem Frauenzimmer? – getrennt, bis Krieg, Tod und Wohnungsnot der Herrlichkeit ein Ende setzten. Links und rechts am Bücherschrank die stets verschlossenen Türen mit den geschnitzten Putten im Kranz, in der Mitte die bebende Scheibe, hinter der Lexika und Lederbände in Goldschnitt wie Geschmeide in einer Schatztruhe leuchteten.

Arthur Ohlsen hatte keinen Bücherschrank. Einladend reihten sich die Bücher an den zwei Wänden, und ein dreistufiges Treppchen sicherte den Zugang zu den obersten Borden. Eine Sammlung von fünfzig Jahren! Nie hätte Pitt in einem fremden Haus die Glastür eines Bücherschranks geöffnet, doch hier war das Prinzip der Selbstbedienung – das im Lädchen der Frau Ohlsen noch nicht galt – etabliert, ohne Regel und Fristen. Der alte Mann hatte sich von seiner Bibliothek verabschiedet. Gibt es einen Ruhestand für Leser? Wie ein Keulenschlag traf es Pitt, als der alte Mann sagte: „Ich lese nur noch Chandler."

Lagen Traurigkeit und Kummer in seinem Gesicht, dessen Falten doch den Schimmer der Jugend nicht vollends verdrängt hatten? Pitt wusste nicht, dass auch Chandler ein großer Künstler ist. Seine Bücher standen nicht in den Regalen, sie stapelten sich auf dem Nachttisch in der Kammer, in der der alte Herr als Zimmernachbar seines jungen Hausgenossen schlief und nächtelang las. Hatte Philip Marlowe so viele Fälle zu lösen?

Der Hausherr hatte eine Tochter, die in dem hannoverschen Vorort wohnte, den Pitt eben verlassen hatte, Kirchrode. „Kennen Sie auch Kirchhorst?" Er hatte mit einem sicheren Griff einen grünen Band aus dem Regal genommen. „Den müssen Sie doch kennen. Das ist doch Ihr Landsmann." Pitt hatte noch nie etwas von Ernst Jünger gelesen. Er hatte auch schon mal Hermann Löns gelesen, der in Kirchrodes Tiergarten seinem Jagdhobby nachgegangen war, sogar einige Schriften Theodor Lessings, weil der sich in seinem Kirchröder Haus mit dem gruseligen Phänomen des Massenmörders Haarmann beschäftigt hatte – warum sollte er nicht auch mal Ernst Jünger lesen, der seine *Kirchhorster Blätter* während des Krieges im alten Pastorenhaus des ferneren Nachbarorts geschrieben hatte?

Auch Ernst Jünger hat sein Leben von Büchern umstellt. Seine Wilflinger Oberförsterei ist groß, fast ja ein Schloss, doch er musste Bestände in Nachbarhäuser auslagern – kein Wunder bei einem, der sich im Uralter die *Encyclopædia Britannica* kauft. Zweimal hat sogar ein „toller Leser" wie François Mitterrand Jüngers Bibliothek bewundert. „Was durch Bücher reinkommt, kann für Bücher draufgehen" – ja, lebte er denn von Mäzenen? *Strahlungen* hieß der grüne Band, den Arthur Ohlsen dem Proselyten in die Hand drückte – das Tagebuch, in dem Frankreichs Präsident bei einem Treffen mit Bundeskanzler Kohl in Konstanz immer „unter dem Tisch" gelesen hat.

Strahlungen erfüllen Häuser, in denen Bücherwände tragende Wände sind. Sie treffen Hirn und Herz, Sinne und Nerven, und wir wissen nicht, wie sie die Bewohner treffen. Eine Bücherwand ist ein Vorhang vor einem Tor, das sie in die Freiheit und in die Gefangenschaft führt, ein Apparat, der Wellen zerstreut und bündelt, eine Leinwand, auf der ein Film läuft: er könnte *Phänomenologie des Geistes* oder *Die Welt als Wille und Vorstellung* oder *Der Zauberberg* oder *Wahlverwandtschaften* heißen. Und in jedem Film spielen sie eine kleine persönliche Rolle; denn was ist ein Film ohne Zuschauer? Nichts gegen Raymond Chandler, aber die Verführungskraft, mit der er den alten Ohlsen von seiner Bücherwand weggelockt hatte, nahm Pitt ihm übel, damals und noch heute – mein Gott, der Jünger hat noch mit hundert Jahren *Ein weites Feld* von Günter Grass gelesen!

Fast hundert Tage lang hatte ihm die Ohlsensche Bibliothek wie sein Eigentum zur Verfügung gestanden. Der Leser im Ruhestand hat den Anfänger mit einem Legat bedacht: er dürfe sich nach seinem Tode in freier Wahl aus den Regalen zu eigen machen, was ihm gefiele. In den *Kosmogonischen Eros* von Ludwig Klages, dem Jugendfreund des Theodor Lessing in Hannover, hatte der Verstorbene eine Widmung geschrieben: „Mit dem Wunsch, diesem Buch einen Ehrenplatz in Ihrer Bibliothek zu bewahren." Das Buch steht in Pitts Regalen in der schmalen Reihe der Bücher, die er sich als Erbschaft genommen hat, neben den *Strahlungen* oder Heinrich Seidels, des kühnen Ingenieurs Idylle *Leberecht Hühnchen*, einem Bestseller von Annodazumal, der auf den Erblasser bedauerlicherweise nicht antidepressiv gewirkt hatte, auch Friedrich Huchs *Pitt und Fox* (warum wollte Hans Magnus Enzensberger, wie Siegfried Unseld in seinen *Reiseberichten* erzählt, das schöne Buch nicht in der Bibliothek Suhrkamp sehen, nicht den Namen des Enkels Friedrich Gerstäckers, der den Schüler Pitt auf den Nordamerika-Expeditionen geführt hat? Hatte nicht Thomas Mann dem jung Verstorbenen die Trauerrede gehalten und gelobt, den „edlen Dichter" niemals zu vergessen?).

Bibliotheken erbt man nicht. Die Bücherwände gehören zu dem Haus, das man selber baut. Sie illustrieren Geschichten des eigenen Lebens – von Begegnungen, Erlebnissen, Heimsuchungen. In „meines Vaters Bibliothek" kann ich ein Erkunder sein. In der im repräsentativen Möbel eingeschränkten Bibliothek seines toten Vaters interessierten Pitt nur die Bücher, in denen der Vater Marginalien hinterlassen hat; wer nie mit seinem Vater gesprochen hat, muss mit den Büchern sprechen, die zu ihm gesprochen haben.

Ernst Jünger denkt in Generationen. Wenn er in *Heliopolis* den Buchbinder Antonio Peri (bei ihm natürlich ein „Maroquinier") besucht, betrachtet er die Bücherwände in den subtilen Farbnuancen der Einbände in ihrem Zeitschatten, und er stellt sich bei ihrem „wohltätigen" Anblick vor, dass „Söhne und Enkel das Werk der Väter fortsetzen"; denn die Bücher seien durch den Besitz allein wertvoller geworden und durch Berührung und Nutzung „mit Liebe imprägniert" worden.

In einer Dichterlesung hatte Hans F. Erb – der Kleinverleger, der früher Chef großer Häuser wie Ullstein oder Fischer gewesen war – in einem Einführungsvortrag schon mehrere Male von dem Buch *Die verlorene Bibliothek* gesprochen, aber der Name des Verfassers, der sich ihm einmal auf der Frankfurter Messe als früherer Fischer-Autor vorgestellt hatte, war ihm nicht über die Lippen gekommen. Pitt hatte wie ein Zweitklässler „Walter Mehring?" gerufen, und schämte sich seiner Impulsivität: hatte er dem Redner eine sorgfältig vorbereitete Pointe verdorben? „Erlöst haben Sie mich. Ich wollte über dieses wunderbare Buch sprechen, das ich so gern gemacht hätte, und mir war der Name des Autors entfallen." Walter Mehring und seine schöne „Autobiographie einer Kultur", 1952 erschienen, waren Fremdlinge im Ohlsenschen Weltbild, und es war erstaunlich, dass Pitt dieses Erbstück seinen Regalen entnehmen konnte.

# Auf der Spur eines Leserbriefs

„Zuweilen erhalte ich Briefe von fremder Hand, Lob- und Dankschreiben aus meinem Publikum, bewunderungsvolle Zuschriften ergriffener Leute. Ich lese diese Zuschriften, und Rührung beschleicht mich angesichts des warmen und unbeholfenen menschlichen Gefühls, das meine Kunst hier bewirkt hat, eine Art von Mitleid faßt mich an gegenüber der begeisterten Naivität, die aus den Zeilen spricht." Auf einem Podium sitzend, erblickt Tonio Kröger seine Leser in der „Herde und Gemeinde", eine „Versammlung von ersten Christen gleichsam: Leuten mit ungeschickten Körpern und feinen Seelen, Leute, die immer hinfallen, sozusagen." Oh, das herrliche Klischee! In Autorenlesungen blickt Pitt, wenn er sich verstohlen umschaut, in intellektuell leuchtende Gesichter von Menschen, deren körperliche Fitness der geistigen entspricht. Viele Autoren scheinen ein gequält gespanntes Verhältnis zu ihren Leserinnen und Lesern zu haben.

„Die Welt hat doch nur die Austerschalen", sagte Richard Wagner zu Cosima, „wie kann sie jemals die Freuden der Konzeption nachempfinden?" Die Leser wandeln im Maskenzug auf dem Markusplatz als „schwarze Masse, in welcher fleischfarbene Flecke sich zeigen". Dennoch strebt er zum Publikum in größter Zahl (wenn er auch gelegentlich nur einen einzigen Hörer, den königlichen Mäzen, in den Logen sieht). „Was nicht der Masse näherzukommen versucht, ist nicht viel wert!" – kluges Motto aller Schreibakademien.

Ein Buch ist ein offenes Haus. Die Leser betreten es wie Touristen, die in das Haus des toten Dichters einfallen: einige gehen auf Zehenspitzen und mit angehaltenem Atem, einige in tollpatschiger

Ahnungslosigkeit, wieder andere in besitzergreifender Anmaßung in ihm herum. Es soll auch literarische Stalker geben.

Manchmal warten sie auf das Erscheinen eines Buchs oder auf eine Signatur des Autors, gleichsam in Schlangen eingezwängt wie Fahrgäste am Bahnsteig zur rush hour – wie es Ezra Pound in seinem berühmten Gedicht *In einer Station der Metro* beschreibt: „Das Erscheinen dieser Gesichter in der Menge:/Blütenblätter auf einem nassen, schwarzen Ast." Hat Pound Cosimas Tagebücher gelesen?

Literaturwissenschaft und -geschichte missachten den Leserbrief. Das gilt nur, wenn er sporadisch bleibt. Wenn er sich auswächst zu einer von zweiseitigem Respekt, ja nicht selten Liebe getragenen Korrespondenz, wird er für die Nachlassverwerter spannend, ja manchmal sogar für den lebenden Autor ein anregender Kommentar zum work in progress. Wo Leser und Autor im Schriftwechsel die Rollen tauschen, entsteht ein eigenständiges Meisterwerk wie bei Goethe und Schiller.

Kaum ein Autor hat die Wirkung seines Werks auf den Leser, den professionellen, den kundigen und den naiven, so aufmerksam registriert wie Thomas Mann. Der Eingang von Leserbriefen wird in den Tagebüchern notiert, wobei das Attribut „rührend" oder „begeistert" gelegentlich nicht fehlt. Hier fasst der Autor in seinem „bürgerlichen Beruf" seinen Leser, der auf Strahlung reagiert, ins Auge. Erst das Übermaß der Zudringlichkeit lässt den „Widerstand gegen die Lektüre und Bearbeitung der Post" wachsen und diktiert „Übersättigung und Auflehnung" ins Tagebuch. Aber natürlich hat Thomas Mann nie ein Heimsuchungsverbot erlassen wie der hochfahrende Arno Schmidt in seiner Bargfelder Eremitage: man dürfe Geistesgrößen zwar verehren, sollte sich aber von ihnen fernhalten. Und der grimmige Thomas Bernhard mit seinen „Geistesmenschen" wird ähnlich gedacht haben.

Ein flammender Brief der Begeisterung von Ernst Morwitz an Stefan George: „Herr! Ich ehre Sie, ich ehre Ihre Werke, ich ehr' die Dichter, die auch Sie verehren" – und da er selber ein junger Dichter ist, fügt er hinzu: „Sie sind mein Vorbild". Aus dem Brief entsteht eine lebenslange Freundschaft, aus dem Verehrer wird ein Freund, ein Rechts- und Steuerbeistand und ein literarischer Berater, den die Mitglieder des George-Kreises respektvoll den „großen Ernst" nennen.

Irgendwann kommt ein Leser in die Versuchung, einem oder seinem Autor einen Brief zu schreiben. Dem Strahlenbündel eines Werkes ausgesetzt, will er einen Strahl zurücksenden oder in einem Signal kundtun, dass er eine Botschaft empfangen habe, will er zurückrufen: hier ist der, den du gemeint hast, in dem du Einklang stiftetest, Widerspruch wecktest, Partnerschaft heischtest. Ich bin's, der Leser, der dir vor Augen schwebte, als du diese Sätze formuliertest. In seinem Brief erliegt der Leser der Illusion, Literatur sei Kommunikation.

Der Leser, der an einen Autor schreibt, hat manche Hemmungen zu überwinden – er kann ja nicht wie der Empfänger einer E-Mail-Botschaft auf „antworten" klicken. Ein hemmungsloser, vom Gefühl der Kongenialität durchdrungener Leser mag der Debrois van Bruyck gewesen sein, der mit seinem Brief an Arthur Schopenhauer gleich die eigene Biografie schickte. „Ich danke Ihnen für die mir bezeugte Teilnahme und sende Ihnen anbei das mir geschickte Manuskript zurück, ohne mich jedoch rühmen zu können, es gelesen zu haben." Den anderen, die gehemmt sind, die Schwelle des vertrauten Fremden unaufgefordert zu überschreiten, antwortet der Philosoph wohlwollend, wie dem Adam Ludwig von Dose: „Ihre innige Teilnahme, Ihre wirkliche Überzeugung und Ihre Erkenntnis des Wertes der Sachen ist mir rührend, belohnend und ein Unterpfand der Wirkung, die meine Schriften in kommenden Zeiten hervorbringen werden." Wieder einmal ist ein Autor – vielleicht auch in der Ahnung von Ewigkeit – gerührt.

Es ist eine gewisse Hierarchie in den Motiven zu erkennen, die Leser bewegen, sich in den Gesichtskreis des Autors hineinzudrängen. Auf der untersten Kontaktebene wollen sie sich eines Autors, in seiner Ausstrahlung und Geltung, im Fetisch des Autographs bemächtigen; es birgt die Fülle des Faszinierenden wie eine Hautschuppe den genetischen Bauplan. Stefan Zweig, der sich zu seiner Passion für diese

„irdischen Schatten genialer Gestalten" bekennt, berichtet von der „Herdenhaftigkeit der Jagd" auf die Handschrift von Dichtern, Schauspielern und Sängern.

Auf der nächsten Kontaktstufe versuchen Leser, ihre Anhänglichkeit zu institutionalisieren, gleichsam eine informelle Mitgliedschaft im Leserclub zu erwerben. Verbunden ist das mit einem gesteigerten Bedürfnis nach Nähe. Der Leser reist dem Autor nach, zu Lesungen, Diskussionen, Preisverleihungen. Nur wenige überwinden die letzte Hemmung und riskieren eine Heimsuchung des Autors. Der Autor wird sie in der Regel wohlwollend und nachsichtig empfangen, weil er mit Ernst Jünger weiß, dass er an ihnen eine „Hausmacht" hat.

Manchmal gar tritt ein Leser als Präsident an die Spitze einer posthumen Hausmacht – einer institutionellen, derer sich der tote Autor nicht erwehren kann. Der Leser erreicht den Gipfel anerkannter Kennerschaft: er lässt zur Feier seines ersten Leser-Ranges eine Münze prägen, die sein Porträt und das des Autors als Seiten einer Medaille vereint, und am Schluss eines verdienten Leserlebens gelingt es ihm, die Schwelle der ewigen Wohnung seines Autors zu überschreiten und sich auf seiner Grabstätte auf ewig mit ihm zu vereinen – so geschehen in Schopenhauers Grab auf dem Frankfurter Hauptfriedhof.

Auf einer dritten Kontaktebene fühlen sich Leser zu konstruktiver Ko-Autorschaft aufgerufen. Sie entdecken Fehler, falsche Zitate, Irrtümer in Ort und Zeit, oder sie wollen die Linie eines Gedankens unbedingt verlängern oder den stofflichen Fundus des Autors bereichern. Pitt hat sich auch manchmal bei solchen Anmaßungen ertappt, z. B. als er den Roman *GRM Brainfuck* der verwegenen Sibylle Berg gelesen hatte, die in dem englischen Ort Rochdale bei Manchester das Elend einer neuen Welt beschwört und offenbar nicht darüber informiert ist, dass gerade dieser schier menschenfeindlichste Ort des 21. Jahrhunderts im 19. Jahrhundert die Geburtsstätte des weltweiten Genossenschaftswesens war, das dieses Elend gemindert hat. Als Quasifachmann sah Pitt sich einmal provoziert, den Lehrmeister der Leser, Marcel Reich-

Ranicki, zu belehren: der hatte in gespielter Fassungslosigkeit erwähnt, dass ein bekannter Professor behauptet habe, Hitler sei nach den Regeln einer wie immer definierten Kunst ein schwacher Redner gewesen, den Urheber dieses Fehlurteils jedoch nicht genannt. Pitt wusste den Namen (so wie MRR ihn gewusst hat, Walter Jens), und so „informierte" er den Kritiker mit der Übersendung seines Buches über die Kunst des Redenschreibens für andere, des Ghostwriting, das den Tübinger Rhetorik-Professor auch interessiert haben wird.

Wenn sich der Autor, der ja oft ein auf hohem Niveau dilettierender Generalist ist, auf Felder für Spezialisten vorgewagt hat, wird er sich über eine Bestätigung seines Blicks und Zugriffs freuen und, wie Fjodor Dostojewski an den Leser A. F. Blagonarow, schreiben: "Ich danke Ihnen dafür, dass sie mir als Arzt die Naturtreue in der Schilderung der psychischen Krankheiten meines Romanhelden bestätigen." Die Halluzinationen eines Iwan Karamasoff mag der Arzt analysieren, geht es aber um den Teufel selbst, kann der Dichter nur unwirsch auf Einwendungen von Leserexperten reagieren: für den ist er allein zuständig.

Auf einer vierten Ebene konsultiert der Leser den Lebensberater, den Menschen hoher existenzieller Kompetenz oder einen Meister der Lebensbewältigung, hat doch der Autor als Seelsorger, Therapeut und Psychagoge, in Jugendbüchern als Literaturpädagoge, seine Figuren durch das Labyrinth verzwickter humaner Konstellationen geleitet. Auf dieser Ebene will der Leser unbedingt eine Antwort haben, doch keine Schablone. Ob die Leserin, die den kranken, in ökonomischen Miseren gefesselten Dostojewskij zu einem langen Antwortbrief nötigt, überhaupt weiß, welchen Schatz sie in den Händen hält: „Etwas Besseres als Christus können Sie gar nicht finden, glauben Sie es mir." Eine andere Leserin, von der der Dichter etwas über ihre „seelischen Stimmungen" und ihren „inneren Zwiespalt" erfährt, liest am Ende eines langen, dem Werk abgetrotzten Briefes: „Wenn Sie nur wüssten, wie sehr mir die Fähigkeit abgeht, Briefe zu schreiben, und welche Last das Briefeschreiben mir bedeutet."

Wie steht's mit Protest und Gegenrede? Gehört sie in eine Kategorie der Kommunikation, die Provokation ist? Der Autor, der den Leser zum Widerspruch, gar zu Empörung oder Wut anstachelt, hat sich zu einer bedeutenden Bezugsperson gemacht. Der Autor wird antworten, wenn er sich missverstanden oder in eine falsche Ecke gestellt sieht, und die Antwort wird nicht frei sein von der Resignation Dostojewskis: „Aber lassen wir das, das Thema ist zu lang". Und dann schreibt er dem Leser A. G. Kowner doch einen langen, langen Brief, nur um zu sagen: „Ich habe keine Zeit, anständig zu leben, und eine lange Korrespondenz kann ich unmöglich anfangen." Jeder Leser, der einem Autor schreibt, sollte die Absorptionswirkung seines Briefes und das Maß der Zumutbarkeit bedenken. Unter seinen Absender sollte er schreiben: no reply.

Eine sechste Ebene des Kontaktstrebens liegt im Glanz von Begeisterung, reiner Bewunderung und Verehrung. „Sehr geehrter Herr, wie lange habe ich schon die Absicht gehabt, einmal ohne alle Scheu auszusprechen, welchen Grad von Dankbarkeit ich Ihnen gegenüber empfinde, da sich tatsächlich die besten und erhobensten Momente meines Lebens an Ihren Namen knüpfen." Der Basler Professor Nietzsche, fünfundzwanzigjährig, hatte Richard Wagner schon einmal in Tribschen besucht, als er in seinem ersten Brief das Fundament einer spannungsreichen Beziehung legte.

Und wie reagiert ein Leser, der sich – als Person, als Schicksal – im Werk eines Autors erkennt? Wie etwa Gerhart Hauptmann, der in seinem Haus auf Hiddensee an den Rand des *Zauberbergs* ein zorniges „Was soll das?" kritzelt, nachdem er sich im Mynheer Peeperkorn seines Dichterkollegen Mann porträtiert sehen musste? Er wird, meint Pitt, immer versöhnlich reagieren. Wie Olive Kitteridge im wunderbaren Alte-Leute-Roman *Die langen Abende* von Elizabeth Strout. Sie hatte ihre Lebensgeschichte im Langgedicht der preisgekrönten Lyrikerin erkannt, einer Schülerin der pensionierten Mathelehrerin. Zornig („eine Sauerei") wirft sie die „American Poetry Review", die ihr jemand in denunziatorischer Absicht auf die Schwelle geworfen hat, in einen öffentlichen Mülleimer. Nachdem sie gehört hatte, die Dichterin habe einen Verkehrsunfall erlitten, setzt sie sich an ihren Computer und schreibt auf die Facebook-Seite der Poetin den ersten Kommentar ihres Lebens: „Habe Ihre neueste Veröffentlichung gesehen. Respekt." Verwundert über sich selbst, fügt sie noch einen Satz hinzu: „Schön, dass Sie nicht tot sind."

„Mich treibt's, Ihnen zu schreiben…" – das hält Ernst Jünger für einen „guten Briefanfang". Der Brief eines Lesers ist im Grunde eine Antwort: es ist ja der Autor, der seinem Leser als erster geschrieben hat. Er hat ihn in seine Geschichten hineingezogen, hat ihn an die Leimruten seiner Anschauungen und seines Wollens gelockt, ihn im Rhythmus und Melos seiner Sätze und in seinen Bildern gebannt, er hat ihm Intimes offenbart, ihn im Versprechen einer unkündbaren Gegenwart süchtig gemacht. Der Antrieb zu schreiben ist älter als der Anlass.

Pitt hat oft in den Antwortbriefen gelesen, die Gottfried Benn dem Leser F. W. Oelze in einem Vierteljahrhundert geschrieben hat. Die Veröffentlichung seiner Briefe hatte der Leser testamentarisch verboten. Doch kein Verbot gilt ewig, dem Leserhimmel sei Dank. Wir konnten die Briefe „eines Schriftstellers, der sich selbst zeitlebens für schreibunfähig gehalten hat" (so Harald Steinhagen, einer der verdienstvollen Herausgeber), endlich lesen. Die Briefe des Lesers Oelze stellt Pitt auf die siebte Stufe des Kontaktereignisses, auf das Sonntagsplateau. Allerdings empfindet er einen Zwiespalt: Vielleicht hätte er die vier dicken Bände doch nicht lesen sollen, denn sie sind bei aller Freiheit der Gedankenführung doch oft obsessiv, wenn es um die Erörterung der Ruhmesstrategie geht.

Die unveröffentlichten Briefe von Lesern sind ein spannendes Kapitel der Literaturgeschichte. Wie gern hätte Pitt auch den Brief gelesen, über den Thomas Mann am 2. November 1918 notiert: „Anlässlich des Buches langes, langes Schreiben eines jungen Kriegsleutnants aus Posen: ein ziemlich wirres und grüblerisches Gedankengedränge über das Schicksal der Kriegsjugend." Die Briefe der Leser unters Infrarotlicht einer Rezeptionsgeschichte, ja, der Zeit- und Kulturgeschichte legen!

In F. W. Oelze ist der Leser zum Partner des Autors geworden, zum Lebens- und Arbeitsbegleiter, gelegentlich zum Mäzen, zum Freund (der aber in Briefen an Dritte auch schon mal als etwas anmaßend kritisiert wird). Die Antwort auf den ersten Brief des Lesers im Goethejahr 1932 ist ein Schlussstrichbrief: „Sehr geehrter Herr Oelze, vielen Dank für Ihren Brief. Mir eine große Freude, wenn Ihnen meine Aufsätze gefallen haben. Eine mündliche Unterredung würde Sie enttäuschen. Ich sage nicht mehr, als was in meinen Büchern steht. Seien Sie vielmals gegrüßt …" Doch der patrizisch-vermögende Importkaufmann aus Bremen, der Hochgebildete, trifft in einem weiteren Brief mit seinen Fragen „ins Schwarze", immer und immer wieder: er hat für seinen Autor den Erkenntnisblick, und dessen Antworten werden gestaltet wie Essays oder Kommentare eines künstlerischen Konzepts und Prozesses.

Ja, der Leser darf seinem Autor einen Brief schreiben. „Denn ich vergehe nach dir", ruft Ingeborg Bachmann ihm, plumpe Zumutungen vergessend, über alle Entfernung zu. „Du bist mein Ein und Alles." Ihr *Gedicht a*n *den Leser*, das unvollendete (sie mochte vielleicht nicht Leser*in schreiben), hat sie aber im Nachlass versteckt. Navid Kermani, den sein Publikum so liebt, dass es sich ihn als Bundespräsidenten wünschte, gehört zu den „Romanschreibern", die sich „nach dir, Leser, verzehren", mehr noch, er wünscht sie sich als „einen Freund oder eine Freundin", als eine „mir nahe und nachsichtige Person", die es schätzt, wenn er über das, was ihm gerade wichtig ist, „literarisiert" schreibt, d. h. mit dem tiefen Griff in die französischen Romantruhe des 19. und frühen 20. Jahrhunderts (*Sozusagen Paris*).

„Gestern Brief an einen jungen Verehrer und andere Korrespondenz", las Pitt in Thomas Manns Tagebuch unterm 6. Mai 1921. „Gestern" – ein 5. Mai. Er kannte dieses Datum, er kannte diesen Brief. Er hätte Peter de Mendelssohn, dem Herausgeber, helfen können, den

Verehrer zu identifizieren. Ein Leser, der in einer Fußnote einen Namen, ja ein persönliches Schicksal gewinnt, ist wichtiger als der Friseur Honsell in der Maximiliansstraße, von dem sich der Dichter die Haare schneiden lässt. „Gestern" hatte er abends nicht über dem Tagebuch gesessen. Er hat seine Antwort an den jungen Verehrer nachgetragen: also muss sie ihm erinnernswert gewesen sein.

Schon viele Abende hatte Pitt mit seinem Hauswirt, dessen Belesenheit ihn mehr und mehr frappierte, über Bücher gesprochen, gelesene und ungelesene. Und zu den ungelesenen gehörten zu seinem Erstaunen *Lotte in Weimar* und *Dr. Faustus*. Schonungsvoll inquisitorisch verlangte er von Arthur Ohlsen einen Grund für die unbegreifliche Abstinenz, doch der war in eine Frage ausgewichen, die sich als die Antwort entpuppte: „Kennen Sie die *Betrachtungen eines Unpolitischen*?"

Die Leselücke war ihm peinlich. Der alte Herr genoss einen feinen stillen Triumph und sagte: „Über dieses Buch habe ich einmal mit Thomas Mann korrespondiert." Schon war er auf der Treppe. „Er hat mir geantwortet!" rief er. Einen farbigen Umschlag drängte er auf den Handteller. "Bitte, lesen Sie ihn."

Einen doppelseitigen Brief zog Pitt mit spitzen Fingern aus dem Umschlag, auf dem Arthur Ohlsens Adresse, eine Berliner, tanzte, und es tanzten die Wörter auf den Blättern, deren Entzifferung ihm Schwierigkeiten bereitete, Wörter, die auf den getönten Blättern in leichter Schräge zum Schluss hin abfielen, als verbeugte sich jedes vor dem folgenden. Der Empfänger las den Brief vor, leicht, ohne Stocken, ohne Brille. „5. V. 1921" stand unter dem Absender im Briefkopf: Dr. h. c. Thomas Mann. Eine Fotografie auf Pappe lag dem Brief bei.

Er habe, sagte Arthur Ohlsen, die „Betrachtungen" gleich nach ihrem Erscheinen am Kriegsende gelesen. Das Buch habe ihn erschüttert, immer wieder habe er es gelesen, das „größte Buch Thomas Manns". Und Pitt kannte es nicht! Drei Jahre habe er mit sich gekämpft, dem Autor von seiner Begeisterung zu schreiben. Dieses Buch habe Thomas Mann auch für die Leutnants geschrieben, die an ihren Fronten für eine große Sache gestanden hätten, für Deutschlands Eigenart und geistige Würde.

Heute weiß jeder, dass Thomas Mann in seinen Tagebüchern viele Briefe von und über Leutnants erwähnt, die den „Betr." gelten, und alle Leutnants haben eine Antwort erhalten, kennen wir doch nicht nur Tonio Krögers neidische Neigung zu den Blonden-Blauäugigen, als deren Typus der junge Ohlsen sich auf dem Offiziersporträt an der Wand neben dem Eingang zum Laden präsentierte.

Pitt war überwältigt. „Herr Ohlsen!" rief er, „welch ein wertvolles Dokument." Noch nie hatte er den Brief eines Dichters gesehen. Nie hatte seine Hand auf Blättern gelegen, auf denen die Hände eines großen Autors die Spur ihrer Perspiration hinterlassen hatten. Seine Ehrfurcht vor den Blättern mag Stefan Zweigs Andacht vor dem Silberhaar einer Greisin in der Mansarde seines Wiener Mietshauses ähnlich gewesen sein: auf ihrem Haupt hatte Goethes Hand gelegen, denn sie war, wie der Dichter erschauernd erfuhr, die Tochter von Goethes Leibarzt, des Dr. Vogel, und hatte als Kind oft im Haus am Frauenplan gespielt. „Sie können den Brief behalten", sagte Arthur Ohlsen, „ich habe keine Verwendung mehr für ihn."

Nun war in den wenigen Tagen der Hausgenossenschaft mit dem Ehepaar Ohlsen schon zu erfahren gewesen, dass eine Mansardenmiete von 60 Mark eine bedeutende Stütze des familiären Budgets war. Der alte Herr war einmal Bankdirektor gewesen, Leiter einer Werbeabteilung. Frau Ohlsen, die Tochter eines westpreußischen Gutsbesitzers, sprang geschäftig-behänd auf jedes Klingelzeichen, das selten genug ertönte, in den Stubenladen hinter dem Vorhang. In feiner Bestimmtheit hatte sie ihren neuen Stammkunden beim ersten Einkauf darauf hingewiesen, ein Anschreiben in ihrem Lädchen – ein schmales Sortiment, aufgebaut in Glasschränken und Regalen wie Zierrat, Nippes und Accessoires – komme unter keinen Umständen in Betracht: „Mein Geschäft ist nämlich keine Liebhaberei, müssen Sie wissen." Die familiäre Existenz musste, so ahnte der unfertige Volkswirt, irgendwann einmal einen wirtschaftlichen Bruch erlitten haben, irgendeine biografische Irregularität musste das Fundament des Bürgerhaushalts zerrüttet haben.

Er wies das Geschenk seines Hausherrn zurück: es sei zu wertvoll. Und der Jungökonom mit schmalem Beutel, des Besitzes des Autographs begierig, jedoch nicht kaufkräftig, hatte vorgeschlagen: „Sie können den Brief verkaufen, er bringt wohl ein schönes Stück Geld." Dabei hatte er die Hand auf den Mund geschlagen, als fürchtete er, seine Worte könnten die geheiligten Blätter beschmutzen und ihren Eigentümer, den Briefpartner des Nobelpreisträgers, im Herzensinneren kränken. „Gut", sagte der, „wollen Sie ihn nicht kaufen?" Pitt war verblüfft: ja, hatte der Brief seinen Wert für den Empfänger denn ganz und gar verloren?

Was mochte der Brief vier Jahre nach dem Tod seines Verfassers wert sein? Pitt bat Stargardt in Marburg um eine Schätzung: 180 Mark – das waren drei Monatsmieten für ihn, aber auch für die Ohlsens. Nachdem er traurig – bis auf den heutigen Tag wütend über seine Skrupel – den Erwerb für ausgeschlossen erklärt hatte, wurde Stargardt mit der Auktion beauftragt. 300 Mark waren der Erlös, netto, eine von den Ohlsens mit Unglauben quittierte Einnahme – für einen Brief von Thomas Mann aus dem Jahre 1921, in dem der Autor im Dezember in sein Tagebuch geschrieben hatte: „Meine Einnahmen dieses Jahr betragen 300000 Mark" (aber die Inflation trabte schon). Wer besitzt den Brief? Damals standen noch nicht überall Fotokopierer herum, und Pitt hat den Brief nicht einmal abgeschrieben, so sehr war er in der Aura des Originals geblendet.

Dr. h. c. Thomas Mann. Er hat *Buddenbrooks* geschrieben, ein Buch, das Millionen gelesen haben, das Millionen lesen werden, die Erzählungen, deren Titel wie die Klöppel in silbernen Glocken an die Herzen schlagen, *Königliche Hoheit*, die *Betrachtungen eines Unpolitischen*. Jetzt haben ihm Professoren, deren Namen kaum einer kennt, den Doktortitel verliehen, den jeder Student erwerben kann, indem er wie Gustav Stresemann die Absatzwege des Flaschenbiers analysiert, und der berühmte Mann, schon Schöpfer eines Werks für hundert Dissertationen, setzt den Dr. h. c. erhobenen Herzens in seinen Briefkopf. Als er im Glücksburger Strandhotel die Freudennachricht von der Ehrenpromotion erhält, kann er nicht ahnen, dass sich der Ungeist schon zusammenballt, der ihm den Doktorhut vom Kopfe reißen wird. Die Verwunderung über soviel bürgerliche Dankbarkeit für die akademische Standeserhebung stand Pitt ins Gesicht geschrieben. „Er hat das Abitur nicht geschafft", lächelte Arthur Ohlsen.

In seinem Brief an den jungen Verehrer gibt der Autor seiner Freude darüber Ausdruck, mit seinen „Betrachtungen" bei so vielen Kriegsteilnehmern Anklang und Beifall gefunden zu haben. Pitt hatte das Buch, das Resultat eines „Waffendienstes" der sublimen Art, schon vor der Auktion des ihm geltenden Briefes gelesen. Der Autor sprach über sein Buch eher beiläufig, floskelhaft kühl, der Begeisterung seines Lesers, den er erhitzt hatte, nicht angemessen. „Als ich das Buch gelesen hatte, im Lazarett", sagte Arthur Ohlsen, „und auch später immer wieder, da wusste ich, dass die vier Jahre einen Sinn gehabt haben, trotz des bitteren Endes." Dies habe er Thomas Mann geschrieben. Hätte er 1979 noch gelebt, hätte er im Tagebuch lesen können, dass Thomas Mann seinen Brief an ihn, den „jungen Verehrer", mitten in der Arbeit an einem Höhepunkt seines *Zauberbergs*, dem in französischer Sprache geführten Liebesdialog zwischen Hans Castorp und Madame Chauchat, verfasst hatte. Pitt liest ihn gerade, wie der Autor ihn geschrieben hat, „mit Hülfe des Wörterbuchs". Der sprühende Aufschwung des biederen und doch so gewitzten Castorp! Bei diesem oder jenem Schliff an seinem Kristall hatte der Dichter sein Manuskript verlassen und hatte seinen Leser Arthur Ohlsen besucht.

Er kam mit dem Bild seiner Büste, der Fotografie seines sprechenden Kopfes, in die Wohnung seines Lesers. Schwacher Bronzeglanz liegt auf dem schmalen Kopf, der aus etwas eng beieinanderstehenden Augen und aus Lippen, auf denen sich Heiterkeit und leidendes Empfinden mischen, zu seinem Leser spricht. Der Autor ist gegenwärtig: der Dialog kann beginnen. Der Leser muss nur eines der

Bücher seines Autors aufschlagen, auf irgendeiner Seite, einige der tanzenden Sätze laut lesen, und der Dialog ereignet sich. Beide sprechen, der Leser und sein Autor, und wenn der Leser sich für ein Atemholen befreit aus dem Taktschlag der Syntax und aufschaut zum Autor, sieht er seinen Kopf nicken.

Die Büste sei sehr ähnlich, schrieb Thomas Mann. Deshalb habe er sich entschlossen, seinen Lesern diese Fotografie zu schicken, die so viel lebendiger wirke als jede andere beliebige. Drei Entwürfe habe der Künstler gemacht – und er hatte den Namen genannt, und er konnte im Tagebuch nachgeschlagen werden: Hans Schwegerle – und ihm Geduld und Pein in vielen Sitzungen abgefordert. Der Kopf sei in natürlicher Größe gebildet, und es sei ein erschütterndes Erleben für ihn gewesen, das eigene Gesicht so außer sich in der bronzenen, so intimen wie verfremdenden Verkörperung zu erblicken. Der Brief in Pitts visueller Erinnerung: der Absatz, in dem Thomas Mann die Büste beschreibt, ist doppelt so lang wie der über die „Betrachtungen". Als er das Büstenfoto wieder einmal betrachtet hatte, hatte er auf Goethes Kopf über dem Bundsteg des Bücherbuchs hoch unter der Decke gezeigt und gesagt: „Thomas Mann würde sich da oben auch gut machen."

Da war es aus dem alten Mann herausgebrochen. Sein Zorn hatte das Gesicht gestrafft und verjüngt und es dem Leutnantbild an der Wand, ja dem Autorenfoto, ähnlich gemacht. Keinem Schriftsteller habe er sich so verbunden gewusst wie Thomas Mann. Er sei die Hoffnung seiner Generation gewesen, die alles, was gut, groß und unvergänglich sei, in einem Krieg verteidigt habe, der schließlich an Kleinmut, kläglichem Verrat und kulturlosem Gezänk gescheitert sei. Mit dieser Generation habe der Mann gegen den Ungeist einer verrotteten, hochnäsig rationalistischen, dem Untergang bestimmten Zivilisation gekämpft. Spät habe der Unpolitische seine Stimme erhoben, aber sie sei gehört worden, von Tausenden, von den Besten. Unter seiner geistigen Führung wäre auch nach der militärischen Katastrophe noch ein nationaler Wiederaufbau im Geist des Widerstandes gegen die niveaulosen Mächte des Westens mit ihrer gleichmacherischen Demokratie möglich gewesen. Und dann habe dieser Mann seinen Pakt mit den Verrätern im eigenen Land und mit dem Ungeist der Weimarer Republik gemacht. „Lesen Sie!" rief Arthur Ohlsen, und der Zorn in seiner Stimme war ins Zittrige gekippt, „lesen Sie, damit Sie sehen, was wir verloren haben".

Die ganze Nacht hat Pitt in den schmuddeligen, zergriffenen, von grauen Strichen gerasterten, von Kritzeleien übersäten Seiten der „Betr." geblättert, ehe er es später las. Nebenan hat Arthur Ohlsen, vom Raucherhusten gequält, seinen Chandler gelesen. Pitt hat sich gefreut, die Enttäuschung eines jungen Helden wenigstens in eine kleine Rente für den Greis umgemünzt zu haben.

# Die Schlangenkönigin

Einer der 80 000 Briefe, die Ernst Jünger dem Marbacher Archiv übereignet hat, ist von Pitt gekommen (eigentlich sogar zwei, doch den zweiten hat er nur angestiftet). Er gehört nicht zu Jüngers „begabten Lesern", nicht zu den „Schülern" und auch nicht zu den „Jünger-Jüngern" (an diesem Kalauer kamen weder Thomas Mann noch Gottfried Benn vorbei). Sein Brief gehört keineswegs zur Kategorie der „verrückten Briefe", von deren Absendern Paul Auster im *Leviathan* vermutet, dass sie nicht ganz richtig im Kopfe seien: „Sie lesen ein Buch, und irgend etwas darin schlägt tief in ihrer Seele eine Saite an. Und plötzlich bilden sie sich ein, der Verfasser gehöre zu ihnen, er sei ihr einziger Freund auf der Welt."

Die Strahlungen aus den Schätzen Arthur Ohlsens hatten Pitt tatsächlich getroffen, wenn auch nicht als ein „Strahl", der vom „Glanz" des unsterblichen „supremen Genies" auf den Benn-Leser Oelze gefallen war. Er hatte sich einige Jahre nach seinem Aufenthalt im Lesehimmel die Werke Ernst Jüngers in zehn Bänden gekauft, die zu seinem 70. Geburtstag erschienen waren. Die Regale in seinem Studio waren auf eine wachsende Bibliothek ausgelegt: neben den zehn Jünger-Rücken klaffte eine Lücke. Und dieses Vakuum brachte ihn auf die Idee. „Sehr geehrter Herr Jünger", schrieb er in seinem Geburtstagsbrief, „neben Ihrer Werkausgabe habe ich auf dem Bord viel Platz gelassen. Ich wünsche Ihnen (und mir) zu Ihrem Geburtstag, dass Sie die Kraft haben mögen, diese Lücke durch neue Werke auszufüllen." Natürlich hat er seinen Brief nicht so kurz gehalten, sondern sich den Anschein des „begabten Lesers" gegeben und sein Entree durch raumzeitliche Querverbindungen zwischen Kirchhorst und Kirchrode motiviert.

„Strahlungen – der Autor fängt Licht ein, das auf den Leser reflektiert" – so Ernst Jünger zu seinem Tagebuch-Programm. In der „Kraft des Zurückstrahlens" hat auch Marcel Proust das literarische Genie gesehen. Kann nicht ein Leser auf den niederen Stufen der Wortbeherrschung auf Werk und Leben seines Autors wirken? Schließlich hat Pitt dem Autor zum 70. Geburtstag – der allemal mythisch umwittert ist – nicht ein beliebiges „ad multos annos" zugerufen. Er hat ihn durch seine Wünsche in die Pflicht einer bis ins höchste Alter ungebrochenen Produktivität genommen. Soll nicht auch ein Leser Strahlungskräfte haben können? Er hat im Bild eines Regals den horror vacui erzeugt, den nur ein langes Leben besiegen kann. Als Arthur Ohlsen ihm den Ernst Jünger präsentierte, hatte er respektvoll die vierzehn Verwundungen erwähnt, die den Ritter des Ordens Pour le Mérite – das Kreuz wollte nicht nur François Mitterrand sehen – in seinen Stahlgewittern nicht umgebracht hatten. Ernst Jünger ist den langlebigen Dingen, dem elementar Nachhaltigen, auf der Spur, in allen seinen Büchern, dem Geheimnis der vitalen und geistigen Immortalität. Was zeigen große Autoren ihren Lesern anderes als ihr Leben? Sollte ein Leser dem Autor nicht erfolgreich wünschen können, was in seinem Leben beschlossen liegt?

Ernst Jünger hat den Wunsch eines Lesers in reichem Maß erfüllt: der schichtete die Bände, die in den folgenden dreißig Jahren erschienen, neben der ersten Werkausgabe quer. Wenige Monate nach seinem 70. Geburtstag arbeitete der Autor auf der MS „Hamburg", die ihn nach Asien brachte, an den *Subtilen Jagden*. An Bord hatte er einen 83jährigen Theologen getroffen, der ihm die Titel dreier Bücher nannte, die er im hohen Alter geschrieben hatte. Man könne „dann" noch „vortrefflich" arbeiten. „Ich bezweifelte das allerdings nie – schon deshalb nicht, weil man die gröbsten Dummheiten hinter sich hat."

Das Tagebuch *Siebzig verweht I* beginnt am Tag nach dem Geburtstag und vier Tage später die Notiz: „immer noch Berge von Post". Pitts Brief war in den Bergen. Der Autor hat den Geburtstagsbrief seines Lesers dennoch gelesen. Die Antwort zeigte in einer gewissen Exklusivität, dass er ihn sogar aufmerksam gelesen hatte. Er schickte seinem Leser einen Einhundert-Druck von *Wege und Gestalten*, ein Faksimile aus dem Tagebuch der Neunten Sardinien-Reise, und er hat die Exemplare 1 bis 30 signiert: „für Pitt: Ernst Jünger". Ein Reflex wurde fixiert.

Auf den Blättern wird Ernst Jüngers Beobachtungsschärfe durch eine talentierte Griffelkunst gestützt. Architekturzeichnungen, Kapitelle mit Widder- und Menschenköpfen, der Käfer Vesperus, die vielgliedrigen Fühler im entomologischen Ordnungsblick schon eng an den Panzer genadelt, Baum und Blüte, und geheimnisvoll, wie von Kubin inspiriert, das Bild der Schlangenkönigin, die einen Menschen verschlingt: einen Leser!. Auf den vierundzwanzig Seiten des Büchleins die spirituelle Macht, die in den vierundzwanzig Kartäuserzellen herrscht. Schlangenkönigin: so sollte ursprünglich der Roman *Auf den Marmorklippen* heißen, der 1939 erschien und von vielen als ein Signal des Widerstands gegen das Regime verstanden wurde.

Dreißig Jahre später umfasste die zweite Werkausgabe 18 Bände. Pitt dachte über die Taktik eines zweiten brieflichen Entrees nach. Der 100. Geburtstag hatte einen breiten Ruhmesglanz vorausgeworfen, sodass er seinen Brief in den Waschkörben verschwinden sah wie ein Los in den Trögen der Fernsehlotterie, ein unbeachtetes, ungegriffenes. Auch war er dreißig Jahre älter geworden, hatte seine Keckheit verloren und wusste mittlerweile, dass Jünger Mittelpunkt eines weitverzweigten Korrespondenzgeflechts aus lauter Prominenz vom rechten wie vom linken Lager war.

1982 hatte Ernst Jünger den Goethepreis der Stadt Frankfurt erhalten, und das Pittpaar hatte in der Paulskirche in der letzten Reihe gesessen. Im Jahr davor hatte Ernst Jünger in Singapur den Gewerkschaftschef Bevan Nair getroffen, der zu seinem Entzücken (und zu Pitts Befremden) mit dem paternalistischen Staatschef Lee die Löhne „verabredete". Dass der Gewerkschafter Goethe schätzte, hatte Pitt nicht nur aus dem Tagebuch erfahren, sondern von ihm selbst, als er mit einer Studiengruppe die deutschen gemeinwirtschaftlichen Unternehmen besucht hatte. (Wenn die Gruppe vom co op Seminar für Führungskräfte am Ammersee zum Ludwig nach Schloss Linderhof fuhr, sang sie lauthals ein Lied von der „grünen Insel", die ihre Heimat sei – eine Generation später ist sie von den gewaltigen Wolkenkratzern der Wirtschaftsmetropole, in der jeder zwanzigste Einwohner ein Millionär ist, umstellt). Wenn Pitt dem Hundertjährigen sein Buch über die Führungslehre des Managers und Merkantilisten Goethe schickte und ihn an den Dreiklang Asien, Goethe, Paulskirche erinnerte? Aber auch Bücher würden ja massenweise, unbeachtet, in den Waschkörben landen, und ein Hundertjähriger wird sich nur „Werken von langabstrahlender Substanz" widmen, die von Shouxin, dem Gott der Langlebigkeit, gesegnet sind.

Doch die dritte Idee für ein Sesam-öffne-dich war glänzend. Der Freund seit der Knabenzeit, der Magister und Rektor Helmut Schütze, hatte Eigenschaften und Verdienste, die ein Willkommen erzwingen müssten. Er ist nämlich ein namhafter Entomologe, also ein Mitglied des „letzten Ordens der Christenheit", für den das Gebot gilt: „Entomologenpost wird immer zuerst geöffnet". Auch würde der Hauptmann d. R. Schütze den Hauptmann Jünger schon in seinem Namen daran erinnern, dass er in Urzeiten als Mitglied der Vorschriften-Kommission für die Infanterie die Schützenreihe, Schützenkette und das Schützenrudel beschrieben hat. Pitts Freund – „ein Helmut geht, ein Helmut kommt", hatte Jünger am 1. Oktober 1982 zum Regierungswechsel notiert – ist zudem der Verfasser von Büchern über die Carabusformen Sibiriens und Zentralasiens und Kaukasiens, und Jünger hatte das *Kaukasische Tagebuch* geschrieben. Und gerade hatte Helmut Schütze sein Buch über die Caraben Chinas veröffentlicht. Er kannte die *Subtilen Jagden*, die Pitt ihm geschenkt hatte, und auch er war von dem Gefühl „stürmischer Dankbarkeit des Lesens" ergriffen, mit dem Thomas Mann in den „Betrachtungen" die politischen Schriften Dostojewskis zitiert hatte. Den Freund, der Ernst Jünger auf der Basler Entomologen-Messe sein China-Buch überreichen wollte, überfiel vor dem Kordon der Käfer-forscher und -freunde, hinter dem der berühmte Entomologe auf seinem kleinen Reiseklappstuhl saß, eine Scheu, den alten Herrn zu bedrängen. Und so empfing Ernst Jünger das ihm zum 100. Geburtstag zugedachte Geschenk auf dem Postweg.

Eine brillante Willkommens-Konstellation, die den Leser Pitt mit einer feinen Spur von Eifersucht erfüllte. Auf seinem Tisch liegt die Farbkopie der Postkarte des Hundertjährigen. Das Original liegt natür-lich beim „Großmeister des Ordens der subtilen Jäger", seinem Freund. Sie zeigt das Anmutsbild des Nachtfalters Earias juengeriana Kobes vom Toba-See in Sumatra – wo Ernst Jünger den Halleyschen Kometen zum zweiten Male sah. Er spannt seine Flügel rot-grün-gelb in überirdischer Farbluzidität. Nicht mit dem Foto seiner Büste, sondern mit dem Bild des Wunderwesens, das seinen Namen bis an die Grenze der „ausgestor-benen Welt" tragen wird, dankte der Autor seinem Leser. Dieser Name hat nicht den poetischen Klang der Cicindela juengerella juengerorum, der Falter gehört nicht, wie Atheta juengeri, der nur den „feinsten Ken-nern" vorbehaltenen Gattung an. Er ist, ideogrammatisch, eine wunder-schöne Antwort auf einen Geburtstagsbrief.

Der Freund hat mit seinen chinesischen Laufkäfern das Herz des Hundertjährigen aufgeschlossen, dessen Auge geleuchtet haben mag, als er auf die Karte mit den Falterflügeln – „wie Filter, die sich zwischen uns und die Dinge schieben, denen sie ihr Kolorit verleihen" – die Anrede schrieb: „Lieber Kollege". Hätte sich Pitt, der Volkswirt, nicht auch diese Anrede verdienen können, vielleicht mit klugen Kom-mentaren zum *Arbeiter?* Nein, nur Sammler und subtile Jäger haben das Anrecht auf diesen Rang.

Der so Ausgezeichnete hatte Ernst Jünger in seinem Brief an die Begegnung auf der Basler Messe erinnert und bedauert, dass er ihm sein Chinabuch nicht persönlich überreicht hatte. „Es ist schad, dass wir uns in Basel verpasst haben", schreibt der Mann von hundert Jahren, „hof-fentlich im nächsten Jahr". Die Schrift ist schwungvoll, so klar-energisch wie die auf Pitts Widmungsblättern dreißig Jahre zuvor, ihr Duktus sicher wie eh und je, noch hat das Wort sein Fundament bei der Gäa: „Wenn die Schrift wackelt, wackelt der ganze Mann." Einen Akzent des Erinnerns an die Basler Begegnung des Magisters mit dem Magier hat Pitt in seiner kleinen Erzählung[2] vom „Glückskäfer" gesetzt: in ihr ist er mit seinem Freund nach Basel zur Käferbörse gereist, um den hundertjährigen Dichter in der entomologischen Korona zu sehen. 100 – ist das nicht ein Respektsbonus für sich?

In diesem Jahr der Schlangenkönigin wurde ein neuer Leser Jüngers geboren, der als Primaner ohne Skrupel an der Oberförsterei klingeln wird: als „Leser vom Dienst", wie Jünger die Wegelagerer nennt, die er dem Abwehrgeschick des Stierleins, seiner Frau, überlässt. Der junge Mann wurde „für eine Minute" in die Bibliothek gebeten, es kam zu einem Gespräch, das sich „ausdehnte" – denn es kommt auf das Fragegeschick des Heimsuchers an. Es ging um die mythische Gestalt des Arbeiters und die Perfektion der Technik, um ein Thema, das den Autor länger als fünfzig Jahre bewegte.

Während der Internationalen Arbeitskonferenz der ILO in Genf erreichte Pitt Ernst Jüngers Privatdruck, das Büchlein mit der Schlangenkönigin. Der junge Technische Berater saß in Sitzungspausen auf dem Rasen im Park, in der Nähe der astronomischen Weltkugel, des kosmischen Symbols der Völkerbund- und Weltstaatsidee (von der er fasziniert war, im Gegensatz zum Benn-Leser Oelze, der 1954 im Palais des Nations nur ein „gespenstisches Monument der menschlichen Anmaßung und des politischen Schwindels" zu sehen vermochte). Er hatte all die Papiere mit den Entwürfen zur Verbesserung der Lage der Landarbeiter und über die Genossenschaften der Entwicklungsländer um sich herum ausgebreitet. Jüngers Bücher mittendrin: das kleine private und das große über den *Arbeiter* von 1932, über seine „Herrschaft und Gestalt".

---

2   In: Pitt, Die Isenburger Parabeln, BoD, 2015

Pitt, zwischen Entzücken und Verwirrung schwankend, gezwängt zwischen Verführung und Widerstand, ließ sich auf dem Rasen ablenken vom Wichtigen, von den formellen Dokumenten der Arbeitsorganisation, die von einer „Herrschaft" des Arbeiters nichts wussten, nur seine kümmerliche „Gestalt" beschrieben. Warum hatte er auf der Reise nach Genf nicht einen Abstecher nach Wilflingen gemacht und den Ernst Jünger in seiner Bibliothek eine Expertise geben lassen? Der Leser sollte die Impertinenz haben, den Fuß in die Tür des Autors zu stellen: denn wer behelligt eigentlich wen am meisten? Der Autor ist der größte und gewitzteste Zeiträuber. Wenn Scharen von Autoren den Leser heimsuchen, darf der sich einen wählen, den er heimsucht.

Woher überhaupt dieser Lesebefehl? Man hat doch seine Arbeit den lieben langen Tag mit dem Erschöpfungssyndrom abends und tremolierenden Alltagssorgen, das Gespräch in der Familie und mit Freunden, die Mosaik- und Bilderwelt der bewegten Medien: woher diese Versessenheit auf das Schwarzweiß? Man hat doch Aufgaben, Pflichten, Verantwortung, knobelt ständig an irgendeinem Gelingen, man ist „Sachbearbeiter von Wirklichkeiten", wie der Arzt Dr. Benn sagt. Man steht doch im Habacht auf dem Tatsachenboden, belagert und bedrängt von tausend Anfragen und Aufträgen, und dann dieser Hang, die Welt im Spiel der sechsundzwanzig Buchstaben zu dechiffrieren?

Wir lesen die Bücher nicht mit dem Bleistift, um sie zu rezensieren oder in Magisterarbeiten zu verwandeln, geben kein Urteil ab, verweigern Leseempfehlungen. Hat einer die Stunden über den Büchern zu Jahren addiert? – aber das tut man ja auch nicht mit dem Schlafen, Essen, Spazierengehen, den Stunden des resultatlosen Diskutierens. Soviel Zeit fließt in die Bücher: geben sie uns für den Verbrauch kostbaren Lebensstoffes den adäquaten Ertrag? Treibt der Sturzbach der literarischen Impressionen eine Turbine, die uns mit unerschöpflicher Energie versorgt? Das meiste, was wir lesen, rauscht ins Vergessen, selten sind die Bücher, die in uns Epoche machen. Ist uns Menschen der zweckhaften Immanenz die Welt der Bücher das, was einem Gläubigen ein wiedergefundenes Paradies? Wahrscheinlich hat Ingeborg Bachmanns *Malina*-Heldin recht: „Lesen ist ein Laster", eine „Ausschweifung, eine verzehrende Sucht". Ganz ohne schlechtes Gewissen hat Pitt nie gelesen.

Er sieht seine Mutter vor sich, eine alleinerziehende Frau mit vier Kindern in schwerer Zeit, Nachkriegszeit, im 12-Stunden-Tag ihres kargen Haushaltsmanagements, eine „einfache" Frau mit Volksschulbildung. Mit der Rechten rührt sie den Milchreis in der Unendlichkeitsschleife, die Linke hält das Buch in den Dampf. Beim Schlangestehen vorm Bäckerladen drückt der Fausthandschuh das Buch an die Brust. Oft poltert ihr im Sessel das Buch aus der Hand: dann ist sie eingeschlafen, und daran ist nie das Buch schuld. Oder die Achtzigjährige auf Pitts Frankfurter Balkon: eine ideale Schwiegermutter, die überhaupt kein Interesse an Familie und Küche hat, sondern liest und liest.

Sie las Jakob Wassermanns *Christian Wahnschaffe*, für Pitt ein schier unlesbares Buch: interessierte sie das wirklich? „Das Buch handelt in der Zeit, in der ich geboren wurde." Pitt hatte das Buch gelesen, weil Thomas Mann an ihm im Tagebuch seine Lesesucht dokumentiert hatte (der ja auch immer ein witterndes Konkurrenzbewusstsein beigemischt war). Wir erleben, wie er hineingezogen wird in den Roman, in das „mondäne Kino", das „läuft, flirrt", er quält sich, der Roman imponiert ihm, ohne ihm „Eindruck zu machen", doch „manches berührt auch kühn und träumerisch". Er leidet unter Entzugserscheinungen, wenn er ein paar Tage auf den Roman verzichten muss. „Die Frage nach dem Ziel des Lebens wird schmerzhaft und brennend, während Erzählerlust sie mit tausend flirrenden Bildern umspinnt."

Ernst Jünger, der seine Leser an seinem „Leben als Leser" teilnehmen lässt, sieht in der Lektüre eine Taktik im Überlebenskampf. Sie diene der Strategie des Standhaltens im „Ausweichquartier": „man wechselt, wenn es brenzlig wird, das System". Er entsinne sich weniger des starken Beschusses im Wäldchen 125 als seiner Entdeckung von Fontanes *Irrungen, Wirrungen*, die er dort las. Das Buch war auch im Fundus, der Pitts Mutter in ihrem Ausweichquartier half. Viele mögen den Tag nicht beschließen, ohne im Bett ein paar Seiten oder ein Kapitel gelesen zu haben. Bauen sie eine Mauer zwischen Tag und Nacht oder eine Brücke zwischen Tag und Traum? Der „Langstreckenleser" Jünger setzt Bücher dem Test der „Mitternachtsgrenze" aus: ist die überschritten, wird gelesen, bis die Hähne krähen.

Einer wählt ein Buch für eine Eisenbahnfahrt, ein anderer die Fahrt für die Lektüre eines Buchs. In den Bahnhofskiosken Italiens wird die Reiselektüre dosiert: 100 Seiten für 1000 Lire, 200 Seiten für 2000 Lire, „Padrone con Carne" reicht von Lucca nach Florenz. Im Bahnhof das Erinnern und Wiedererkennen vor den hundert Titeln in den Taschenbuchdisplays: und dann erwirbt man Fahrpläne ins Ungewisse. „Bei Büchern weiß man doch nie, worauf man sich einlässt", heißt es in William Gaddis' *JR*. Akten, Berichte, Fachbroschüren hat man für die Reise eingepackt, und dann schaut man in die Bestseller-Liste oder die Empfehlungen des Literarischen Quartetts, und aus der Dienstfahrt wird ein Ausflug in Pflichtvergessenheit und Abenteuer wie in Heinrich Bölls Satire.

Der eine liest und der andere nicht und ein Dritter nur, was ihm nützlich ist oder ihm – Definition des literarischen Missbrauchs – durch Examina aufgenötigt wird. Im homogenen sozialkulturellen Milieu von Familien gibt es unterschiedliche Lesehaltungen: von der Obsession über die Lesepflicht bis zur Abstinenz. Ist unser Leseverhalten ein genetisches Neuronen- und Synapsenschicksal? Gibt es apperzeptive Muster, die sich in die individualpsychologische Alphabetisierung gewoben haben: das Begreifen mal auf Zeichen, mal auf Bilder, mal auf Töne angelegt?

Der Anteil der aufs Lesen fixierten Menschen an der Bevölkerung könnte im Epochen- und Generationenvergleich konstant sein, vermutete Walter Mehring, als er die „verlorene Bibliothek" rekonstruierte: „Man kann dem Lesen so gesundheitsschädlich verfallen wie jedem anderen Rauschmittel, besonders als Europäer, der ja durch lange erbliche Belastung in gleichem Prozentsatz alkohol- wie büchersüchtig ist."

Ist es vielleicht lebensklüger, gegenüber der Bücherwelt skeptische Distanz zu wahren? Schon Faust, „beschränkt mit diesem Bücherhauf", strebte ja einen direkteren, frischeren Zugang zu Erkenntnisquellen an als über Lettern und Papier. Gefahren lauern in dem Delirium vor der Bücherwand, vor der Walter Mehring saß: „las ich mich sinnlos voll". Sollten wir gar Marc Aurel folgen: „Weg mit den Büchern"? Für das Verfallensein an Gutenbergs Pandämonium gibt es viele Anamnesen.

Die Steine aus dem Mauerwerk des Großen Hirschgrabens, die auf Pitts Borden stehen, sind die Abbilder jener Ziegel, von denen Ernst Jünger in den *Strahlungen* sagt, dass aus ihnen der Palast entstehe, in dem der Leser, wenn er sechzig oder gar achtzig Jahre lang neue zuträgt, wohnen kann. In seinen späten Tagebüchern hat Jünger angedeutet, dass das Leben nicht ende, solange es seine Aufgabe habe. Der Palast des Lesers wird nie fertig, geschweige denn vollendet. Entdeckungen oder Erschütterungen können noch im hohen Lebensalter zu einem Umbau zwingen. Nach dem Tod wird der Palast abgerissen, seine Mauern abgetragen wie die von Tempeln, Klöstern, Burgen, die den Lebenden als Steinbruch für Hütten, Häuser und neue Paläste dienen. Wenige können ihren Palast als ein Monument ihrer geistigen Behausung Archiven vermachen oder es in ein Museum verwandeln und wie zum Beispiel Ernst Jünger noch nach dem Todestag Gäste in ihnen empfangen.

Oder ein virtueller Palast wird gelöscht. Sie gehören ja auch zu unseren nötigenden Belagerern, diese „digitalen Taschenbibliotheken" (Navid Kermani), die uns in jeder Wartezone, in jedem Untätigkeitskomplex zu diesem elektronischen Flachmann in der Brusttasche greifen lassen (der Pitts Mutter in ihrer Bäckerladenschlange noch nicht zur Verfügung stand).

# Der Kopf des toten Dichters

Warum hat Thomas Mann seinem „jungen Verehrer" Arthur Ohlsen ein Foto seiner Büste geschickt? Die Herausgeber seiner Tagebücher, Peter de Mendelssohn und Inge Jens, haben die Schutzumschläge der zehn Notizromane über ein Schriftstellerleben mit den Fotos illustriert, die den Wandel eines Gesichts vor dem Hintergrund eines sich erfüllenden Werkplans zeigen. In jeder Lebens- und Werkepoche hätte Thomas Mann seinen schreibseligen Lesern prägnante Porträtfotos schicken können, nicht in diesem „verewigt-büstenartigen Gepräge", wie es im *Zauberberg* heißt. Vielleicht entsprach die Umformung einer Büste in ein Foto einer Mode der Zeit? Im Dezember 1918 hatte Thomas Mann Fotos der Büste seines Freundes Ernst Bertram empfangen, des Verfassers „seines" Nietzsche-Buches, der ihn bei der Konzeption der „Betrachtungen" beraten hatte. 23. IV. 1919: „Schwegerle schickte meine Büste, u. ich trug sie mit dem Gestell, auf dem der jug. Luther steht, ins Wochenzimmer (Sohn Michael war geboren, Ptt.) hinauf. Nach einigem Probieren mit der Beleuchtung kam sie gut zur Geltung und fand Beifall. Sie ist sehr ähnlich."

Eine Büste ist ein kleines, auf das Haupt-Sächliche konzentriertes Denkmal. Der Autor schickte Arthur Ohlsen ein Minimonument ins Haus, das mit der beeindruckenden Plastizität der Beethoven-, Wagner-, Goethe- und Nietzsche-Köpfe konkurrieren konnte. Die Büste verkörpert einen zeitlosen Ranganspruch, durch den alle, die nur fotografisch oder als museale Flachware präsent sind, in die Zweitklassigkeit verwiesen werden. Wie „Marmor" wirkte seine Bronzebüste auf den Dichter. In Hans Schwegerles Studio war Thomas Manns Aufmerksamkeit von einer Büste Stefan Georges gefesselt worden. George hielt nicht viel von der Arbeit des Jüngeren, und Mann war resistent gegen den mythischen Magnetismus Georges. Dem aber war schon die Monumentalisierung seiner Person gelungen.

Ist es der Ewigkeitstraum, der ein Bild plastisch machen will? Er opfert die sprechenden Augen der schweigenden Starrheit des Maskenblicks, um als homerische Stele im Zeitenstrom festzustehen. Ähnlich soll die Büste sein, so wie sich Marmor, Stein und Eisen immer ähnlich sind. Auch Ernst Jünger hat seinen Kopf dem Arno Breker anvertraut, weil er – wie der Schokoladenkönig Ludwig, der doch ein Fanatiker der Moderne war – Ähnlichkeit und Erkennbarkeit wollte. Da hat einer in der geistigen Konzentration eines Lebens an seinem Kopf mit seinen charakteristischen Zügen gearbeitet: soll der nun auf die Nachwelt kommen in den Linien eines Barlachs oder einer Kollwitz? Die Köpfe von heute seien entweder ähnlich oder allgemein, sagte der Bildhauer Serge Mangin, der sich auch an Jüngers Kopf zu schaffen machte, „in den Cäsarenbüsten vereint sich Ähnlichkeit mit Allgemeinheit". In einem Treffen des Kanzlers Erhard mit den Geistesgrößen der Zeit, 1964, hat Siegfried Unseld auch Ernst Jünger beobachten können: „schlank, drahtig, ein Kopf, der schon Marmorbüste provoziert, silbergraues Haar; das Bundesverdienstkreuz am Revers".

Die „Kolossalbüste, halb Kaligula, halb japanischer Ringer ist hier bei mir auf der Rumpelkammer", erfährt der „Benn-Partner" Oelze über Gottfried Benns Büste, die der Bildhauer Gustav H. Wolff 1927 geschaffen hat. Sie stand bis 1933 im Hamburger Museum für Kunst und Gewerbe, wo sie heute wieder häufiger von Pitt besucht wird. 1936, als der Dichter eine unerwünschte Person war, hat er sie eigenhändig verpackt, um sie ins Exil, in eine Ausstellung der Edinburgher Königlichen Akademie, zu senden. Sie sei ihm „kein angenehmer Anblick". Trotzdem: Pitt würde den Kopf gern vor sein Regal stellen, wie auch den Mannschen Schwegerles.

Auch Arno Brekers fürs „Schädel-Kabinett" geschaffenen Jünger-Kopf würde er dazu stellen. Lange hat Pitt, wie viele, in Breker nur den Mythenhobler des Faschismus gesehen. Als Mitspieler in dem vielfach preisgekrönten Fernsehfilm Heinrich Breloers über den ungetreuen *Kollegen Otto* und seine Seilschaft an der Spitze des gemeinwirtschaftlichen co op Konzerns hat Pitt die Vermutung geäußert, Brekers großflächige Bronzeplastik *Orpheus und Eurydike* im Frankfurter Konferenzraum des untergegangenen Unternehmens sei eine Auftragsarbeit Hitlers für sein Linzer Grabmonument gewesen. Vor diesem Relief hat Ernst Jünger dem Künstler 1982 in seinem Münchener Atelier Modell gesessen. Sein schon vollendeter „Schädel" vor Eurydikes Oberschenkel: erst nach seinem Tod hat Pitt das Bild gesehen.

Er war eingeladen gewesen, in Gegenwart des greisen Bildhauers an der Enthüllung des orphischen Werks in der Konzernzentrale teilzunehmen, hatte sich aber in politischer, ja parteipolitischer Korrektheit verweigert. Wie töricht war das im Lichte der tragischen Anekdote, die Ernst Jünger erzählt! Arno Breker wurde im Februar 1935 von Max Liebermanns Witwe ans Totenbett gerufen, um dem Maler die Totenmaske abzunehmen. Breker bat den Friseur des *Adlon*, in dem Liebermann Stammgast gewesen war, den berühmten Toten und Nachbarn zu rasieren. Der aber wollte selbst mit dem toten Liebermann nichts mehr zu tun haben und stellte nicht einmal sein Rasierzeug zur Verfügung. Der Künstler rasierte den Toten und verhalf dem schon verfallenden Gesicht zu jener Ähnlichkeit, die ihm wichtig war. Mag das Kunstideal, das Streben nach der mythisch-gloriosen Überhöhung, den Bildhauer mit den Machthabern verbunden haben: den Menschenverächtern mit ihren Maskenbildnern und Folterern, die auch Liebermanns Witwe getötet haben, ist der Künstler nicht gefolgt. Pitt hätte einem Mann die Hand drücken können, die das Gesicht des verfemten Max Liebermann verschönt hatte, um es der Nachwelt lebensgetreu zu überliefern! Manchmal fallen einem die Tagebücher der Schriftsteller zu spät in die Hand.

In Pitts erstem Gesellenjahr in der volkswirtschaftlichen Abteilung des Dr. Wolfgang Rehden lag an einem Sonnabendmorgen im frühen Oktober eine Postkarte im Briefkasten. Die elektrisierende

George-Schrift des Chefs, rund, klar, spannungsreich: „komm in den tot-gesagten park und schau – kommen Sie sofort. Es gilt, eine Mission zu erfüllen. Ihr W.R."

Das Rätsel war ein Befehl. Er schwang sich auf sein Rad und strampelte los. Auch ohne den George-Vers, auch ohne die Autorität des Chefs hätte der Befehl ihn, um in der Sprache Ernst Jüngers zu reden, wie ein Blitz durchzuckt. Ein literarisches Abenteuer! Beflügelt radelte er die zehn Kilometer durch die sich dehnenden grünen Vororte Hamburgs, die Metren der geheimnisvollen Verse in die Pedale tretend:

„Komm in den totgesagten park und schau:
Der schimmer ferner lächelnder gestade,
Der reinen wolken unverhofftes blau
Erhellt die weiher und die bunten pfade."

Das Gedicht ohne Titel hatte er früh in einer Anthologie aus dem in lyrischer Hinsicht unergiebigen väterlichen Bücherschrank gefunden. Es enthält die seltene Art von Versen, die ein Dichter auf ein Blatt schreibt, zwischen dem und der Seelenhaut des Lesers ein Kohlepapier liegt.

Einen Mann des George-Kreises hatte Dr. Rehden sich einmal in einem Gespräch genannt. Auf seinem Schreibtisch lag oft das Magazin *Castrum Peregrini*. Über George sprach er selten, doch oft von seinem Doktorvater, dem Ökonomie-Professor Edgar Salin in Basel, der zu den Eingeweihten gehörte – Pitts Professoren, die sich in ihre Formel-gespinste eingeigelt hatten, wären nicht in der Lage gewesen, ein Buch über Burckhardt und Nietzsche zu schreiben, auch der hochgebildete Karl Schiller nicht. Angesprochen auf seine George-Schrift mit ihren markanten Designanleihen zum Beispiel beim e, beim k oder beim t, hatte der Chef abgewinkt: nein, das sei nicht der Ausweis eines Bundes, kein graphisches Mantra. Er habe sich das Schriftbild bewahrt als ein Instrument, sich beim Schreiben und Denken zu disziplinieren – hatte er „Zucht" gesagt? Wenn der Jungökonom seinem Vorgesetzten die dritte

Fassung seines Kommentars zur EWG-Rindfleischmarktordnung, geschrieben für die Verbandszeitschrift, vorlegte, die immer noch zu lang war, sagte er wohl: die Konzentration des Schreibens liege schon in der Schrift, die Hand müsse jede Silbe wiegen und zählen, Schreiben sei Handwerk, das der Kopf kontrolliere. Er hat Pitt oft wegen seiner Handschrift getadelt, wie George den Wolfskehl. Die Schrift war ein Wesenssignet Dr. Rehdens. Als im Briefwechsel Alter und Arthrose die Konturen der Bildbuchstaben verwischten und schließlich nur noch die Typoskripte des Diktats kamen, war es, als habe sich der Mann von Jahr zu Jahr von seinem Leben getrennt.

Pitt wusste wenig von Georges Werk, aber er kannte die Legende, die Kulte, die Reichs- und Herrschaftsträume, Namen und Bücher von Schülern, und einmal hatte er sogar in Minusio bei Locarno an der granitenen Grabplatte den Vorsatz gefasst, die Wirkung dieses Mannes in eigener Lektüre zu ergründen. Es gibt Dichter, von denen sich Leser ein Bild machen, ohne sein Werk zu kennen.

Etwas Raunendes lag in Rehdens Stimme, wenn er von Gelehrten, hohen Beamten im Reichswirtschaftsministerium, von Offizieren sprach, denen er im Bannkreis Georges begegnet war – wie viele Generationen überdauert die stilprägende Kraft einer Persönlichkeit? In einem Gespräch bei Chablis und Brie in Nagels Weinkeller fiel eine Bemerkung, aus der Pitt schließen konnte (sollte?), Wolfgang Rehden sei wie Männer des 20. Juli dem Stern eines Bundes gefolgt, der in Stauffenbergs Ruf „Es lebe das heimliche Deutschland" an der Wand im Bendlerblock geleuchtet hatte. Zum Geburtstag hatte Dr. Rehden seinem Famulus den *Zeus des Phidias* von Josef Liegle geschenkt, einem Mann des George-Kreises, einem „verstoßenen", mit der Widmung „Kein Wesen kann zu Nichts zerfallen" in prägnanter George-Schrift.

Es war ein nüchtern-sperriges Feld, über das Dr. Rehden mit seinen Mitarbeiter*innen diskutierte, oft bis spät in den Abend, über das Soll und Ist der genossenschaftlichen Umsatz- und Kostenplackerei, über die Agrarmarktordnungen, die den Weg nach dem vereinigten

Europa planierten, über Wettbewerbsregeln, Steuerfragen, Zölle und internationalen Handel. Ein Wort, eine Bemerkung: und die kniffeligen Details verloren sich wie Sternschnuppen in der Tiefe des abendländischen Raums. Hinter den obstruktiven Donnerworten Charles de Gaulles stand plötzlich die Gestalt Karls des Großen wie hinter den Erinnerungen an den eben zurückgetretenen Konrad Adenauer der letzte Staufer Konradin, von den Paragraphen des liberalen Genossenschaftsgesetzes zu Otto von Gierkes germanischem Rechtsgedanken führte nur ein kurzer Weg. Und wenn Kanzler Ludwig Erhard und Karl Schiller, der damals schon sein Berliner „Brandt-Opfer" gebracht hatte, über ordnungspolitische Fragen stritten, kommentierte Dr. Rehden die Kontroverse mit spitzbübischer Gelassenheit: er wusste, dass die beiden an den Fäden des Puppenspielers Thomas von Aquin hingen, über den er bei Salin seine Dissertation geschrieben hatte.

Pitt stand außer Atem vor seinem Chef. Der grüßte ihn knapp und sagte: „Nehmen Sie Ihr Fahrrad mit. Warum leisten Sie sich eigentlich den schrecklichen Luxus, nicht Auto zu fahren?" Er leistete ihn sich auch. „Wohin gehen wir? Ist es weit?" Es waren nur dreihundert Schritte, auf einem Bauweg voller tiefer, mit Wasser gefüllter Schlaglöcher, um die das Rad mäanderte. Er trennte die Neubausiedlung der Neuen Heimat am Großlohering – an dem ein Vizekanzler, nämlich Olaf Scholz, gerade die Grundschule besuchte – von einem schon mit Bauwagen, Kränen und Rohrstapeln umstandenen Areal. Am Rande des Areals ein großer Garten: der war das Ziel.

Der Bungalow in der Tiefe des Gartens schien schon seit Jahren verlassen zu sein, denn nichts Bewegliches oder Zerbrechliches war am Gehäuse zu entdecken. Hinter dem Skelett eines Glasanbaus lagerten Steinblöcke; hier hatte wohl ein Steinmetz oder ein Bildhauer gearbeitet. Auf der Terrasse mit den dunklen Eibenwänden standen graue Brennnesseln, Flieder überwucherte glitzernde Granitfragmente, Jasmin und Haselnuss hatten ihre staubigen Blattwälle weit auf den verwilderten Rasen vorgeschoben, in dessen Dickicht ein paar rote Farbtupfer an die

Pracht von Rosenrabatten erinnerten. Jelängerjelieber umwand ein löcheriges Regenrohr.

„Wollen Sie das Grundstück kaufen?" fragte Pitt. Nein, es werde planiert und bebaut: alles Neue Heimat. Hier werde sich wohl eine Tankstelle etablieren. „Der totgesagte Park!" rief Pitt. Dr. Rehden setzte seinen Fuß auf eine gekippte kannelierte Säule, neben der die Tonscherben von Blumenschalen lagen. „Ja, hören Sie, mein Lieber –

> ,Dort nimm das tiefe gelb, das weiche grau
> Von birken und von buchen. der wind ist lau.
> Die späten rosen welkten noch nicht ganz,
> Erlese küsse sie und flicht den kranz.'"

Die Birken ließen ihre spröden Besenäste in den Dachstuhl des Bungalows hängen, am überwucherten Komposthaufen ließen Sonnenblumen die ausgepickten Köpfe hängen, die Buchsbaumhecke, die den Kiesweg säumte, war zertrampelt und zerfranst. „Kommen Sie, jetzt zeige ich Ihnen das Geheimnis. Achtung, die Brennnesseln!" Der grauverwitterte Monolith, der hoch aus dem Rosengestrüpp ragte, erwies sich als eine kopflose Statue. In archaisch grober Wucht stand der Körper da, der Faltenwurf des tiefporösen Gewandes war fast ohne Plastizität, eine unausgeformte Hand hielt ein Buch, auf dem in flachen, dünnen Spurrillen ein Titel stand, schier unleserlich. „Der Stern des Bundes", sagte Wolfgamg Rehden. Ja, George, Stefan George, in diesem Haus, in diesem Garten habe ein Künstler des George-Kreises gearbeitet und gelebt, ganz ohne Zweifel. „Und jetzt, mein Lieber" – Dr. Rehden teilte mit seinen Händen das Unkrautstroh und Brennnesselbüsche: das Haupt des Dichters.

> Vergiss auch diese lezten astern nicht,
> Den purpur um die ranken wilder reben.
> Und auch was übrig blieb vom grünen leben
> Verwinde leicht im herbstlichen gesicht.

Dr. Rehden trampelte das welke Gras um den Kopf herum nieder. Ja, jetzt hätte auch sein Begleiter erkannt, dass der dekapitierte Rumpf das Monument Georges war. Der wuchtige Betonkopf ließ im Profil die Züge des Gesichts hervorspringen, die mächtigen Brauenwülste, die Muschelmütze des wie mit einem Rechen gestrählten Haars über einer niedrig-höckerigen Stirn, die breitflache, tief herabgezogene Nase mit dem leichten Linksdrall ihres Rückens, die hochgestellten Jochbeine. Die Linie vom ausgeprägten Kinn über die eingesunkene Oberlippenpartie zu den Nasenflügeln bildete die Zahl Eins. Die Lider hingen tief herab, aber die Augen waren nicht geschlossen.

Pitt schlug sich auf den Mund: beinahe wäre ihm ein Benn-Wort über die Zunge gesprungen: „Cäsarenfresse und Troglodytenhirn". Gottfried Benn hatte dem Dichter eine Totenrede geschrieben. Er wollte sie vor der von ihm auf nationalistischen Konsens gedrillten preußischen Dichterakademie halten, durfte das aber nicht. Sie hätte George nicht gefallen: so „imperativ" war sein „Weltbild" nicht, dass es dem „Kolonnenschritt der brauen Bataillone" als Taktgeber hätte dienen können.

„Den müssen wir bergen", sagte Wolfgang Rehden, „Sie müssen mir helfen." Pitt war erleichtert, dass er nur die Rettung des Hauptes, nicht auch des Rumpfes im Sinn hatte. Es war schwer, und die Bruchränder des Halses waren scharfkantig. Der Versuch, den Kopf auf den Gepäckträger des Rades zu heben, musste misslingen. Das Experiment, den Kopf im Rahmendreieck über den Pedalen zu stabilisieren, schlug fehl. Würde irgendein Nachbar den Kofferraum seines Autos zur Verfügung stellen für eine literarhistorisch verdienstvolle Aktion? Dann Rehdens Idee: der Offizierssack, ein Beutel aus festem Segeltuch, an den Nähten mit Leder verstärkt. Schnell wurde er geholt. Der Kopf wurde in den Sack gesteckt. Es war leicht, ihn über den Rasen zum Tor zu schleifen, aber mühsam, ihn auf dem Bauweg mit seinen Schutt- und Steineinsprengseln Handbreit um Handbreit vorwärts zu bugsieren, zu schieben, zu rollen. Bald war der Sack – „zwanzig Jahre lang habe ich ihn gehütet" – durchlöchert.

Die Retter schafften auch das letzte Hindernis, die mehrstufige Kellertreppe, auf der sich manch schwerer Aufschlag des nur noch notdürftig verhüllten Hauptes nicht vermeiden ließ. Als der Kopf auf dem Estrich des Kellerraums lag, zeigte es sich, dass ein Ohr verstümmelt war, und wieder kam Pitt ein krasses Benn-Wort in den Sinn: „atavistisch verkrüppelte Henkelohren".

Während Dr. Rehden, der schon über Schmerzen in Kniegelenken und Ellenbogen klagte, seine Kamera aus der Wohnung im dritten Stock holte, ging Pitt um den Betonkopf herum. Warum hatte der Künstler für seine Darstellung des edlen Geistes das grobe Material gewählt? Eines der vielen Fotos, die Rehden im Keller, der Gruft des Georgehauptes, gemacht hatte, liegt im *Jahr der Seele* zwischen den Gedichten „Komm in den totgesagten park" und „Ihr rufer junger jahre":

Ich muss vor euch die stirn verneinend neigen,
Denn meine liebe schläft im land der strahlen.

Pitt stellt den Band zurück ins Regal neben die schwarze Schatulle mit den kopierten Blättern der *Tage und Taten*, die Wolfgang Rehden ihm nach der Bergungstat geschenkt hatte. Und wieder ein Griff ins Regal: die George-Rede Benns, 1934. Im „Zeitalter der Stahlgewitter und der imperialen Horizonte" feiert er den Formgedanken als „Zucht und Ordnung". Gleichberechtigt die Arbeit an „Staat und Marmor". Der vom Regime angewiderte George wird zum Kronzeugen für ein Kunstideal, in dem „der Staat und der Genius sich erkennen". Man muss die Dichter vor den Dichtern schützen. „Dahingegangen war einer ihrer rätselhaften Söhne. Fünfzig Jahre hatte er innerhalb der europäischen Dichtung gelebt, aber nur wenige hatten ihn leiblich gesehen, nie hatte er öffentlich vorgetragen, nie in einer Zeitung sich geäußert, er besaß keine ständige Wohnung, keine Adresse, kaum etwas Biographisches war über ihn zu erfahren, wie ein Schild standen immer gewisse Namen vor ihm, hüteten ihn, waren sein Kreis, erhöhten und verdunkelten ihn zugleich."

Pitt hat den Dichter, dreißig Jahre nach seinem Tod, leiblich gesehen. Er war enthauptet. Wie lange leben große Dichter? Solange Leute da sind, die das abgeschlagene, versteinerte Haupt bergen, sei es in Kellern, sei es in Grüften.

Es war schon dunkel, als Pitt auf dem Schlaglochweg, der am toten Park vorbeiführte, nach Hause radelte. Zehn Jahre später schickte Wolfgang Rehden ihm einen Zeitungsartikel, der berichtete, dass der Dichterkopf seinen Platz in einer Ausstellung lokaler Kunstdenkmäler gefunden habe.

Zu dieser Zeit war Pitt abermals von George heimgesucht worden. Er hatte an der Errichtung einer genossenschaftlichen Molkerei in Poona (heute Pune) im indischen Bundesstaat Maharashtra mitgewirkt, einem Projekt der Entwicklungshilfe, und nach der feierlichen Eröffnung durch den indischen Finanzminister Chavan hatten ihn die dankbaren Genossenschaftsmanager nach Aurangabad zu den Tempelwundern von Ellora und Ajanta geführt, den in den Basalt geschlagenen gigantischen Höhlendenkmälern der Hinduisten, Buddhisten und Jainisten. Als er in einem Brief an Dr. Rehden über seinen Besuch des heiligen Bezirks berichtet hatte, schickte er ihm ein Gedicht von George: „Ellora". Ein rätselhaftes, natürlich: „Ton und farbe müsst ihr töten / Trennen euch von licht und stimme / An der schwelle von Ellora". George, der nicht in Indien war, wird die „heiligen Höhlen" dreier Religionen aus dem *Reisetagebuch eines Philosophen*, des aristokratischen Gründers der Schule der Weisheit, den auch Thomas Mann schätzte, kennengelernt haben. Hermann Keyserling war Geologe und reisender Dichter und dichtete an der Schwelle von Ellora: „Allein das Tote lebt fort in der Versteinerung."

Abermals knapp zwanzig Jahre später, nach der Beisetzung Dr. Rehdens in der Nachbarschaft von Detlev von Liliencron, dem „Gott" des jungen Benn („ich schrieb ihm eine Ansichtskarte"), dirigierte Pitt seinen Kollegen – auch er ein Rehden-Schüler – an die Tankstelle auf dem Grund des toten Gartens. „Wenn unser Doktor jetzt die Zapfsäulen sehen könnte, würde er von Elfenbeinsäulen sprechen, in einem Tempel in Indien, in Ellora." Auf den Stehtisch legte er die Schatulle mit den *Tagen und Taten,* die er auf dieser Reise in seiner Aktentasche trug, und erzählte die Geschichte des monumentalen George.

Und nach all den Riesenköpfen der Autoren – hat nicht auch der Leser sein Denkmal verdient? Ja. Günter Grass hat es ihm gesetzt, in der Figur des monströs begabten Lesers Wuttke, des Fontane-Fans, den sie Fonty nennen, dem Leser mit dem phänomenalen Gedächtnis. Der setzt sich zu seinem Autor, der als „metallener Guß in Neuruppin auf der Steinbank sitzt", auf den Sockel und gibt sich in Beinüberschlag, Hut, Stock, Shawl und Profil als „geschrumpftes Modell" die kongruente Linie. Touristen kommen am Doppelmal des Dichters und seines archibaldtreuen Lesers vorbei und fotografieren es. Auf dem Rückweg – Fonty hat den Sockel verlassen – knipsen sie noch einmal und entdecken: „Irgendetwas fehlt". Der Leser fehlt. Der Dichter und sein Leser gehören auf ewig zusammen. Beim ersten Hinsehen ist dem Fotografen, fasziniert von der Monumentalität des Unsterblichen, der Leser nicht aufgefallen. Wer sieht den Leser neben dem Autor? Größe und Unsterblichkeit sind fiktiv ohne diese Sitznachbarschaft auf dem Sockel. Günter Grass hat den Leser in *Ein weites Feld* auf den Sockel gehoben. Dafür werden Leser ihm in Danzig, Berlin, Lübeck oder anderswo einmal sein Denkmal stiften: ein Kind mit einer Trommel hockt zwischen seinen Säulenbeinen, von der Schulter wühlt eine Ratte ihre Schnauze ins strähnige Haar, in der Linken ein Griffel, ein Orden hängt, tief, am Bronzeleib, vielleicht hinter einem Brunnen mit speiendem Butt.

# Im Archiv des Schreckens

Mit den *Betrachtungen eines Unpolitischen* hatte Arthur Ohlsen seinem Mieter ein sperriges Buch in die Hand gedrückt. Ein Anblättern und flüchtiges Lesen genügten, um auf die drängende Frage, ob das Buch gefalle, ein „interessant, interessant" murmeln zu können. Die von Thomas Mann in seinen epischen Riesenteppich eingewobenen essayistischen Ornamente hatten Pitt manchmal fragen lassen, ob der Autor nicht doch ein zum Epischen verdammter Essayist sei. Aber Essayistik pur auf sechshundert Seiten, danach stand ihm nicht der Sinn angesichts des belletristischen Schatzes auf seinem Tisch mit der altmodischen Troddeldecke, die er eines Nachts, in seinem Schaukelstuhl eingeschlafen, an seinen Körper gezogen hatte, so dass ihm August Weltumsegler, Viktoria und die Weiber am Brunnen auf die Rippen polterten.

Immerhin: da gab es in den „Betr." den Köder Dostojewski. Von dem hatte er alles, aber auch alles gelesen für seine Abiturarbeit über das Menschenbild in seinen großen Romanen. Für den, vor dessen „wilder Größe" sich Thomas Mann noch in seinem letzten Tagebuch in erschütterndem Selbstzweifel klein fühlte, sah er sich als Experte. Sollte er seinem Hauswirt den Krimi *Schuld und Sühne* oder die *Brüder Karamasoff* zur erneuten Lektüre empfehlen, um Raymond Chandler zu verdrängen? Arthur Ohlsen hatte ihm *Die Beichte Stawrogins* gegeben, den Sonderdruck des extrem selbst- und menschenquälerischen Kapitels („und das Herz hämmerte"), das in den Ausgaben der *Dämonen*, die er gelesen habe, noch gefehlt habe. Pitt war sich sicher, den vollständigen Text gelesen zu haben, ging aber der Frage auch nicht nach, obwohl es in diesem Jahr die Aufregung über Nabokovs *Lolita* gab, die sich nicht wie Dostojewskis zwölfjährige Matrjoscha erhängt hatte.

Den längsten Teil des Tages verbrachte Arthur Ohlsen in seiner Mansardenkammer, einem schmalen Raum mit nikotinfahlen Tapeten und einer fallenden Wand, der an einen Sarg mit hochgestütztem Deckel erinnerte (natürlich gibt es das Bild bei Dostojewski auch). Der alte Herr war ein Höhlenmensch. Hatte er seine Frau für ein Stündchen im Laden vertreten oder eine Weile im Garten gewerkelt, zog er sich für lange Zeit in seine Kammer zurück, lag rauchend und hüstelnd auf seinem knarrenden Bett, oder er lief durch den Raum, hin und her, und die Schwingung der leise quietschenden Dielenbretter schien sich durch die dünne Wand ins Nachbarzimmer hinein zu verlängern. Auch nachts wurde es in der Kammer nicht still. Das Feuerzeug ratschte, die Nachttischlade klapperte, Räuspern und Husten und manchmal die brummelnde Stimme und Laute, die wie Wehklagen klangen. Oft nachts aus dem Erdgeschoss die Frauenstimme „Arthur, schläfst du nicht?" Nein, Arthur Ohlsen schlief wohl nie.

Thomas Mann gefiel es sehr, dass Dostojewski an die früheste Geschichte der Deutschen und an den Armin in seinem Teutoburger Wald erinnert hatte. Der besondere Charakterzug dieses „großen, stolzen und besonderen Volkes" habe von Anfang an in seinem Misstrauen gegen die westliche Welt gelegen. Die Deutschen „protestierten gegen diese Welt diese ganzen zweitausend Jahre hindurch". Sie hätten ihr „eigenes Wort" nicht ausgesprochen, ihr „eigenes Ideal" nicht formuliert – aber eines Tages würden sie den Mut fassen, „dieses neue Wort zu sagen und mit ihm die Menschheit zu führen". Das hatte Thomas Mann gefallen. Ob er darin seine Aufgabe sah, fast drei Jahre lang, mitten im ersten Weltkrieg? Der Armin, dieser plumpe grünliche Kerl auf seinem hohen Sockel, war schon nach dem Schulausflug in den Teutoburger Wald dem Sechstklässler ein Begriff gewesen. Seinem gen Westen hochgereckten Schwert war der Student gerade wieder begegnet in der „Ordnung des Schwertes", die sein Professor Hans Ritschl in einem finanzwissenschaftlichen Vorkriegswerk gegen die „Anarchie des Marktes" beschworen hatte.

Wie passte das zusammen: Dostojewski mit seinen anti-westlerischen Affekten und Thomas Mann, dieser helle Geist, der vom Westen her die deutschen Hermanns-Fanatiker bekämpft hatte? Neugierig geworden, blätterte ein gieriger Leser jetzt weiter und sah, dass Thomas Mann den „ersten Psychologen der Weltliteratur" nicht beiläufig zitiert hatte. Die Zitate waren Schlüsselsätze für das ganze dicke Buch, das er in ratloser Ungeduld verschlang.

Auf der Endstrecke des quälenden Buches klopfte es an einem späten Nachmittag an Pitts Tür. „Beim Lesen stört man nicht", sagte Arthur Ohlsen, „aber ich möchte Sie um einen großen Gefallen bitten." Pitt hatte die „Betrachtungen" dem alten Herrn entgegengehalten und gerufen: „Ich habe es gelesen. Sehr spannend!"

Der Eindringling machte eine Handbewegung, als wollte er sagen: welches Buch? Seine Frau sei für zwei Tage zu ihrer Schwester gefahren, und ihn plage eine Erkältung, ob er, Pitt, wohl so freundlich sein wolle, ihm eine Flasche Wermut zu besorgen, er wolle sich einen Punsch bereiten. Auf dem Heimweg vom Krämer überlegte der Bote sich einen guten Einstieg für ein Gespräch über die „Betrachtungen", auf das er sich freute. Auf sein Klopfen öffnete sich die Tür der Kammer nur eine Handbreit, und Arthur Ohlsen nahm die Flasche entgegen wie durch die Klappe einer Zellentür. Pitt wunderte sich, seinen Hauswirt keine Anstalten machen zu sehen, sich seinen medizinischen Punsch in der Küche zu mixen. Er lauschte noch einige Male hinüber, dann hatte ihn die Welt der Literatur wieder vom Leben in der düsteren Kammer getrennt.

Kultur und Zivilisation Feuer und Wasser? Hatte er nicht in seinem geschichtlichen Selbststudium – allzu viele Schüler mussten in den fünfziger Jahren Autodidakten sein – gelernt, dass Kultur, der Zivilisation angeblich so überlegen, nicht vor bösester Barbarei schützt, ja, dass es geradezu das kultivierte Bürgertum gewesen war, das den Totengräbern der Kultur die Schaufeln in die Hand gedrückt und seine kulturellen Institutionen, halb gezogen, halb hingesunken, an den geistfernen

Terror ausgeliefert hatte. Er bewunderte die stille Produktivität der Bonner Ordnung mit ihren nüchternen Spielregeln und ihrem menschenfreundlichen Wohlstandsstreben. Ist Zivilisation nicht die Erfüllung des humanen Versprechens, das die Kultur gibt – wenn man überhaupt bei diesem törichten Unterschied bleiben will.

Dass Geist nicht Politik sei, gut, dieses wütende Mannsche ceterum censeo nahm Pitt als geschenkt. Beklommen aber sah er, wie sein Autor im ersten Weltkrieg sein Wörterbuch zusammenstellte: Geist, Kultur, Seele, Freiheit, Kunst unversöhnlich, ja in offenbarer Gegnerschaft abgegrenzt gegen Politik, Zivilisation, Gesellschaft, Stimmrecht, Literatur. Warum sollten diese Begriffsfiguren in seiner Brust Gegenspieler sein? Kultur ist der Grund der Zivilisation, das Stimmrecht folgt aus der Freiheit, Literatur ist eine Blüte der Kunst, Politik ohne Ratio ist Schwärmerei – und Thomas Mann, diese subtile, raffinierte, hochdifferenzierte Geistseele, buddelt tiefe Gräben in den Globus und füllt sie mit Schmuddelwassern, macht sie zu Schützengräben der Moor- und Heidepatrioten, die mit seiner Stimme dekretieren: Deutschtum und Zivilisation sei der „unsterblich wahre Gegensatz"? Wegen der deutschen Musik? Er hatte mit dem alten Herrn einiges zu bereden. Er hatte verstanden, warum der ihm das Buch in die Hand gedrückt hatte.

Fürs erste gab es zum Reden über die Heimsuchung durch ein verstörendes Buch keine Gelegenheit. Mitten in der Nacht wurde Pitt durch ein Splittergeräusch und ein Poltern geweckt. In sein Erschrecken fiel ein lautes dumpfes Stöhnen. Er stürzte in die Nachbarkammer. Arthur Ohlsen lag auf dem Boden, in einer Hand hielt er den Hals der zerbrochenen Flasche, aus einer Schläfe trat Blut. Ein Unfall! Als Pitt sich aus einer Lähmung befreit hatte, fiel ihm auf, dass nirgendwo, nicht auf dem Bett, nicht auf dem Boden, Spuren verschütteten Weins zu sehen waren. Sein jäher Verdacht bestätigte sich, als er den verkrümmten Körper zu heben versuchte: der alte Herr war betrunken, besinnungslos volltrunken.

Ein Telefon war nicht im Haus. Er klingelte die Nachbarn aus dem Bett. „Keine Aufregung", sagte der Nachbar, „wissen Sie denn nicht, dass der Herr Ohlsen Alkoholiker ist, typischer Quartalssäufer. Woher der wohl den Schnaps gekriegt hat, seine Frau hält ihn doch trocken." Die Blutung an der Schläfe war schon gestillt. Der Nachbar und Pitt hoben den alten Mann auf sein Bett: der widerstandslose Körper wog leicht. „Sie müssen aber Frau Ohlsen verständigen!" Wo und wie war die Hausfrau zu erreichen? Eine schlaflose Nacht, voller Sorge, mit einem quälenden Schuldgefühl. Es war grässlich: Pitt war zwanzig und kannte sich mit Alkoholikern nicht aus. Es gibt große Bücher von Alkoholikern. Die Protokolle der Raserei und der Hinfälligkeit in *Schau heimwärts, Engel!* kannte er noch nicht.

In seinem Antiquariat am Dammtor, das er auf dem Weg zur Universität oft konsultierte, hatte er Thomas Manns BBC-Reden *Deutsche Hörer!* aufgestöbert. Er hatte die Ansprachen als Geschichtsbuch, als Dokument der Zeitzeugenschaft aus der Ferne, gelesen. Doch den „britischen Raid über Hitlerdeutschland" hatte er selbst, als Kind, mit seinen Brüdern unter der pochenden Gluckenbrust der Mutter, unterm knisternden Balkengerüst des provisorischen Luftschutzkellers, aus der Nähe erlebt. Über die Zerstörung Lübecks und des Buddenbrook-Hauses in der Mengstraße – es „war mir das Symbol der Überlieferung, aus der ich wirkte" – hatte Thomas Mann in einer Sondersendung zum Jahrestag der Zerstörung von Coventry gesprochen: er habe nichts einzuwenden gegen die Lehre, dass alles bezahlt werde müsse.

Es hatte Pitt beeindruckt, wie der Dichter in alttestamentarischer Zorneswucht seine Trauer dem strategischen Ziel unterordnete, „diese Pest mörderischer Überheblichkeit aus der Welt zu schaffen". Und jetzt, in den „Betr.", diese Begeisterung anno 1914 über „jene blind-heroische Tapferkeit, welche riesenhaft ausholend nach allen Seiten dreinschlägt", das Entzücken darüber, die Lebenswende des 40. Jahres „vom Donnern einer Weltwende begleitet" zu sehen, dieser verquälte und berauschte „Gedankendienst mit der Waffe", dem schon „drei felddienstmäßig gerüstete Artikel" vorausgegangen waren. Der Krieg, der Deutschland „auf einen heiligen Augenblick schön" gemacht habe, sei sogar ein Freund des Autors, denn – ein Leser liest's fassungslos – er habe eine „endlose Schar junger Menschen" das Lesen gelehrt. Das sagten Briefe von Lesern, zum Beispiel von einem jungen „Kriegsoffizier" aus einem lothringischen Lazarett. Ob der dem Autor auch die Geschichte von den Kriegsblinden erzählt hat, die sich im Lazarett in patriotischem Leidensgleichmut mit ihren Glasaugen beworfen hätten?

Der alte Herr lag am Morgen in einem fahrigen Schlummer, nicht ansprechbar. Es klingelte, und vor der Tür stand ein stämmiger, jugendlich wirkender älterer Herrn mit Vollbart, der sich als Ohlsens Freund vorstellte und die Situation rasch erfasste. Er sprach eine halbe Stunde sonor-beruhigend auf seinen Freund ein und telefonierte beim Nachbarn mit der Hausfrau, deren Kommen er abwarten wollte. Er setzte sich mit Pitt in die Veranda und fragte ihn nach seinen Studien. Auch er sei Volkswirt, wie Arthur Ohlsen, er sei „früher" der Vorstandsvorsitzende der Bank gewesen, in der sein Freund als Abteilungsdirektor tätig gewesen war. Seit der Währungsreform sei er der Inhaber einer Kaffeerösterei. Er habe der Familie Ohlsen den Gedanken nahegelegt, einen Laden für Kaffee und Süßwaren zu betreiben.

Pitt habe es ja nun erlebt: der Freund sei Alkoholiker, „nicht einer der schlimmsten", aber es sei schlimm, der Alkohol habe sein Leben zerstört. „Ein hochbegabter Mann, ein künstlerischer Mensch mit genialen Zügen", aber der Krieg und das Nachkriegserlebnis hätten ihn zerstört, Nahkämpfe an der Ostfront, ganz fürchterlich, Bajonette. Der erste? fragte Pitt, töricht. Der erste, der sei schlimmer gewesen als der zweite, ganz fürchterlich. Ihn selbst habe der Krieg hart gemacht, er sei robuster gewesen, aber sein Freund Arthur habe seitdem an die Hand genommen werden müssen. Das habe er getan, bis auf den heutigen Tag. „Manche brauchen einen Beschützer, der ein bisschen stabiler ist, müssen Sie wissen, junger Mann". Der sympathische Mann, dessen Manager- und Unternehmerkarriere Pitt Respekt einflößte, verzieh ihm seine Wermut-Schuld.

Frau Ohlsen war nicht bereit, ihm seine „unverzeihliche Dummheit" zu vergeben, war dann aber doch nach zwei Tagen peinlichen Schweigens von seiner Zerknirschung beeindruckt. Er saß abends mit ihr in der Veranda, und es sprudelte aus ihr heraus: leicht sei es für sie und ihre Kinder nicht gewesen mit dem „herzensguten Mann". Im Freund ihres Mannes habe sie immer eine Stütze gehabt. „Ich sage Ihnen ja wohl nichts Neues: mein Mann war Nazi, wie sein Freund." Der Kaffeeröster, erfuhr Pitt, war nach dem Krieg nicht, wie Ohlsen, entnazifiziert worden und hatte seine Position verloren, „diesen glänzenden Posten". Während des Krieges habe es beim Bombenalarm eine durch den Alkohol belastete Situation gegeben, nach der auch ein Vorstandschef nicht habe verhindern können, dass einer seiner tüchtigsten leitenden Mitarbeiter fristlos entlassen wurde – „fristlos! Mein Mann!"

Der Kaffeeröster kam an drei Tagen abends zu seinem Freund, und Pitt registrierte erleichtert das gemeinsame Lachen. Er las in den „Betrachtungen" manches über die „Erhöhung, Steigerung, Veredelung des Menschlichen durch den Krieg", und er las die Sätze, in denen die Lebenssituation des jungen „Kriegsleutnants" Arthur Ohlsen beschrieben sein mochte: „Er ist durch den Krieg an Freiheit und materielle Sorglosigkeit gewöhnt, – welche den Boden ausmachen, auf dem höhere Menschlichkeit, nervöse Kultur gedeihen. Er hat ein außerordentliches Leben geführt – das oft grauenhaft war, oft auch von abstumpfender Schwere, aber auch hochgespannt, exzentrisch, tausendfach erschütternd und bildend, luxuriöse Gefühle, hohe Kameradschaft, innige Frömmigkeit und was wissen wir noch ausbildend. Wie wird ihm das Zuhause gefallen, das eng, niedrig, kleinlich-sorgenvoll geblieben ist und wo er nun ohne Gefahr und Luxus, mit der Bürgerlichkeit als Ideal, wieder leben soll?"

Hohe Kameradschaft: nebenan hocken zwei Grauköpfe beieinander, wie sie vor mehr als vierzig Jahren in einem Schützengraben zusammengehockt haben mochten. Der eine hat das Leben danach gepackt, der andere hat seinem Autor einen Brief mit der Bitte um Sinngebung geschrieben. Aber in die „Bürgerlichkeit" haben beide nicht zurückgefunden. Beide sind die Bohemiens des Krieges geblieben, vernarrt ins Außerordentliche, Hochgespannte, Exzentrische, und dann haben sie beide, der Starke und der Schwache, den „großen Bruder" gefunden, ihren Adolf-Arminius. Sie hatten die Ideale von „höherer Menschlichkeit" und „Kultur" im Kopf. Sie mochten nicht lassen von der begeisterten nationalistisch-autoritären Suada des unpolitischen Künstlers, ihres Lieblingsautors, auch als der sich längst der demokratischen Autorität des „Vaters Ebert" unterworfen hatte.

Wie es Thomas Mann mit der Lektüre Dostojewskis ergangen war, musste es Arthur Ohlsen mit den „Betrachtungen" ergangen sein: „Der Bleistift fährt begeistert an ganzen Seiten hin, schwer fallen Ausrufungszeichen inniger Zustimmung am Rande nieder." Das Leihexemplar der „Betrachtungen" war auf manchen Seiten schier unleserlich geworden. Der Leser Ohlsen hatte das Buch als Ko-Autor mit dem Graffito seines Enthusiasmus' überschwemmt.

Jetzt lag das malträtierte Buch oft auf dem Korbtisch in der Veranda, in der ein alter und ein junger Leser, abends, manchmal schon am Nachmittag, über Thomas Mann diskutierten. Nein, Pitt diskutierte nicht, er fragte nur. Er wollte begreifen, was den alten Nazi, der ihm zu seiner Verwunderung sympathisch war, an diesem Buch fasziniert hatte. Da war einer, der am Beginn seines geistigen Lebens, das doch einen anderen Horizont als den der chauvinistischen Kleinbürgermassen gehabt haben musste, in die Sackgasse einer blind machenden Irrationalität gerannt und hatte den Weg zurück wohl nie gefunden.

Der kundige Alte brauchte nie lange zu suchen, um die Sätze des großen Unpolitischen zu finden, die er wie Fähnchen schwenkte. Als Punktum stand oft ein resigniertes „na ja" auf seinen Lippen. Denn der Autor hatte ja alle seine Positionen „verraten", hatte sich dem demokratisch-parlamentarischen „Ungeist und Unfug", der dem deutschen Menschen fremd und widerwärtig sei, unterworfen. Auf die Gegenseite sei der Opportunist gegangen, doppelt gefährlich durch seine Meisterschaft. Jetzt habe er die Deutschen verführt, gegen ihre besten Traditionen ihren geistigen Standort in einem substanzlosen übernationalen Mischmasch zu suchen. Die Demokratie, das habe Thomas Mann richtig gesehen, sei die große Gleichmacherin, in ihr prostituiere sich alles und werde alles käuflich, in der Politik, in der Kunst, in der Wissenschaft, sie sei der Mahlstrom des Materialismus, in dem sich alle nationale Eigentümlichkeit und alle Werte abschliffen.

„Lesen Sie doch das hier – ‚Lasst jede Utopie des Fortschritts, lasst die Vernunftheiligung der Erde sich – jeden Traum des sozialen Eudämonismus erfüllen, die pazifizierte Esperanto-Erde Wirklichkeit werden: Luftomnibusse brausen über einer weißgekleideten, vernunftfrommen, staatlos-geeinigten, elektrisch fernsehenden ‚Menschheit': die Kunst wird noch leben, und sie wird ein Element der Unsicherheit bilden, die Möglichkeit, Denkbarkeit des Rückfalls bewahren. Sie wird von Leidenschaft und Unvernunft sprechen, Leidenschaft und Unvernunft darstellen, kultivieren und feiern, Urgedanken, Urtriebe in Ehren halten, wachhalten oder mit großer Kraft wieder wecken' – hören Sie sich das doch an, es geht um Ihre Zukunft, junger Freund!"

Der fühlte sich ertappt: tatsächlich hatte er mit seinem Freund Helmut Schütze vor ein paar Jahren Esperanto-Kurse an der Volkshochschule belegt. Auch über die prophetische TV-Perspektive und über die Luftbusse musste er lächeln (und ist heute erstaunt: Airbus!). „Lachen Sie nur! Aber es ist ja auch alles zum Lachen. Unsere Literatur! Zum Lachen." Und er hatte höhnisch gelacht, als Pitt – er wohnte schon nicht mehr bei den Ohlsens – im Winter erzählte, er habe eine Matinee in den *Kammerspielen* besucht, in der ein fabelhafter Günther Jerschke aus der *Blechtrommel* gelesen habe. „Na und? Haben Sie auch gelacht? Da feiern die einen dreijährigen Kretin aus Danzig – aus meiner Heimatstadt! – als ihre Geistesgröße. Da rennen Sie hin, zu diesem Blechgetrommel, und

Sie wollen Goethe und Nietzsche gelesen haben? Mein Gott, dieser Flachsinn! Überall Satire, Politik, Parteikram, pubertäre Provokation. Es gibt keine Größe mehr, nicht in der Literatur, nicht in der Politik."

Über seine nationalsozialistische Vergangenheit sprach Arthur Ohlsen nicht. Aber einmal ging er mit Pitt an seine Bücherwand und kramte aus einer Schranklade, dem Fundament der Regale, Stöße einer Zeitschrift mit dem Titel *Widerstand* hervor. Er sei im Widerstand gewesen, immer, im Widerstand gegen die Usurpation Deutschlands, gegen den demokratisch-kapitalistischen Internationalismus. Ernst Niekischs Kampf für eine nationale und soziale Volksgemeinschaft habe in dieser Zeitschrift ihr Sprachrohr gehabt. „Hitler?" fragte Pitt. Nein, nein, das sei eine autonome Bewegung gewesen, die mit Hitler nichts am Hut gehabt hätte, Ernst Jünger habe ihr nahegestanden.

Pitt blätterte in den Heften. Das düstere Schwarz des hakenkreuzbeflaggten Massenheers, das eine Schanze erstürmt und in einem Riesensarg landet, fiel ihm in die Augen – A. Paul Webers grausam satirische Zeichnungen fand er auch in anderen Heften. Arthur Ohlsen sprach von Ernst Jünger, dem Generationsgenossen, er sei ein Vorbild gewesen im Geistigen, Militärischen, Nationalen. In den Händen solcher Männer, die wussten, was Opfer, Disziplin und Geistigkeit seien, hätte er gern die Führung des deutschen Volkes gesehen. Der habe die Demokratie gehasst wie die Pest, wie er selbst und wie der Thomas Mann – und schon hatte er das *Wäldchen 125* zur Hand, das er auf die „Betr." legte –, und triumphierend trug er vor: „Ich will nicht die Parlaments- und Parteiwirtschaft, welche die Verpestung des gesamten nationalen Lebens mit Politik bewirkt." Er habe immer nur gewollt, was Ernst Jünger und Thomas Mann gewollt hätten, nämlich Sachlichkeit, Ordnung und Anstand. Die Führer des Volkes müssten sich ausgewiesen haben durch Dienst, Können, Erfahrung, durch Charakter und Persönlichkeit, nicht durch Geschrei und manipulative Talente. „Meinen Sie Goebbels, meinen Sie Hitler?" fragte Pitt. Mit Hitler, das sei eine andere Sache: er habe keine andere Wahl gehabt, der habe die einzige Macht verkörpert, die dem Parteien- und Parlamentsgezänk der Weimarer Republik habe ein Ende bereiten können.

Wieder ging Arthur Ohlsen an seine Lade und kramte zwei Zeitschriften hervor. „Lesen Sie das", sagte er, „das zeigt Ihnen, warum ich mich für Hitler entschieden habe." Pitt hielt die Mitarbeiterzeitschrift der Bank in der Hand, deren Schriftleiter der ehemalige Bankdirektor gewesen war. „Wir für alle" hieß der Titel. Auf einer Doppelseite ein Foto Hitlers und der Artikel des Schriftleiters Ohlsen: „Die Augen des Führers – vom Dienst an der Gemeinschaft". Er werde den Artikel lesen, gleich morgen, versprach Pitt.

Auch ein anderes Heft zeigte ihm der Archivar seines gebrochenen Lebens, eine Ausgabe der Zeitschrift *Die Woche* aus dem Jahr 1933, ein Special zum Thema „Das dritte Reich". Das Titelfoto hatte Pitt schon neben Ohlsens Wir-für-alle-Aufsatz gesehen, ja, das waren die Augen im Kopf des Kämpfers, die der Schriftleiter Ohlsen für die Bankangestellten beschrieben hatte. Fotos, Fotos: die NS-Größen, die Reichsstatthalter, die Gauleiter, die Maifeier auf dem Tempelhofer Feld, die deutschen Frauen, die deutschen Gesichter der kindlichen Blechtrommler vor dem Fahnenwald. Und daneben ein Aufsatz über „Geist und Seele kommender Geschlechter" von – Pitt traute seinen Augen nicht – Gottfried Benn. „Den kenne ich", sagte er entgeistert, „das ist mein Lieblingsdichter." Der Arzt war plötzlich zum perversen Volkswirt geworden und plante die „Reinigung des Volkskörpers". Der hätte ja nie, nie den Büchner-Preis erhalten dürfen, fiel es Pitt auf der Treppe ein, als er an den geschundenen Woyzeck dachte, den er allerdings nur aus Alban Bergs Oper kannte.

# Der Arbeiter auf dem Genfer Rasen

Einige Jahre nach seiner ersten Jünger-Lektüre hatte Pitt seine eigenen *Afrikanischen Spiele* (so ein Titel Jüngers) geschrieben, nämlich eine Gründungsfibel für westafrikanische Genossenschaften. Er galt jetzt als Experte und durfte im Auftrag der Gewerkschaften für vier Wochen – und im nächsten Jahr noch einmal – als Technischer Berater nach Genf reisen. Die Internationale Arbeitsorganisation (ILO) wollte auf ihrer Konferenz über die Rolle der Genossenschaften im Entwicklungsprozess beraten und den Regierenden der Welt empfehlen, kooperative Arbeitsformen zu fördern.

Eine wahrhaft globale Diskussion, spannend an jedem Tag. Die ILO ist dreigliedrig, wie viele logische Operationen. Die Interessenblöcke der Regierungen, der Arbeitgeber und der Gewerkschaften müssen sich aufeinanderzubewegen und einen Konsens finden, und die Konfliktlinien zwischen West und Ost, Nord und Süd wirken in den Dreiklang hinein. Im Schwarmgesumm der Delegierten und Berater ist die Stimme des Einzelnen höchstens für den Weltgeist hörbar. Jeder lernt dort schnell, was Sigmund Freud jedem empfiehlt: von seinen Allmachtsphantasien Abschied zu nehmen.

Pitt, in seiner großen Arbeitsgruppe ein recht junges Mitglied, merkte schon am ersten Sitzungstag, nach seiner ersten zaghaften Intervention, dass er ein Tropfen tief in der Tonne war. In einem anderen Ausschuss wurde über Landreformen beraten, auch das ein spannendes Thema. Und der Generaldirektor David A. Morse bereitete seinen globalen Bericht über Industrialisierung und Arbeit vor, das Highlight der kommenden 50. Konferenz[3]. Genf, phantastisch: von der „Stadt der religiösen und humanitären Erleuchtung" hatte der Reiseführer geschwärmt.

In seinen Koffer für Genf legte Pitt auf den Stapel der Konferenzpapiere Rousseaus *Bekenntnisse*, Voltaires *Candide* und Jüngers *Arbeiter*. Er hatte wohl seine Bedenken, ob das mythische Programm Ernst Jüngers so recht zu den Büchern der beiden Genfer Weltbürger passte, aber er hoffte, auch Ernst Jünger könnte Ideen geliefert haben, die in der „Weltzentrale des sozialen Gewissens" willkommen sein könnten. „Wenn es uns gelungen ist, bei der Beschreibung einiger Veränderungen im menschlichen Bestand, die wir für bedeutsam halten, überall dort, wo von der Gestalt die Rede ist, eine leere Stelle, ein Fenster offenzulassen, das durch die Sprache nur umrahmt werden kann und das vom Leser durch eine andere Tätigkeit als die des Lesens ausgefüllt werden muß, halten wir diesen vorbereitenden Teil unserer Aufgabe für erfüllt." Lebe, Leser, lese nicht, mochte das heißen, schau als ein Tätiger durchs Sprachfenster in die Welt.

Noch der hundertjährige Autor hatte das Buch als sein „schwerzugänglichstes" bezeichnet. Das ahnte Pitt schon auf seiner Reise nach Genf. Das Buch lag als eine Herausforderung in seinem Koffer. Er, der Arbeiter vom Hörensagen und Novize der Arbeitswelt, würde in den Begegnungen und Diskussionen unendlich viel über die Arbeit und den Arbeiter erfahren – nur über seine „Gestalt" oder auch über seine „Herrschaft"? Er würde mit Menschen diskutieren, die in der Welt der Arbeit und ihrer stolzen und kläglichen Bürger zuhause waren.

Die Studien und Berichte der Genfer Experten hatten Not und Mangel, Risiken und verpasste Chancen beschrieben; der Dichter in seiner Rolle als sozialer Prophet versprach seinem Leser – sofern dem die „volle unbefangene Sehkraft" gegeben sei und er seinem Autor die

---

3  Auf der 100. ILO-Konferenz wurde das Überkommen Nr. 189 über menschenwürdige Arbeit für Hausangestellte beschlossen, das von Deutschland 2013 ratifiziert worden ist. Es ist der Anlass gewesen für das Buch von Pitt, Sorge. Der Roman vom Dienen, BoD 2014

„instinktive Sicherheit des Zugriffs" zutraue – eine Gestalt des Arbeiters, der „nicht ein Element der Armut, sondern ein Element der Fülle" zuzuordnen sei. Was wählt ein junger Mensch, der zwischen Fülle und Dürftigkeit zu wählen hat?

In den Konferenzräumen und auf dem Genfer Rasen entpuppte sich der Arbeiter, wie ihn Jünger beschrieb, als ein hartnäckiger Heimsucher. Die Stunden für die Lektüre waren kurz und rar, nicht nur wegen der Sitzungen und der oft nächtelangen Diskussionen mit Genossenschaftern und Gewerkschaftern aller Kontinente. Der von Jünger versprochene „Ausflug in die Glut- und Eisgebilde der Arbeitswelt" hatte auch seine gesellschaftlichen und touristischen Reize: die Empfänge der Minister und Botschafter in den Residenzen und Hotels am See, die rumseligen steelband-Parties der Genossen Jamaicas, Trinidads und Tobagos, die Ausflüge zu Byrons Schloss Chillon, zu Rousseaus Naturidyll am Lac d'Annecy oder nach Ferney-Voltaire, die Sonntagswanderungen auf dem Mont Salève oder die Erkundungen in den Kristallgängen des Mer de glace, die fabelhafte Küche des Jura.

Wenn der Berater auf dem Rasen in seinem *Arbeiter* las, schaute er über den Teich auf den hellen streng und klar gegliederten Palast der Nationen – es war leider nicht, wie er erfahren hatte, der alte Völkerbundpalast, in dem Thomas Mann in einer Kommission für geistige Zusammenarbeit gewirkt hatte. Auf der filigranen Weltkugel mit seinem plastischen Gewimmel der Tierkreiszeichen auch der Wassermann: in ihm erkennt Jüngers Äonenblick den Herrscher des neuen Weltzeitalters mit seinem Hang zur Vergeistigung. Arbeit, was ist das? Sind wir nicht längst vom uralten Adamsfluch erlöst? Oder hat sich über das, was früher „Arbeit" hieß, ein Programmpolyp gesenkt, der uns nicht atmen lässt?

Der Generaldirektor Morse drückt sich in seinem Bericht wie Jünger aus, wenn der von „soldatischen Exerzitien" schwärmt. Die Ghostwriter aus seinem Ausschuss für industrielle Entwicklung sprechen von „Mobilisierung" der Ressourcen, von „koordinierten und konzentrischen Aktionen", von „psychologischer Vorbereitung", vom

Zusammenbruch tradierter Solidaritätsformen unter dem Druck der "industriellen Disziplin" im Takt von Maschinen, der ein „Arbeitstempo" diktiere, das nicht mehr vom Einzelnen bestimmt werde. Das hieß bei Jünger „totale Mobilmachung", schon vor dem *Arbeiter*. Der Arbeiter hat den Soldaten abgelöst. Pitt sitzt auf dem Rasen, die Sonne wirft ihr Licht auf die mythischen Figuren der Weltkugel im Teich: da schwebt über ihr die Gestalt des Arbeiters, des neuen Herrschers in der „planetarischen Ordnung", der reine, sich über alle Wirklichkeit erhebende, in aller Wirklichkeit durchscheinende Typ des rastlosen Gestalters, ganz Aktionist, ganz Techniker.

Der Generaldirektor der ILO beschreibt den Arbeiter und die Zukunft der Arbeit nicht so furios wie der Dichter: sein Arbeiter wächst nicht kentaurisch aus dem Riesenleib einer technisch determinierten totalen Arbeitswelt. Er sieht die Erscheinung des Arbeiters im Lichte eines menschenfreundlichen Fortschrittswillens. Und schließlich muss er auf die pluralistisch konfliktgeladenen Empfindlichkeiten seiner übernationalen dreigliedrigen Organisation Rücksicht nehmen. David Morse muss sich in seinen Berichten mit der Frage befassen, die für Jünger die „Fragestellung von Gestern" ist, muss fragen, wie der Arbeiter Anteil gewönne an der Wirtschaft, dem Reichtum, der Kunst, der Bildung, der großstädtischen Entwicklung, der Wissenschaft. Jünger darf sich mit der Morgen-Frage beschäftigen: „Wie haben alle diese Dinge im Machtraum des Arbeiters auszusehen?" – spricht er vom Macht-Raum, vom Mach-Traum? Der eine muss Meinungen, Interessen, Konflikte gewichten und wägen, der andere darf dem ontischen Tiefenblick vertrauen. Pitt, der Leser auf dem Rasen, darf beides: darf sich mit der Realität plagen, die Morse beschäftigt, und mit dem Dichter träumen, „Anteil zu haben an einem neuen vom Schicksal zur Herrschaft bestimmten Menschentum".

Auf dem Genfer Rasen bejaht Pitt aus einem vollen Herzen, dem der Kopf nicht folgen mag, Jüngers Frage, ob es denn möglich sei, „dass dieses Bewusstsein einer neuen Freiheit, das Bewusstsein, an einer entscheidenden Stelle zu stehen, ebensowohl im Raum des Denkens wie hinter sausenden Maschinen und im Gewühl mechanischer Städte empfunden werden kann?" Was besagen Morses Statistiken zur Unterprivilegierung und seine Analyse von Arbeitslosigkeit und Arbeitsleid gegen den Enthusiasmus des Künstlers, der die ganze Dynamik des Lebens zur Arbeit erklärt, „das Tempo der Faust, der Gedanken, des Herzens, das Leben bei Tag und Nacht, die Wissenschaft, die Liebe, die Kunst, der Glaube, die Kultur, der Krieg", ja Arbeit ist sogar „die Schwingung des Atoms und die Kraft, die Sterne und Sonnensysteme bewegt". Wenig hat das zu tun mit Morses statistischen Reihen über die armseligen afrikanischen Pro-Kopf-Einkommen oder dem mittelamerikanischen Analphabetismus. Sonne, Mond und Sterne: alles ist Arbeit, und die Weltkugel am Völkerbundpalast ist ein Monument der planetarischen Weltordnung (für die Mitte der 1960er das Wort „Globalisierung" noch nicht geläufig war).

Der General Otto von Stülpnagel schickte den Stabshauptmann Jünger im Zweiten Weltkrieg von Paris in den Kaukasus mit der Begründung, wer ein Buch über den Arbeiter geschrieben habe, solle auch die Wirklichkeit sehen. Der alte Jünger wundert sich über das Missverständnis: offenbar habe sein General angenommen, der *Arbeiter* beschäftige sich mit den „Proleten". Dieser Irrtum, sagt Jünger, sei ihm selbst innerhalb der „ersten Garnitur" begegnet, so bei Oswald Spengler, Carl Schmitt, Gottfried Benn und Golo Mann. Als Bewohner der Arbeitswelt sind wir Arbeiter, und die Moderne sieht uns ja sogar in unserem Gefühlsleben als Arbeiter, bei der Trauerarbeit, bei der Beziehungsarbeit, bei der Körperarbeit der Boxer und der Liebenden usw. Zum Arbeiter machen uns offenbar die Disziplin und das Instrumentarium, mit dem wir dem Leben begegnen.

In Jüngers Arbeiter kommt das Geschlecht der Titanen, das sich emanzipatorisch gegen die vorolympischen Götter, den Chronos und die Gäa, empört hat, zurück in die Welt. Der Mythos wird in die Zukunft projiziert. Seinen Arbeiter, den titanischen Berserker in den „Werkstättenlandschaften", hat der junge Jünger – „nomen est omen", sagte

Bundespräsident Roman Herzog zum 100. Geburtstag – im Blitzschein der „Stahlgewitter" entdeckt, als siamesischen Zwilling des Soldaten. Im *Kampf als inneres Erlebnis* hat er ihn, 1922, zum ersten Mal beschrieben: „Das glühende Abendrot einer versinkenden Zeit ist zugleich ein Morgenrot, in dem man zu neuen härteren Kämpfen rüstet. Weit hinten erwarten die riesigen Städte, die Heere von Maschinen, die Reiche, deren innere Bindung in Stürmen zerrissen werden, den neuen Menschen, den kühneren, den kampfgewohnten, den rücksichtslosen gegen sich selbst und andere." Wo wird er im Jahre 2022 angekommen sein? In der körper- und kraftlosen digitalen Welt, in der sich Arbeit in Beziehungen verwandelt hat?

Wo dem Arbeiter ein metaphysischer Rang gegeben wird, ist auch Kultur „Rüstung", ist sie „Mobilmachung" für die Herankunft des Weltimperiums des titanischen Technikers. Wer unsere Politiker über den strategischen Wert der Bildung im globalen Wettbewerb sprechen hört, kann sich des Eindrucks nicht erwehren, dass es tatsächlich um Rüstungen geht, oder um „Zurüstungen", um es mit Peter Handke etwas milder auszudrücken.

David Morse sieht die imperiale Sendung der Arbeit durch die kulturellen Defizite der Menschen der dritten Welt bedroht. Oft falle es dem Arbeitnehmer der vorindustriellen Welt schwer, sich dem Tempo, der Disziplin und der sozialen Dynamik in einen Industriebetrieb anzupassen. Er lebe sich zu langsam in neue Umgebungen ein, er habe eine fatale Neigung zu blauen Montagen, lege unmotiviert die Arbeit nieder und übe sich im destruktiven Protest – leidet offenbar nach der Diagnose Gottfried Benns an „kosmisch akausaler Arbeitsaversion". In vielen Ländern müsse man über Anreize nachdenken, die den Arbeiter anspornen, sich an eine industrielle Lebensform zu binden und Fachkenntnisse zu erwerben. Den Anreiz sieht der Pragmatiker in besseren Verdienstmöglichkeiten und einer höheren sozialen Stellung.

Der Arbeiter-Dichter Jünger, der das Gesetz der Produktion – „von der höchsten bis zur einfachsten" – zu kennen glaubt, hält nichts vom Reiz-Reaktions-Schema des Sozialingenieurs: „Der gegebene Maßstab liegt in der Lebensführung des Arbeiters vor." Und die sei zynisch, spartanisch, preußisch, bolschewistisch. Eine kleinbürgerliche Seele vermag Jünger in seinem Arbeiter nicht zu entdecken, er sieht das Ethos der preußischen Armee, der Jesuiten, des deutschen Ritterordens. Aber schon Marcel Proust hatte ja ausgerechnet im „Schatten junger Mädchenblüte" erkannt, dass die Elektromonteure heute die wahre Ritterschaft seien.

Ob Kämpfe im Graben oder in der Grube, in Stahlgewittern oder in Stahlwerken, in der sublim-bürokratischen Führungswelt von *Heliopolis* oder der Metropolis der transnationalen Unternehmen: Leid und Lust sind auf der Walstatt Arbeit aufgehoben im Dreiklang der Pflicht, der schon über dem Tagwerk des Managers Goethe schwebte: „Ordnung, Präzision, Geschwindigkeit sind Eigenschaften, in denen ich täglich etwas zu erwerben suche", schrieb der dem Mann, der Werthers Lotte geheiratet hat. Kein Erfolg ohne Askese. Der Dichter definiert Erfolg jedoch nicht bürgerlich-individualistisch in den Kategorien von Geld und Gewinn, sondern als Verwirklichung der Gestalt in Dienst und Sieg.

Das wusste Pitt auf seinem Genfer Rasen schon: Realität und Kunst stehen in einer Beziehung wechselseitiger Heimsuchung.

Ernst Jünger war nicht Mitglied der auf NS-Kurs gebrachten preußischen Dichterakademie. So konnte er nicht, wie Gottfried Benn und Gerhart Hauptmann, den Revers unterschreiben, mit dem die Poeten Hitlers Austritt aus dem Völkerbund begrüßten. Über die Internationale Arbeitsorganisation hätte auch er, seinen *Arbeiter* vor der Brust, gelacht. Diese ILO-Bürokratie mit ihrer Dreigliedrigkeit, ihrem zähen Kompromiss-Gerangel, ihrem Rankenwerk der Lobbyisten und Berater wäre in Jüngers Blick nur ein Komplott der Ahnungslosigkeit und der Versuch einer liberalen Domestikation des sieghaften Arbeiters gewesen. Die List der bürgerlichen Welt liege ja darin, „jede neu auftauchende Kraft als Verhandlungspartner zu begreifen und in die durch Verhandlungen arbeitende Apparatur einzubeziehen". Pitt, der Leser auf dem grünen Rasen, ist ein Komplize dieser verstaubt bürgerlichen Anwaltschaft gegen die „Herrschaft" des Arbeiters, ist ein „Hochstapler" und „Phraseologe": Tatsächlich hat er in seinem genossenschaftlichen Ausschuss hartnäckig um einen einzigen kurzen Satz gekämpft und ihn, mit vielen Koalitionen, in die Empfehlung des Plenums hineinbugsiert.

Und warum hatte Arthur Ohlsen, der Volkswirt und gescheiterte Bankdirektor, den *Arbeiter* so begierig gelesen, in ihm ein Kernelement seiner nationalen Anschauung gesehen? Ach, die alte Verführung des Intellekts durch leuchtende Bilder! Da ist dieser kultische Held, der natürliche Heros der Planlandschaft, der seine Mittel instinktiv beherrscht, ja mit ihnen verschmolzen ist wie Apoll mit der Leier, der sich auskennt in der Befehlssprache und der Befehlsordnung, der ein Meister der „strengen ästhetischen Lebensführung" ist. Es herrscht – nicht repräsentativ, aber stellvertretend – der höhere Soldat, der die „Sprache ruhender Symbole" spricht, der Leutnant, der Priester geworden ist. Und das Weltimperium des Arbeiters verwirklicht sich nach der Formel von 1932: Sozialismus („Voraussetzung einer schärfsten autoritären Gliederung") plus Nationalismus („Voraussetzung für Aufgaben von imperialem Rang"). Es soll sich in Kämpfen durchsetzen, die vom Terrain des nationalen Arbeitsvolkes ausgehen. Die Deutschen, die Amerikaner, die Japaner? Die Chinesen hatte Jünger noch nicht im Blick. Die Europäer in der Union der Vaterländer, heute? Ist die Industriestrategie, sind die immer wieder neu zu planierenden „Seidenstraßen" die Fortsetzung der Kriege mit anderen Mitteln? Hitlers Formel war damit nicht gemeint. Aber einem Arthur Ohlsen und seinem Lebensfreund, dem Generaldirektor, muss sie auch in dieser mörderisch pervertierten Form eingeleuchtet haben.

Pitt auf seinem Rasen liest es erleichtert, das Vorwort zur Werkausgabe des Jahres 1965, mit dem Ernst Jünger seine Kampfschrift erneut in die Welt entlassen hat. Er lässt es los auf einen Leser wie ihn, der wie der junge Manager Goethe darum kämpft, „die irdischen Maschinen in Gang zu setzen". Dieses Vorwort ist ein Nachwort zum grauenvollsten Kapitel der Weltgeschichte. Hitlers Nationalsozialismus sei ein Produkt der bürgerlichen Agonie gewesen; hätten er und seine Planfanatiker den *Arbeiter* gelesen und verstanden, „so würden sie viel Unnötiges, ja Unsinniges unterlassen haben und Notwendiges getan haben, vermutlich sogar ohne Waffengewalt". Gut der Geist, fehlerhaft das Tun? Es sind immer diese alten Wahnsätze, mit denen die gutwilligen, die gutmeinenden Ideologen das zwangsläufige Verbrechen, das in jeder Ideologie der Unfreiheit liegt, verkleinern.

Wenn man aus der Ferne auf die Weltkugel am Völkerbundpalast, auf die Eine-Welt-Kugel, schaut, scheint sie von ringelnden Schlangenleibern umwunden. Pitt blättert in dem Widmungsbüchlein, mit dem Ernst Jünger sich für Pitts Geburtstagsgrüße bedankt hat – es war ihm aus der Heimat nachgeschickt worden. Die verführerischen Schlangen und ihr Oberhaupt, die sardinische Schlangenkönigin! Das Geschöpf der Erde, das Schoßreptil der Gäa, die Versucherin, auf ewig unerlöst in ihrer tellurischen Gefangenschaft. Sie hat die Gottesgeschöpfe in die Arbeitswelt, in die Pein des Schweißes, der rinnen muss „von der Stirne heiß", hineingetrieben. Der Gestalt des Arbeiters, sagt Jünger in seinen Adnoten *Maxima – Minima* dreißig Jahre nach ihrer ersten Beschreibung, entspreche keine Klasse, kein Stand, keine Nation, keine Kultur, kein Glaube, „wenn nicht der an die Materie". Der Arbeiter sei der "neue Titan und Sohn der großen Schlange", von der Herakles nur ein Abbild vernichtet habe.

Auf Sardinien sah der Dichter die Schlange im Kloster der Kartäuser, die, schweigend und einsam in ihren Zellen, dem benediktinischen „ora et labora" folgen. Sie trägt – in der Kritzelzeichnung des Tagebuchs – eine sechszackige Krone. Sie frisst den Menschen, denn sie herrscht über ihn. In den Adnoten zum *Arbeiter* ist der Arbeiter immer noch der „mächtigste Sohn der Erde", aber seine Gestalt steht im Licht der „Erdvergeistigung", die das Ziel der Technik sei. „Die Entdeckung der Arbeit als eines Elementes der Fülle und Freiheit steht noch bevor." Schlangenworte? Pitt möchte sie glauben. Versucherworte. Das fragwürdige Zauberwort auch für die digitalisierte Welt.

Der hundertjährige Jünger konnte noch erleben, dass die UNESCO das rostige Riesenmonstrum des Völklinger Stahlwerks zum Weltkulturerbe erklärte. Dort, in der verödeten Werkstättenlandschaft mit ihren industriellen Petrefakten, können Kammermusiker nicht einmal in Dissonanzen die Erinnerung an Feuer, Eisen und Lärm heraufbeschwören. Und wenn die frühere Fabrikhalle erfüllt ist vom „harmonischen Gesang" aus Glucks *Orpheus und Eurydike*, verblassen die Erinnerungen an heroische Arbeitswelten und -kämpfe im Röhren- und Gestängegeflecht. Doch harmonisch wird auch die neue vergeistigte Arbeitswelt gewiss nicht sein.

Aus dem Dichtertraum von „substantieller Ordnung" kehrt Pitt zurück in die funktionale und reale Ordnung, zum Bericht des Generaldirektors der ILO, David Morse, des UNO-Mannes, der nicht von Mächten träumt, „denen die Fähigkeit zu echten imperialen Bindungen gegeben ist, innerhalb deren Schutz gewährleistet werden kann". Der Direktor muss in seinem Bericht die Konflikte und Widersprüche der globalen Arbeitswelt ausbalancieren, um im Maximum der Verwirrung das Minimum der Fortschrittsenergie zu finden. Er sieht in der Weltkugel im Garten seines Travertinpalastes nicht das Inbild der planetarischen Arbeitswelt, die aus sich den „Weltstaat" gebiert. Er ist froh, wenn sich die widerstreitenden Geister in den Ausschüssen und im Plenum auf Empfehlungen und Richtlinien verständigen, die eine Chance haben, von Parlamenten und diktatorischen Kabinetten ratifiziert zu werden, damit das geschehe, wovon der Dichter in der Gewissheit seiner Weltschau träumt: „Auch die Welt des Arbeiters wird Heimat des Menschen sein."

# Lasst den Zecher allein!

Wie reizvoll und wie selten ist der Kontakt des Lesers zu einem geliebten Dichter, sehen wir von den Lesungen ab. Manchmal tritt der Leser über Mittler in einen Kontakt zum Autor. Eine Mitarbeiterin der hannoverschen Schulzeitung *Jugend und Welt* hätte schon dem Schüler Pitt, der dort kleine Geschichten veröffentlicht hatte, als Brückenkopf zum großen Dichter Benn dienen können, wenn er schon gewusst hätte, dass sie seine letzte (?) Geliebte gewesen ist.

Nie hätte Pitt Gottfried Benn einen Brief geschrieben, als er in das Alter kam, in dem Enthusiasmus sich gelegentlich in die Energie umsetzt, Briefe an Autoren, Leserbriefe an Feuilletons zu schreiben oder als Wegelagerer vor Dichterpforten zu lauern. Denn das „gezeichnete Ich", das sich in Benn verkörpert, ist keine Andresse. Dennoch hat er zwei Briefe an seinen Dichter geschrieben, an den Toten, über Mittelsmänner gewissermaßen, Briefe in Sachen Gottfried Benn.

In den 60er Jahren hatten zwei Professoren einen Funkdisput über Ernst Jünger und Gottfried Benn geführt. Einer der Professoren war Walter Jens, auch er, nebenberuflich sozusagen, ein Dichter, dessen Roman aus einem Altersheim für Schauspieler, *Vergessene Gesichter*, Pitt gelesen hatte; der andere war der Literaturwissenschaftler Hans Mayer, eine Autorität der Brecht-Fraktion, die in den fünfziger Jahren in der Schule klein, aber schlagkräftig gegen die ebenso kleine, eher schüchterne Benn-Fraktion gestanden hatte. Jens und Mayer tauschten am Mikrophon Kritisches aus, das keinen Zweifel daran lassen konnte, beide Dichter – die sich einmal sogar getroffen haben sollen! – stünden in einer gefährlichen Komplizenschaft gegen den Geist von Demokratie und Freiheit.

Pitt kannte von Benn nur die im *Provozierten Leben* gesammelten Prosatexte – von „aufregenden Aufsätzen" hatte Thomas Mann gesprochen – und die Gedichte, die Bennschen, die sich bei Peter Rühmkorf so fabelhaft auf Menschen reimen. Seine Begeisterung wäre ins Unermessliche gestiegen, hätte er schon etwas über die Jahre Gottfried Benns in seiner Heimatstadt Hannover gewusst. Das Gedicht *Astern*, für Pitt bis heute Inbegriff lyrischer Vollkommenheit („der Sommer stand und lehnte und sah den Schwalben zu"), hatte er wohl auf die Speisekarte des Terrassencafés der Stadthalle geschrieben, das Pitts Mutter liebte.

Der Hauptstädter Benn hat die „schwälenden Tage" auf seinen provinziellen Busfahrten nach Springe oder nach Hameln („schlechtes Klima, keine Landschaft, flach alles, riesig öde") erleben können. Mit seiner Oberstabsarztaktentasche war er zum Dienst durch die Arnswaldstraße („was brütet das alte Werden ...") gegangen, in der Pitt als Theaterobmann seiner Schule mit dem Volksbühnenchef Henning Rischbieter über die spannenden Ballhof-Aufführungen diskutiert hat. Die Stadt hatte dem Dichter nicht nur ein schäbiges Untermieter- und Amtsstubendasein geboten, sondern einen inspirierenden Tag: „der Himmel, das Licht, der Flor".

Jens' und Mayers Äthergespräch hatten Pitts Gerechtigkeitsgefühl verletzt. Er dachte an einen Vers in Maximilian Berns *Zehnte Muse*, die er im Bücherschrank seines Vaters gefunden hatte: „Das siebte Tagwerk wird verboten". Den Sonntag der Literatur im ewigen Kalender der Schöpfungstage streichen, weil Benn an einem Sonntag in ein „neues Reich" aufzubrechen wähnte, aus dem er sich schon am Montag mit Katerschmerzen abgesetzt und aus dem er am Dienstag verstoßen wurde in die Höhlenwohnung in der Arnswaldstraße? Dennoch waren die beiden Professoren gerecht: Benn sei natürlich ein bedeutender Lyriker, aber sein Werk gehöre in den Giftschrank („eigentlich" haben sie nach Adornos Verdikt nicht gesagt).

In seinem Brief an Walter Jens übernahm der inkompetente Pitt die Pflichtverteidigung von beiden, von Benn und Jünger. Vielleicht hätte er es nicht getan, hätte er schon den Briefwechsel zwischen Benn und Oelze gekannt, in dem die beiden ständig über Jünger herziehen: „eiffelturmhoch" stehe Benn über Jünger, kolportiert der Benn-Jünger die Meinung Alfred Döblins. (Oh, wie utopisch die „wohl eingerichtete Republique" des Barthold Heinrich Brockes, in der „kein Poete je den andern hasst und neidet").

Der vielbeschäftigte Professor hatte seinen langen Antwortbrief offenbar eigenhändig getippt, und Pitt tat es leid, den produktiven Kopf heimgesucht zu haben. Er hat diesen Brief des praktizierenden Humanisten in einen der Benn-blauen Bände der bei Limes erschienen Gesammelten Werke gelegt: als Dokument des Protestes gegen die Mächte der Verführung, als Zeugnis der Helligkeit gegen das betörende Dunkel („der Rausch, der Rosen Du"), in dem der Geist oft genug zu seinem eigenen Widersacher wird. Er würde nie so weit gehen wie der Herausgeber der ersten Werkausgabe, Dieter Wellershoff, der, wie man hörte, aus der Benn-Gemeinde ausgetreten war, weil Benns zivilisationskritisch aufgemotzter Antihumanismus und „lebensverachtende Larmoyanz" (FAZ) beim heutigen Leser nur Ungeduld auslöse (aber das gehört wohl doch eher zum „oberflächlich dahinmeinenden Zeitgeist", ein Wort, das Simon Strauß in der FAZ zur Kritik der Berliner Akademie der Künste an Disputen über Vorgänge um Ernst Jünger und Walter Benjamin einfiel).

Zwischen die Seiten des *Weinhaus Wolf* hat Pitt den Brief gesteckt, der vor der Heimsuchung des Lesers durch seinen Autor warnt, als Merkzeichen für die Seite mit dem Satz, gegen den der Brief protestiert: „Alle großen Geister der weißen Völker haben, das ist offenbar, nur die eine innere Aufgabe empfunden, ihren Nihilismus schöpferisch zu überdecken". Der Anwalt der Werte lehnt sich auf gegen das „alte Werden" und die deterministische Logik seiner „sterbenden Flügel". Jens und Mayer funkten ihre menschlichen Wahrheiten als Anathema gegen die „außermenschlichen Wahrheiten", die Gottfried Benn in der Katerstimmung nach seinem nationalen Gemeinschaftsrausch im Weinhaus Wolf zwischen den Fässern aufsteigen sah. Sie wollen es nicht dulden, dass die wirkungsmächtigen Wortschöpfungen den Leser in eine „Leere" locken, die vor allen humanen Lehren liegt. Pitt bewundert beides, die Kunst Gottfried Benns und die Kritik seiner distanzierten Leser. „Kämpfe", sagen diese, jener sagt „nur nicht handeln", „verändere die Welt", ruft's hier und dort: „schweige und gehe dahin".

Das *Weinhaus Wolf* hatte Pitt in Gottfried Benns Todesjahr gelesen. Als Paul Raabes Recherchen über Benns hannoversche Jahre von 1935 bis 1937 erschienen waren, fragte er seine Mutter – und das war in ihrem Todesjahr, fünfzig Jahre später –, ob sie das zerstörte Weinhaus Wolf gekannt habe. „O ja", sagte sie, „dort hat sich dein Vater oft mit Geschäftsfreunden und Kollegen getroffen". Der Vater war Werbeleiter einer Verlagsanstalt, die ihren Sitz nur einen Steinwurf entfernt von der Großen Ägidienstraße hatte.

„Ich sitze und lausche. Lausche auf das seltsame Sein und Wesen, das aus den Stimmen der Menschen dringt." Einer von diesen Menschen, ein Mittdreißiger, wird in einigen Jahren Pitts Vater sein: er hat noch fünf Jahre zu leben. Er gehört nicht zu den „tiefen", er gehört zu den „handelnden" Menschen, und er wird falsch handeln wie später sein Sohn. Er ist einer, „der immer lebte, die Rippen angepresst an bestimmte Aufgaben, Lieferungen, Verträge, konjunkturgegebene Lagen, ohne Raum für Schwärmerei und als Verächter jeder Illusion".

Die Männer am Tisch, Pitts künftiger Vater darunter („einer wollte an den Rhein, haha, machte die Runde, hat viel vor, scheint sehr vergnügungssüchtig zu sein"), sahen den Juno rauchenden dicklichen Herrn mit den schwerlidrigen Augen an einem Nischentisch nicht, denn sie, „drei Gegenwartserwählte, Genossen, Geschichtsträger", waren mit dem beschäftigt, was „die Existenz ihnen entgegenwarf: Genuß, wippiges Lachen, Niederkämpfen der Konkurrenz, wirtschaftliche Triumphe und wiederum vor den Witwen von Geschäftsfreunden Beileid".

Pitt ist auch einer von denen, aber er kennt den schweigsamen Solitär, den einsamen Zecher, an dem Tisch drüben, dem die Wirtin gerade etwas zu lesen anbietet. Er möchte gern hinübergehen zu diesem Gast und ein Gespräch mit ihm beginnen. Aber er würde ihn stören. Der sieht anderes: „Der schönste und tiefste Gott geht vorüber, der einzige, der das Geheimnis des Menschen trug: je größer die Erkenntnis, um so unendlicher das Leid". Lass ihn sitzen. Du kannst seine aufregenden, seine spannenden Texte lesen, du kannst dich von ihm, der alles, was du tust, in Frage stellt, faszinieren lassen.

Seinen zweiten Brief in Sachen G.B. hat Pitt fast dreißig Jahre nach seinem ersten geschrieben. Der Briefwechsel zwischen Gottfried Benn und Egmont Seyerlen aus den Jahren 1914-1956 war erschienen. Seyerlen hatte als Interessenvertreter der wettbewerbsfeindlichen Kleinbürger und -händler das Groschenimperium der Konsumgenossenschaften mit ihrer Hamburger Großeinkaufszentrale und ihren vielen Fabriken, Pitts berufliche Heimat später, der nationalsozialistischen Arbeitsfront in den gierigen Rachen geworfen. Er war Vorsitzender eines Aufsichtsrats, dem Pitt Jahrzehnte später auch angehörte. Jetzt las er, dass der Dichter, der viele Gedichte auf die lyrische Festplatte seines Gedächtnisses gehext hatte, seinen Briefpartner „lieber Egmont, Freund der Jugend" nannte und ihn grüßte „immer in Freundschaft Ihr alter Benn".

Egmont Seyerlen war in Chaosjahren nach dem ersten Weltkrieg als abenteuernder Selfmademan durch die Welt gezogen, hatte sich mit großer Begabung als Unternehmensberater etabliert und als Krisenmanager durch erfolgreiche Unternehmenssanierungen, so bei den Verlagen Kiepenheuer und Rowohlt, Namen und Vermögen erworben. Das empfahl ihn, beginnend bei der Münchener Konsumgenossenschaft im Jahre 1934, als Experte für die „Überleitung", sprich Raub. Denn die vier Millionen Genossenschaftsmitglieder verloren ihre große Unternehmensgruppe an das Gemeinschaftswerk der Deutschen Arbeitsfront.

Der Mann im Weinhaus Wolf beachtet das Reden und Treiben im Lokal heute nicht. Er sitzt dort mit seinem Freund Seyerlen und spricht mit ihm auch einmal über Geschäftliches. „Ich las in der

Zeitung vor einiger Zeit, dass die Hamburger Konsumvereine nun zur DAF übergegangen sind, also das eingetreten ist, was Sie andeuteten. Sind Sie dabei gefallen oder gestiegen?", fragt er ihn in einem Brief, 1938. Solche Leute steigen immer. Und der ahnungslose Benn spricht von „übergegangen".

Auch mit seinem Leserfreund F.W. Oelze, dem Bremer Großkaufmann, hat Benn im Weinhaus Wolf gesessen. Hat er ihm vielleicht von seinen Gesprächen mit dem Jugendfreund über Wirtschaftliches erzählt? Über Lebenskarrieren, übers Fallen und Steigen? Die letzte Karte des todkranken Dichters aus Schlangenbad an seinen treuesten und vertrauten Leser nimmt die beiden Wörter wieder auf: „Jene Stunde ... wird keine Schrecken haben, seien Sie beruhigt, wir werden nicht fallen, wir werden steigen. Ihr B."

Benn stand seinem Jugendfreund skeptisch-fasziniert gegenüber: einen „großen Scharlatan u. Ganoven" nannte er ihn in einem Brief an die Freundin Elinor Büller. Doch Seyerlen war kein gewöhnlicher Manager, war in Benns Augen nicht nur ein schillernder Finanz-Cagliostro, von dessen Geschäften er nichts verstand. Er hatte 1913 im Verlag Thomas Manns den Roman *Die schmerzliche Scham. Geschichte eines Knaben um das Jahr 1900* veröffentlicht. Mit ihm und anderen Autoren ist Benn als „Die feindlichen Brüder" in Paul Cassirers Kunstsalon aufgetreten. Seyerlens Roman hatte Benn beeindruckt – obwohl für ihn alle Epik „Schiebung" war – als poetisches Programm, als Produkt jener „Kunstschule" des Expressionismus, die der Epiker Thomas Mann wegen ihrer ganz auf das „Rapide, Vehement-Bewegte, Graß-Ausdrucksvolle" gestellten Pathetik tadelte. Der Elan hatte sich in Egmont Seyerlen auf die Wirtschaftsdynamik und das Geldverdienen geworfen.

1933 war Benn sich mit seinem Freund wohl einig: „Die Revolution ist da und die Geschichte spricht. Nie wieder wird der Individualismus in der alten Form, nie der alte ehrliche Sozialismus wiederkehren. Dies ist die neue Epoche des geschichtlichen Seins, über ihren Wert oder Unwert zu reden, ist läppisch, sie ist da. Und wenn sie nach zwei Jahrzehnten vorüber ist, hinterlässt sie eine andere Menschheit. Hierüber rede ich mir den Mund fusselig, die Linksleute wollen es nicht wahrhaben." Nach zwei Jahrzehnten hat eine andere deutsche Menschheit – wirklich eine andere? – den Dichter mit dem höchsten deutschen Literaturpreis, den nach dem wahrhaft revolutionären Dichter Georg Büchner benannten, ausgezeichnet.

Pitt schrieb einen Brief an den neunzigjährigen Dr. Erwin Hasselmann, der 1933 nach England emigriert war und dem nach dem Krieg eine führende Rolle beim Wiederaufbau der Konsumgenossenschaften nach traditionellem britisch-demokratischen Muster zugefallen war. Er hat spannende Bücher geschrieben, darunter das monumentale Werk zur Geschichte der deutschen Konsumgenossenschaften. Pitt wollte von ihm etwas erfahren über die Rolle Seyerlens, des von Benn für eine „bedeutende Handelsperson" gehaltenen braunen Aufsichtsratschefs. „Vergessen Sie den", antwortete der greise Genossenschafter, „der war eine von den Charaktermasken auf dem Schmierentheater. Von denen hat es viele gegeben. Und vergessen Sie auch den Benn. Lesen Sie lieber Claudius." Er meinte den Matthias und nicht den Hermann, nach dessen wunderschönem Text die „alten ehrlichen" Sozialisten noch immer „Seit' an Seit'" schreiten, obwohl der von der mit Benns Hilfe gleichgeschalteten Dichter-Akademie unbedingt eine Auszeichnung haben wollte, wie uns Inge Jens erzählt hat.

Jede Generation hat ihre Gründe, der nachfolgenden Abbitte zu leisten. Was die nationalsozialistischen Manager in ihrer Arbeitsfront taten, haben „moderne", liberale genossenschaftliche Manager, zu denen auch Pitt gehörte, in den 70er Jahren wiederholt: sie haben Genossenschaften in ein Konzerngroßgebilde fusioniert und es als Aktiengesellschaft vom natürlichen Mitgliederfundament losgerissen. Was früher Schuld war, war hier ein tödlicher Irrtum – und nicht immer sind die Grenzen zwischen beiden Phänomenen scharf zu ziehen.

Einige von diesen Managern haben auch, wie Seyerlen, in die eigene Tasche gearbeitet und sind dafür empfindlich bestraft worden.

„Werden Sie nicht bald Ihr Heidelberger Haus beziehen?", fragte Herta Benn 1944 den Freund ihres Mannes. Sie konnte nicht wissen, dass es nicht sein Haus war. Er hatte es zum Spottpreis aus dem geraubten genossenschaftlichen Vermögen übernommen und musste es nach dem Münchener Spruchkammerverfahren zurückgeben – als „Belasteter" hatte er drei Monate Sonderarbeit für die Allgemeinheit zu leisten und zwanzig Prozent seines Vermögens zu zahlen. Pitt hat im „Heidelberger Haus" des Wirtschaftsführers später an vielen spannenden Sitzungen teilgenommen.

Arthur Ohlsen hatte noch erlebt, dass Pitt als frischgebackener Volkswirt in die Genossenschaftszentrale eintrat, die einmal von einem Egmont Seyerlen beherrscht wurde, am Besenbinderhof, einen Steinwurf entfernt von der Baracke der Bahnhofsmission, in der er Asyl gefunden hatte, ehe er ins Ohlsensche Haus einziehen konnte. „Am Besenbinderhof?" Dort hatte der Bankdirektor Ohlsen in einer Konferenz des Gauleiters im okkupierten Gewerkschaftshaus einen Wirtschaftsführer getroffen, in dem er einen Berliner Kommilitonen wiedererkannt hatte, der einen „tollen" Roman geschrieben habe, „vor dem Krieg", dem ersten. Aber an einen Namen konnte er sich nicht erinnern.

Er sprach begeistert von diesem Roman. So hatte Gottfried Benn in seinen Briefen an den „Herrn Generaldirektor und Wirtschaftsführer" über den Roman gesprochen, der ihm „so viele Stunden des Genusses u. der Ergriffenheit in meiner Jugend verschaffte." Gewiss haben Arthur Ohlsen und Gottfried Benn von derselben Person gesprochen. Arthur Ohlsen hatte noch erwähnt, dass dieser „tolle Bursche" in Ernst von Salomons Nachkriegsbestseller *Der Fragebogen* eine Rolle gespielt habe. Pitt hat nachgeschaut in der obskuren Rechtfertigungsschrift: ein Herr Seyerlen wird dort erwähnt, ein „merkwürdiger Mann, hager, elegant, mit mächtiger Nase und Glatze, der in der ganzen Welt zu hause war" – er hat dem Komplizen der Rathenau-Mörder ein von ihm gemietetes paradiesisches Häuschen an den Küsten Südfrankreichs vermittelt, in dem hundert Flaschen Cognac lagerten.

Die Wirtin ist Hermes' Schwester: sie mag keine Gäste hinter Glaswänden, sie ist argwöhnisch gegenüber dem Ptolemäer, der sich aus der Welt zurückgezogen hat, um sie „in Worten zu formulieren", sie fürchtet die infektiöse Wirkung des „gezeichneten Ich", das ein Odeur von Kälte und Fremdheit in den feierabendlich-bacchantischen Gemeinschaftskult ihrer bürgerlichen Stammgäste trägt. Sie hat ein Gespür für die geheime Spaltung, die der Mann des „Doppellebens" in die verschwisternde Gemütlichkeit ihres Etablissements bringt. Sie, die Menschenkennerin, misstraut dem Bewohner der Gegenwelt, die das Menschliche aussperrt.

„Immer so schweigsam?", fragt die Wirtin. Fühlt sie den Auftrag der Geschäftsfreunde, die am Nebentisch „nach Verlassen ihrer Häuslichkeit betrachtungsmäßig ins Allgemeine streben", den steinernen Gast in die gesellige Runde zu locken? „Immer so untätig?" Der stille Stammgast fühlt sich ertappt: „Wenn sie noch Tieferes erblickte? Untätigkeit bei günstigen äußeren Lebensbedingungen, das war, in der Tat, wenn ich es so ausdrücken darf, mein Ideal. Untätigkeit im allgemeinen Sinn: Kein Büro, kein pünktlicher Dienstbeginn, kein Bezugszeichen links oben auf den Akten". Tätig? Untätig? fragt sich der aufgestörte Gast am Einzeltisch. Muss er die „große Vergeudung der Stunden, das Warten auf Eindrücke, Träume" rechtfertigen? Will sich die Wirtin etwa zu ihm an den Tisch setzen?

Die Mittlerin zwischen Menschen und Sphären hat den Gedanken hinter den von schweren Lidern beladenen Augen erkannt: dort am Tisch der Geschäftsfreunde das Leben, hier am Einzeltisch der Geist, dort auf dem Tisch der Wimpel des kommunitären Strebens, hier auf dem Tisch des Solitärs das Schild mit der Aufschrift „Kunst". Hier warnt einer, der „die Existenz täglich auf einem Giftpfeil balanciert", die Unbefugten. Der Gast als Kolonialbeamter sieht hinter „der Maske Bilder und Erinnerungen an vergangene Jahre, Erinnerungen an Tahitis schmalen Strand", der Gast als Oberstabsarzt Dr. med Benn denkt an die „dreckigen Akten", von denen er in einem Brief an die Freundin sagt, er habe „immerhin viel Zeit, Tinte u. sogar Gedanken" in sie hineingearbeitet. (Der Dichter Benn war übrigens ein exzellenter Verwaltungsmitarbeiter, wie Gottfried Keller oder Franz Kafka es waren).

Pitt, durch seinen Vater ungeboren-gegenwärtig am Tisch der Geschäftsfreunde, zeitlos präsent als Leser, ist der Neugierige. Er hat die Wirtin gefragt: „Kennen Sie den Herrn dort am Tisch in der Ecke?" Er war diesem Mann, diesem breitfülligen Gesicht mit der prägnanten Kerbe im Doppelkinn, diesen blickvoll ruhenden Augen schon begegnet. Ihm war die Stimme, eine melodisch schwingende, schon aufgefallen, nicht nur hier, auch im Café Kröpcke, wo der Mann seine Zeitungen las und auf Servietten oder Speisekarten kritzelte – Notizen, Verse, Gedanken? –, auf der Terrasse der Stadthalle, wo er beim Lindener Bräu mit seinen Augen den beiden Schwänen auf dem Teich folgte. Hatte er nicht schon einmal neben diesem Mann am Ausleiheschalter der Landesbibliothek gestanden? Wenn einer schweigt und schaut und schreibt: werden wir dann nicht gezwungen, ihn zu beobachten, den Stillen zu belauschen? „Wer allein ist, ist auch im Geheimnis,/ immer steht er in der Bilder Flut …"

Auch Pitt, im Zeitsprung am Tisch der Geschäftsfreunde, fühlt sich von dem Mann am Einzeltisch beobachtet. Er ist einer der „Gegenwartserwählten, Genossen, Geschichtsträger": die „besteigen nachmittags einen Zug, Geschäftsreise, Geschmack von Rauch, etwas Kühle im Coupé, Landschaft streicht vorüber". Ja, der Mann am Einzeltisch scheint ihn fragend zu taxieren: „Der Stille vor dem Hochburgunder versicherte tagsüber Leben, nachweislich erfolgsgekrönt, äußerst abschlußreich, Zögernden besonders durch das Goethewort wirkend, das im Prospekt seiner Firma einen Ehrenplatz hatte, ‚was heute nicht gehandelt, ist morgen nicht getan'". Ja, ahnt der Mann denn, dass Pitt ein Leben später, angeregt durch diese Prospektmaxime, Goethes Managementpraxis und Führungslehre beschreiben würde? – trotz des Urteils des Solitärs in seiner Nische: „doch wer Leben sagt, ist schon gerichtet".

Arbeit im Alltag ist nichtig, das Resultat unserer Plackerei ist nur das, „was bei den Muscheln nachwächst, um die Gallerte umweltmäßig zu sichern". Wir gehören zu den degenerierten Völkern, die „den Geist in dem hausfraulichen Sinne eines durch zentrale Belieferung stillbaren Wohn-, Siedlungs- und Heimtriebes lehren". Der Mann hat hellsichtig die Welt beschrieben, in der Pitt lebt und arbeitet, diese historisch zufällige Existenzform, die nicht einmal so dauerhaft wie eine Muschel ist. Der Volkswirt im Gemeinwirtschaftskonzern – mit seinen Versicherungen, Banken, Wohnungen, Lebensmittelläden – hat sich dem Dienst an der „klugen Hausfrau" und dem „kleinen Mann" verschrieben, diesen „Rezidiven des Nichts". Warum nur schaut Pitt so gebannt neugierig hinüber zu dem Mann am Einzeltisch, dem Mann im „Geheimnis", im farbigen Licht seiner „Gestaltungssphäre"? Sein eigenes ephemeres Machen, seine Sandburgenkunst: was hat sie zu tun mit der Ausdruckswelt? Möchte auch er in seiner Arbeit „Unzerstörbares besingen"? Denkt er etwa auch an „hinterlassungsfähige Gebilde"?

Der Mann am Einzeltisch ist am Nachmittag vom Kröpcke aus mit der Straßenbahnlinie 6 – über die Stadthalle hinaus – „vor die Stadt" gefahren, nach Kleefeld, Endstation Nackenberg offenbar. „Viel Krüppel auf der Straße, Bucklige, Mißratene, auch Blinde". Pitt kennt die Gegend gut. Da ist das Annastift, das die Behinderten betreut, nicht weit davon die Annateiche, in denen er schwimmen gelernt hat, nicht ohne scheue verlegene Blicke auf die Karawane der Rollstuhlfahrer: du springst hier herum und die können keinen Fuß vor den anderen setzen. Die Blinden in der Blindenanstalt an der nahegelegenen Bleekstraße wurden von den Viertklässlern besucht, und in verblüfftem Staunen hörten und sahen sie, dass die Braillekundigen flüssiger lesen konnten als sie. In der Nähe auch die so genannten Schwererziehbaren auf den Gemüsefeldern des Stephanstiftes: mit dieser Anstalt hat die alleinerziehende Mutter ihren vier Söhnen gedroht, wenn sie wieder einmal mit ihrem hauspädagogischen Latein am Ende war.

„Überall ihr Kriechen, scheuer Schritt, Stottern und Suchen mit der Krücke. Beginn der Kastanienblüte". Abends, im Weinhaus Wolf, denkt der Mann an seinen Spaziergang in der „dunklen beginnenden Wärme" und ihn friert, „alles unendlich schwermütig". Die Männer am Tisch der Geschäftsfreunde lachen, genießen einen gelungenen tätigen Tag: „Siege und Unsiege, Wille und Macht, was für Aufdrucke auf diese Bouillonwürfel. Auf dem Tisch gratis Kolonialwaren und unter dem Tisch angeeignete Perserteppiche: das ist das Tatsächliche der Geschichte". Aber diese Helden und Händler am Tisch der Geschäftsfreunde sind den Behinderten am Annastift und den Blinden in der Bleekstraße verwandt: „eine unauflösliche Stille verband die Gestalten, alles sank, was sich erhoben hatte, alles bannte sich dem Niederen zu".

Tätiges und Leidendes, Alltägliches und Geschichtliches sind ausgesperrt aus dem Bezirk des Geistes. „Es zählen nur die höchsten Sphären, und das Menschliche gehört nicht dazu." Dort gelten nur „Strahlen".

> Wo alles sich durch Glück beweist
> und tauscht den Blick und tauscht die Ringe
> im Weingeruch, im Rausch der Dinge –,
> dienst du dem Gegenglück, dem Geist.

Sind wir Leser, im Irdischen krabbelnd, in die Kämpfe des Lebens verstrickt, denn ausgeschlossen vom Kampfplatz, auf dem es um das Letzte geht? Der Mann am Einzeltisch, von Pitt ausgespäht, sinniert über seine Klassenfrage: zwei Klassen gebe es, die Handelnden und die Tiefen. Die Aufgabe der Kunst sei es, sich eine Methode zu schaffen, um die Erfahrungen des tiefen Menschen zur Sprache zu bringen. Innerhalb der weißen Rasse – das ist ein Terminus der abendländischen Untergangselegie – gebe es „zwei Klassen von Vokalträgern", die sich vielfach gleicher Worte und Begriffe bedienten, sie aber mit „unvorstellbar fremdem, nie vermischbaren feindlichen Blut" füllten – wie die Viertklässler nichts mit der Brailleschrift und die Blinden der Bleekstraße nichts mit dem Lesebuch anzufangen wissen. Sie leben in zwei Welten, „einmal der Geschichtliche und einmal der Zentrale, einmal der Handelnde und einmal der Tiefe, einmal das Leben und einmal der Geist". Der Ludwig Klages („außen Mephisto, innen Frida Schanz"), der den Geist als Widersacher der Seele begriff, hat seine Jugend ganz in der Nähe des Weinhauses Wolf verbracht.

Zwischen dem Tisch der Geschäftsfreunde und dem Einzeltisch klafft ein Abgrund, und wenn Pitt, der mindere Vokalträger und Coupé-Leser, sich zu seinem pontifex-Experiment erhebt, um mit dem Mann am Einzeltisch ins Gespräch zu kommen, muss er in diesen Abgrund stürzen, muss er sich auf Krücken bewegen, kriechend und mit scheuem Schritt. „Was zu lesen?" fragt die Wirtin den einsamen Mann. Er lehnt ab. Was wir lesen, kann er verstehen, was er schreibt, können wir nicht lesen. Warum aber können wir es sprechen? Die vier Strophen der *Astern* könnte Pitt sprechen, wenn man ihn aus einem Tiefschlaf risse („die Schwalben streifen die Fluten und trinken Fahrt und Nacht").

Das geschichtliche Handeln ist nichts als „Kapitalismus, Rüstungsindustrie, Malplaquet – Borodino – Port Arthur – hundertfünfzigtausend Tote". Gegen den Nihilismus der Handelnden setzt der Mann am Einzeltisch den Nihilismus der Geistigen – doch über ihm, dem Leser Oelze verheißen, „die Transcendenz der schöpferischen Lust". Das Produkt des Handelns, das Geschichtliche, ist etwas für die „Witzblätter" – „schlägt man sie zwanzig Jahre nachher auf, erinnert man sich an die Moden der Kriegerwitwen, doch an den Sinn der Schlachten längst nicht mehr". Pitt erinnert sich an die Tracht der Trauernden, bis in die frühen fünfziger Jahre hinein: das weiße Gesicht zwischen dem schwarzen Kittel und dem schwarzen Haar unterm schwarzen Kopftuch, auf die Seiten eines Buches aus der Leihbibliothek gerichtet. „In unseren Leihbüchereien erhalten Sie das gute Buch", werben die Leihbüchereien 1936 in Hannover auch um den Leser Gottried Benn, dessen schmaler Oberstabsarztsold den Kauf von Büchern nicht erlaubte – der aber

Bücher brauchte, um aus ihnen die Essays zu montieren und die Ding-wortbilder seiner Verse zu gewinnen.

Wir akzeptieren ja die Rigorosität des lyrischen Ichs Bennscher Prägung: aber muss die Abwehr gegen das Menschliche gleichermaßen rigoros sein? Die sechs bis acht vollendeten Gedichte, um sie gehe der Kampf, die Handbreit Prosa wie eine Statue gemeißelt nach dem artistischen Imperativ Nietzsches: die Formulierung um des Ausdrucks willen. Eine sittliche, eine erzieherische Aufgabe, gar eine kulturelle oder geschichtliche Mission sei dem lyrischen Ich fern, denn es sei nicht brüderlich, sondern egoistisch, nicht kollektiv, sondern anachoretisch, nicht religiös, sondern monoman.

In seinem letzten Vortrag – in einem Kölner Rundfunkdisput mit dem sanften, mutigen Reinhold Schneider – beschwört Gottfried Benn die Atmosphäre des Weinhauses Wolf noch einmal: „Wie schön wäre es für einen, der Dichtung machen muss, wenn er damit einen höheren Gedanken verbinden könnte, einen festen, einen religiösen oder auch einen humanen, wie tröstlich wäre das für seinen Geheimsender, der die Todesstrahlen ausschickt, aber ich glaube, dass vielen kein solcher Gedanke tröstend zuwächst." Aus der „erbarmungslosen Leere", der kalten und tiefblauen, fliegen die Pfeile: sie sollen den Leser gar nicht treffen, sie fliegen an ihm, dem Unbeobachteten, dem Unbedeutenden vorbei – wohin? „Das moderne Gedicht, das absolute Gedicht ohne Glauben, das Gedicht ohne Hoffnung, das Gedicht an niemanden gerichtet, ein Gedicht aus Worten, die Sie faszinierend montieren."

Auch die Rundfunkfrage, auf die Abertausende von Hörern eine Antwort erwarten, wird mit einem Nein beantwortet: „Soll die Dichtung das Leben verbessern?" Nein, sie hat mit dem „sozialen Wohnungsbau" nichts zu tun – was wohl auch niemand erwartet hat. Sie tut Entscheidendes: „sie verändert". Will der Mann am Einzeltisch, durch Glaswände vom Tisch der Geschäftsfreunde getrennt, die „Gegenwartserwählten" verändern? Er will es nicht, er soll es nicht, er tut's. Dichtung hebe Zeit und Geschichte auf, aber ihre Wirkung – das ist das Wesen der „Ausstrahlung", der „Strahlen" – gehe auf die Gene, die Erbmasse, die Substanz. Hat er ihm immer noch nicht abgeschworen, dem alten züchterischen Wahn? Die Dichtung „bringt ins Strömen, wo es verhärtet und stumpf und müde war, in ein Strömen, das verwirrt und nicht zu verstehen ist, das aber an Wüste gewordene Ufer Keime streut, Keime des Glücks und Keime der Trauer, das Wesen der Dichtung ist Vollendung und Faszination".

Was fasziniert den Leser, der ausgeschlossen, verwirrt heimgesucht und nicht gemeint ist? Die in Laut und Bild verkörperte Erfahrung, dass es Vollendung gibt.

# Brüder

„Wir für alle" – diesen griffigen Ausdruck einer kundenorientierten Bankphilosophie im Titel seines Gefolgschaftsblattes hatte der Schriftleiter Arthur Ohlsen in seinem Aufsatz „Die Augen des Führers" umgedeutet: einer für alle. Das Titelporträt der Weihnachtsausgabe – mit dem Editorial des Generaldirektors, dem Pitt als Kaffeeröster begegnen würde – hatte der Redakteur von der *Woche* übernommen, jener Sondernummer des *Dritten Reich*, in der Gottfried Benn die leeren Seiten zwischen den Porträts der Naziprominenz mit dem züchterischen Wahn füllen durfte, den er als Lyriker strikt ablehnte.

Es war Arthur Ohlsen nur um die Augen gegangen. Die ganze willenskantige Physiognomie des Führers in der Bleistiftzeichnung – wirkt sie in den filmischen Dokumenten aus der Zeit nicht eher quallig? – hatte er keines Wortes gewürdigt. Er hatte in diesen Augen alles gelesen, was er als die Sendung seines Führers beschrieb: eine visionäre Kraft, Hellsichtigkeit für die Nöte des lange geschundenen Volkes, die Begeisterung, die ein Volk jenseits von Klasse und Stand zu einer Gemeinschaft der Hoffnung und des Willens zusammenschweiße, die Entschlossenheit, das Schicksal des Volkes durch Taten zu bestimmen. Im Blick erkannte er das „Führerische" – hatte er das von Heidegger übernommen? –, das die Millionen in den Gemeinschaftserlebnissen der Führerreden in den Bann gezogen habe (und er hatte auch eine erlebt, in Bad Schwartau, vor den Türen Lübecks). Ein Führer sei kein Monarch, kein Präsident, kein Kanzler, kein Parteivorsitzender. In schicksalhafter Stunde habe sich ein großes Volk aus seiner Mitte in brüderlicher Liebe einen Führer „erwählt". Arthur Ohlsen war doch kein Einzelkind gewesen: wusste er denn nichts von brüderlicher Tyrannei?

Dass Arthur Ohlsen in seinem Aufsatz seinen Briefpartner Thomas Mann mit einem Satz aus den „Betr." zitiert hatte, war für Pitt eine Überraschung. Hatte er ihm beweisen wollen, dass der sich in seinem Engagement für die Weimarer Republik doch geirrt habe? Dass er in Wahrheit schon im Weltkrieg den Führer prophezeit habe? „Nur unter einem Führer, der Züge des großen Mannes vom deutschen Schlage trägt, wird der ‚Volksstaat' einen erträglichen Anblick bieten und etwas anderes sein, als die Humbug-Demokratie, die wir nicht ‚meinen'". War das nicht eine hämische Reminiszenz: der Mann kann doch den später vom ihm gepriesenen „Vater Ebert" nicht mit diesem „großen Mann" gemeint haben? Durfte Ohlsen denn Weihnachten 1933 noch Thomas Mann zitieren, war das nicht schon die waghalsige Unbedachtsamkeit eines Schriftleiters in gehobener Angestelltenposition?

Der Name des Nobelpreisträgers, der sich in die Schweiz „beurlaubt" hatte, stand noch nicht in den Ausbürgerungslisten; seine Bücher hatten noch nicht neben denen seines Bruders im Feuer gelegen. Ernst Bertram hatte dem Freund in einem schaurigen Flammenspruch für die Kölner Bücherverbrennung noch Schonung in Aussicht gestellt. Hoffte die listige Propaganda auf die Rückkehr dieses so deutschen Deutschen? Weihnachten waren die *Geschichten Jaakobs,* die Geschichte des verfemten Volkes, ein Bestseller gewesen. Hatte der Leser Ohlsen seinem Autor nicht schon vor dem *Zauberberg* die Gefolgschaft versagt – und jetzt das Zitat im Gefolgschaftsblatt?

Immer unglaubwürdig war seine Behauptung gewesen, mit den „Betrachtungen" habe er sich von seinem Autor verabschiedet. Lesererfahrung, Lesegesetz: einmal gefangen, immer gefangen. Die erste Liebe ist unaufhörlich. Der Autor, dem es einmal gelungen ist, des Lesers „flüchtige Seele" (Harold Brodkey) wie eine Fliege an sein Sirupband aus Duft und Bitternis, Süße und Gift zu locken, lässt sie bis zum Tod nicht mehr los. Den *Zauberberg* nicht gelesen, 1924? Lachhaft.

Als Frau Ohlsen nach dem Tod ihres Mannes sein Testament vollstreckte, führte sie ihren ehemaligen Mieter nicht nur an die Bücherwand, sondern auch vor den Schrank in der Kammer. In dessen Tiefe stapelten sich neben den Chandlers auch die Bücher Thomas Manns. Sein verbitterter Leser hatte sie dort das Licht des Tages scheuen lassen. Nicht nur den *Zauberberg*, auch den *Dr. Faustus* hatte Arthur Ohlsen heftigst mit „dem Bleistift" gelesen, wie Thomas Mann sein produktives Lesen beschreibt (in einem Brief an Ernst Cassirer: „eine schlechte und doch auch wieder sehr nützliche Gewohnheit"). Der Postillen-Essayist und Propagandist Ohlsen hatte am ausdrucksstärksten am Rand jener Zauberbergseite gewütet, auf der die Augen als zentrales Medium heimsuchender Verführungsmacht erscheinen.

Der flüchtige Blick in die Augen der Madame Chauchat bannt Hans Castorp und verurteilt ihn gegen die warnende Stimme Settembrinis, die Rückkehr ins rettende Tal und die Hamburger Gediegenheit zu versäumen. So halten ihn jene schmalgeschnittenen Augen – „grünlich-blau, eisklar und doch schattig, geheimnisvoll anziehend" – im Bergsanatorium fest. Brauchte Arthur Ohlsen die literarische Vorlage überhaupt? Auch in Frau Ohlsens fleckig-runzligem Gesicht stand noch dieses leuchtende Sternengleiche.

Lyrisch verzückt, erkannte er in Schnitt, Strahl und Magnetismus von Männeraugen die „seelische Tiefe unseres deutschen Volkes", sah er in den Augen des Verführer-Führers die „Licht-, Kraft- und Tatquellen", die Sonne über einem im Dunkel schmachtenden Volk. Er gehörte wohl zu jenen, die sich – nach Peter Rühmkorfs Versen – nicht entscheiden können, ob sie Dichter oder Pressesprecher sein wollen. Josef Haslinger hat den Mikrokosmos des verführerischen Terrors beschrieben: seine faschistische Siebener-Bewegung, die den Wiener Opernball unter Gas setzt, wird durch das Auge gelenkt: „Als mich der Blick des Geringsten traf, war mir, als wäre es das Reich Gottes. Er hätte in dieser Stunde alles von mir verlangen können, ich hätte es getan." Auch der „tief gewinnende" Gerhart Hauptmann – der 1946 an Thomas Manns Geburtstag noch in seiner schlesischen Märchenburg sterben darf – hat sein „Ich sage ja!" gejubelt und Hitler in die Augen geschaut, „der eine schmähliche Minute lang seinen stupiden Basilis-kenblick in die kleinen und blassen, recht ungoetheschen Augen bohrte" (Th. M.). Basilisk nennt Luther die biblische Schlange, die listige, heuchlerische Verführerin.

„Wollen Sie denn gar nicht mal etwas lesen?", fragte Pitt seinen Hausherrn, als er ihn in Ochsenzoll, in einer psychiatrischen Abteilung, besuchte. Arthur Ohlsen lag auf seinem Bett und blickte starr auf die umgitterte Lampenschale an der Decke, als hätte er seine Augen an einen Magnetpunkt geheftet, damit sie nicht hinüberschweiften zu seinen Leidensgenossen auf den anderen Betten oder den Stühlen an den Fenstern. „Soll ich Ihnen einen Chandler mitbringen?" Arthur Ohlsen schüttelte den Kopf, der nur aus Nase und Kinn zu bestehen schien. Stumm verlegen saß der Besucher am Bett; nicht einmal die Blumen und die Früchte konnte er auf einem Nachttisch ordnen, denn der Pfleger hatte sie ihm weggenommen.

Er wagte es nicht, dem Patienten die Grüße seiner Frau zu übermitteln. Schreckliches hatte er vor drei Tagen erlebt. Sein Hausherr hatte ihn in das Lädchen gerufen, in dem er seine Frau, die einen Arztbesuch machte, vertrat. „Können Sie wohl eine halbe Stunde auf den Laden aufpassen? Kunden kommen jetzt kaum. Ich muss ganz dringend zur Sparkasse." Es war nicht das erste Mal gewesen, dass Pitt als erster Verkäufer im Lädchen wirkte, aushilfsweise, doch mit Herzenseifer; denn noch lebte der kindliche Wunsch in ihm, Besitzer eines Bonbonladens zu sein, auch beneidete er die Filialleiterinnen der Husselstübchen, in denen sich das Buntsüße der Welt versammelt. Drei Stunden stand er im Laden, erst hektisch geschäftig im erwartungswidrigen Kundenandrang, dann in wachsender Verwirrung über das Ausbleiben des Vizechefs, der von der zurückkehrenden Chefin in ahnungsvoller Verstörtheit vermisst wurde, mit still vorwurfsvollem Blick auf den Verkäufer, dem dämmerte, wieder einmal eine Riesendummheit begangen zu haben.

Aus der Sturzbetrunkenheit brach ein wilder Jähzorn, als Frau Ohlsen ihren Mann an den Bonbongläsern vorbei in die Stube bugsiert hatte. „Schließen Sie den Laden ab", flehte Frau Ohlsen, und ihr Mann schrie: „den Drecksladen, ich schlage ihn kaputt." Er torkelte auf Pitt zu, der sich als Erzengel vor den Vorhang zu seinem Paradies gestellt hatte. „Ich schlage ihn kaputt!", schrie es wieder, und ein Zittern lief durch den Körper des alten Mannes. Worte, Widerworte, und Arthur Ohlsen hatte Bücher aus den Regalen gerissen und sie auf seine Frau und auf Pitt geworfen, Klages, Hauptmann, Kolbenheyer, Bismarcks Brautbriefe, schwere Leder- und Leinenbände, aber doch ziellos und ohne Kraft. Er rüttelte an den Regalen, als wolle er den verhassten Laden hinter ihnen zum Einsturz bringen. Die Goethebüste wankte – „nein!", schrie Pitt, "Arthur!" Frau Ohlsen – und stürzte hinab, traf den Betrunkenen am Oberarm und riss ihn mit sich auf den Teppich. Dort lag der alte Mann wie tot. Der Arzt verfügte die Einweisung nach Ochsenzoll, wo er, wie Pitt erfuhr, schon häufiger gewesen war.

Arthur Ohlsen erwachte aus seiner starren Stummheit. „Was lesen Sie denn jetzt, mein junger Freund?" fragte er. „Hamsun, o ja, den habe ich auch gelesen." Pitt wollte die Titel aufzählen, da sagte er: „Kennen Sie die Stelle, wo Thomas Mann den Hamsun mit Eichendorff vergleicht? In den ‚Betrachtungen'. Wenn Sie noch einmal wiederkommen, bringen Sie mir das Buch doch bitte mit."

In der Hochbahn, in den „Betr." blätternd und sich hier und da festlesend, hatte Pitt die Eichendorff-Hamsun-Stelle nicht gefunden, der Kenner schlug sie an diesem Julinachmittag auf einer Bank im Park ohne langes Suchen auf. Mit einer fröhlichen, etwas zittrigen Stimme las er: „Aber der Roman ist nichts als Traum, Musik, Gehenlassen, ziehender Posthornklang, Fernweh, Heimweh, Leuchtkugelfall auf nächtlichen Park, törichte Seligkeit, so daß einem die Ohren klingen und der Kopf summt vor poetischer Verzauberung und Verwirrung". Der Taugenichts. Der Leser hielt inne: „O dieser Thomas Mann", sagte er in wehmütiger Verzückung, „ist er nicht unglaublich? Lesen Sie das, bitte, lesen Sie es laut, junger Freund!", mit diktatorischem Fingerdruck auf die Seite, die er seinem Besucher entgegenhielt. Der las:

„Schweigt der Menschen laute Lust:
Rauscht die Erde wie in Träumen
Wunderbar mit alten Bäumen,
Was dem Herzen kaum bewusst,
Alte Zeiten, linde Trauer,
Und es schweifen leise Schauer
Wetterleuchtend durch die Brust."

Der Hörer nahm Pitt das Buch aus der Hand und las versunken, als
säße er allein auf seiner Bank wie unter seinem Kirschbaum zu Hause.
Pitt betrachtete den Kranken verstohlen, sah den Schimmer eines
Lächelns auf seinem Gesicht, die magere, blasse braunfleckige Hand
zärtlich andächtig auf der vergilbten Seite liegen, sah das Kopfnicken,
das nicht wie bei der Lotte in Weimar ein Alterszeichen war, sondern
lautere Zustimmung zur Kunst seines Autors, der seinen Leser zum
hundertsten Mal zum Lesen verführt und zum Staunen zwingt durch
die wortinnige Kraft und graziöse Prägnanz seines Geistes, durch seine
einfühlende und anverwandelnde Sprache, die heilt, wo sie wehtut, und
Wunden schlägt, wo sie tröstet. Nichts wisse der Taugenichts von
„Exzentrizität, Problematik, Dämonie, Krankhaftigkeit" – er ist kein
Patient in Ochsenzoll.

Arthur Ohlsen las laut: „Er ist von der Familie der jüngsten
Söhne und dummen Hänse des Märchens, von denen niemand etwas
erwartet und die dann doch die Aufgabe lösen und die Prinzessin zur
Frau bekommen". Er lächelte: „Wissen Sie, junger Freund, so einer war
ich auch. Aber dann kam der Krieg. Wollen Sie, bitte, meine Frau von
mir grüßen?" Peinlich berührt, fragte Pitt: „Und Hamsun?" Eichendorffs
Ton, habe Mann gesagt, erinnere auffallend an den eines hohen germa-
nischen Humoristen der Gegenwart, an den Hamsuns. Auch der sei
immer Volk und immer Landstreicher gewesen.

Heute versteht Pitt besser, was dem Autor – und vielleicht auch
seinem alten Leser auf der Bank in Ochsenzoll – der Vergleich von

Eichendorff und Hamsun bedeutete, denn er kann in den Tagebüchern nachlesen, was im April 1919, in wirrer Zeit, notiert ist. „Gestern abend beendete ich Hamsuns *Segen der Erde*, ein herrliches Werk, und, obgleich völlig unpolitisch, im tiefen Kontakt mit aller neuesten Sehnsucht: die Verherrlichung des Einödbauern, der ländlichen Selbstgenügsamkeit, der Hass auf die Stadt, die Industrie, den Handel, die Ironisierung des Staates" – hier hätte Thomas Mann auch das Stichwort vom „Zivilisationsliteraten", den er in den „Betr." in seinem Bruder Heinrich verkörpert sah, wieder einmal aufnehmen können, doch er spricht weiter von Einfachheit, Güte, Gesundheit, Menschlichkeit, von dem Geist „der ohne Zweifel der der Zukunft, das heißt also: der Gegenwart ist." (Oh, das kommt immer wieder. Gerade las Pitt im Feuilleton der *Frankfurter Allgemeinen* den Triumph-Artikel der in Breslau lebenden Literaturnobelpreisträgerin Olga Tokarczuk „Jetzt kommen neue Zeiten!" mit dem kühnen Zentralsatz, nicht das Corona-Virus verletze die Normen unseres Lebens, sondern „umgekehrt": „jene hektische Welt vor dem Virus" sei nicht normal gewesen).

Die Norweger haben nach dem Krieg – dem zweiten – ihrem Nationaldichter seine geliebten Bücher in den Vorgarten seines Hauses geworfen, weil auch er Hitler zu tief in die Augen geschaut hatte. Arthur Ohlsen wollte seinem Autor auch die Bücher in den Vorgarten geworfen haben, als der sich mit dem von ihm selbst geschmähten republikanischen „Bonzentum" verbündet hatte. Dass er sie in seinen Laden verstaute, hatte vielleicht schon auf einen Respekt gedeutet, der eine Versöhnung nicht ausschloss.

Auf der Rückfahrt in der Hochbahn las Pitt wieder in dem Mann-Buch. Der Patient hatte sich geweigert, es mit hinaufzunehmen „zu den armen Verwirrten, zu denen sie auch den Hamsun gesperrt haben". Zwischen Kiwittsmoor und Ohlsdorf – das sind mehrere Stationen – fand er heraus, dass mit der „dreifachen Gleichung", deren „Herrschaft" durch romantische Kunst immer wieder gefährdet sei, die Ideale der französischen Revolution gemeint waren.

Ach, all die Brüder Taugenichtse, die aus der Zeit hinauslaufen. Die Möchtegern-Anarchen und Waldträumer müssen den Regierenden in den Metropolen scharf auf die Finger sehen, kritisch und engagiert, sonst jagen die eines Tages den Taugenichts in die Wälder oder schleppen ihn vor ein Tribunal, wie den Gottfried Benn vors „Schwarze Korps", oder fragen ihn wie den Joseph Brodsky: „Wer hat attestiert, dass Sie ein Dichter sind? Wer hat Sie zum Dichter beordert?" und verurteilen ihn wegen seines „asozialen parasitären Lebens" zu fünf Jahren sibirischer Zwangsarbeit. Oder jagen ihn, wie die Oberliteraten in der DDR die Franziska Linkerhand, aus der Aula, in denen nur Verbandsliteraten lesen dürfen.

Der Lust- und Leidensleser Arthur Ohlsen – auch er ein sonntagskindlich-romantischer Taugenichts? Ein Autor ist nicht verantwortlich dafür, in welcher seiner Figuren, der erfundenen oder der entschlüsselten, ein Leser sich erkennt. Der junge Ohlsen war als „vazierender Student" zum Beispiel in „geschlechtlichen Dingen" durchaus nicht „unschuldig bis zur Tölpelhaftigkeit", die „Reinheit des Volksliedes und des Märchens" weste wohl nicht in ihm, so ganz „gesund und nicht exzentrisch" war er wohl nie.

An einem der Abende nach dem Rauschexzess hatte Pitt am Bett des Greises gesessen, der reuige Trinker war „trocken". Doch der Besuch verfolgte keine rein menschenfreundlichen oder therapeutischen, er hatte andere Absichten. Dieser Aufsatz über die Augen! Seit Jahren war er auf der Suche nach älteren Herren, die ihm erklären konnten, wo das „Führerische" des Führers gelegen hatte und wie es möglich gewesen war, dass integre, idealistisch fühlende und gesinnte junge und reife Menschen, intelligente, kultivierte auch, die durch brav kleinbürgerliche oder liberal gutbürgerliche Erziehung, durch Bildung und Einsichtsvermögen geprägt waren, ja, die „gelesen" hatten, diesem Führerkult und diesem chaotisch-terroristischen Regime in seiner zum Himmel lodernden Geistfeindlichkeit verfallen konnten. Sein Vater, der wie Millionen den höchsten Preis für Irrtum oder Schuld bezahlt hat, war nicht befragbar. Aber Arthur Ohlsen wollte nicht über seinen Aufsatz sprechen.

Ein paar Jahre später hatte Pitt in fassungslosem Entsetzen die dicke, gründlich recherchierte Schwarte über die *Konservative Revolution in Deutschland 1918-1932* von Armin Mohler gelesen, der eine Zeitlang Ernst Jüngers Sekretär war, ein Handbuch des nicht nur politischen Irrsinns, in dem Tausende von bürgerlichen, von hochgebildeten Autoren und abseitigen Konventikeln, die dem Hitler geistig in die blutigen Hände gearbeitet haben, ihr Denkmal gefunden haben. Ein Motto des Verfassers vornweg, Hölderlin-Verse: „Geh, fürchte nichts! / Es kehret alles wieder, / Und was geschehen soll, / ist schon vollendet." Pitt hat dieses Glaubensbekenntnis der Konservativen als Drohung gelesen.

Der alte Herr erzählte dann aber doch: von nächtelangen Diskussionen in Berliner Studentenkreisen, von literarischen Versuchen und abgedruckten Gedichten, von Burschenherrlichkeit, Ausflügen, Theatererlebnissen, von einer Zwei-Zimmer-Wohnung, in der er ein elegantes Leben führte, von einer verheirateten Dame, die George liebte, von Drogenexperimenten. Der Apothekervater Ohlsen muss ein großzügiger Mann gewesen sein, nicht so sparsam wie Pitts Vater Staat, der die Kriegswaisen recht kümmerlich, wenn auch auskömmlich nach dem Bundesversorgungsgesetz alimentierte. Das Gespräch war interessant, aber unergiebig. Warum in aller Welt hatte Arthur Ohlsen seinem Kammernachbarn den Aufsatz über die Führeraugen in die Hand gedrückt? Proselytenmacherei immer noch? Autorenstolz? Oder Rechtfertigung? – sind nicht alle Süchtigen Meister darin? Vielleicht wollte er auch ein kleines Denkmal von der Art erhalten, wie der Armin Mohler sie für Hunderte von Wahnhaften hingestellt hat.

Warum hatte Thomas Mann den Taugenichts den „deutschen Menschen" genannt? Er hatte ja auch ein dickes Buch geschrieben, um das Deutschtum dingfest zu machen, mit tausend Belegen für den Eigenklang der deutschen Stimme im abendländischen Kulturkonzert, hatte Kolonnen von Kronzeugen für die kulturelle Sonderrolle der Deutschen aufmarschieren lassen, von Dostojewski bis zum Sozialdemokraten, dem „Genossen namens Alwin Saenger", der in einem Brief vom westlichen

Kriegsschauplatz gesungen hatte: „Heute kann es keinen deutschen Sozialdemokraten geben, der nicht an einen überragenden Einfluss seines großen Vaterlandes in der Menschheitsgeschichte der Zukunft glauben würde. Wem heute bei dem Namen deutsch das Herz nicht höher schlägt, der ist ein armer, kranker Mann". Glaubte der arme, kranke Mann Ohlsen in seiner Kammer an sein Deutschtum nicht mehr?

Im U-Bahn-Antiquariat am Dammtor war Pitt Stammgast, denn der Inhaber war sein Namensvetter und der Bruder eines großen Ökonomietheoretikers („Ich bin nur ein Buchhändler, aber mein Bruder steht im Brockhaus"). In diesem Bücherkabinett fand er am Tag nach seinem Ochsenzoller Mann-Kolloquium ein Buch mit Texten von Thomas Mann, die der Fischer-Verlag einige Jahre zuvor unter dem Titel *Altes und Neues* gesammelt hatte. Er nahm den Ratschlag des Namensvetters als Zugabe mit, unbedingt das große nationalökonomische Werk Thomas Manns, nämlich *Joseph der Ernährer*, lesen zu müssen. „Wissen Sie, dass der Mann in München auch Nationalökonomie studiert hat?" Das wäre eine Nachricht für Ohlsen!

Während unten im Hörsaal A (dort hatten auch Gottfried Benn und Thomas Mann schon einmal gestanden) Professor Fritz Voigt in seiner verkehrspolitischen Vorlesung in leidenschaftlicher Gestikulation darlegte, dass im russischen Reich alle Flüsse mit fatalen Folgen für die Industrialisierung in die falsche Richtung flössen, blätterte Pitt auf der Empore in seiner Neuerwerbung. Thomas Mann hatte, ein paar Jahre nach Arthur Ohlsen, auch einen Aufsatz über Hitler geschrieben.

*Bruder Hitler.* Thomas Mann sieht nicht den Großen Bruder, der sich zur totalitär-terroristischen Herrschaft über das Brudervolk, die brüderliche Zwangsgemeinschaft, aufgeschwungen hat. Es geht ihm nicht, wie Arthur Ohlsen, um seine Augen, nicht um sein Gesicht – das Max Picard in seinem Buch *Hitler in uns selbst* als „aufdringliches Nichts" beschrieben hat. Er meint es – kühn in seinem an Kühnheiten reichen Werk – wörtlich: „This Man is my Brother", hatte er seinen Aufsatz im amerikanischen *Esquire*, 1939, überschrieben.

Das „in uns selbst" ist bei ihm persönlich: In mir, im Zerrbild meiner künstlerischen Ambition, liegt das Wesensverwandte. Wie dieser Bruder hätte ich werden können, wenn ich mich nicht in Objektivität diszipliniert hätte, nicht die humane Regel des Gesellschaftlichen erkannt und akzeptiert hätte, mir nicht – wie der Dreißigjährige dem Bruder schrieb – „eine Verfassung" gegeben hätte, nicht gelernt hätte, eine „geistig unkontrollierte Kunst, Kunst als schwarze Magie und hirnlos unverantwortliche Instinktgeburt" zu verachten und als „blinde Ausgeburt der tellurischen Unterwelt" zu verabscheuen. Wenn ich das Mythische nicht ins bunte Kleid ironischer Rationalität gesteckt und zu einer menschen- und lebensfreundlichen Macht gestaltet hätte.

Er erklärt nicht, warum sich das Volk unter die Fuchtel des großen Bruders begeben hat. Ist es überhaupt wichtig, die historischen Konstellationen zu beschreiben, in denen ein zivilisiertes Volk zum Totemglauben und zum Stammesritus zurückkehrt? Völker sind immer wieder zu Unvorstellbarem bereit. Warum aber Lehrende, vorbildliche und verantwortliche geistige Eliten, die gebildete Vorhut des Volkes, warum „Leser" in so großen Scharen den totalitären Druck, ja den Terror des großen Bruders nicht nur geduldet, sondern hingebungsvoll verzückt genossen haben, darauf sucht Thomas Mann eine verzweiflungsvoll-kühne Antwort in seinem Künstlertum und seinem artistischen Deutschtum, in dem sich ja auch viele Leser erkennen. Welch ein Opfer!

Es ist die Wirkungsmacht des „Viertelkünstlers", die Thomas Mann analysiert. Da sieht er das Brüderliche, da zwingt er sich, eine „reichlich peinliche Verwandtschaft" anzuerkennen. In der Maßlosigkeit der Selbstentwürfe und der radikalen Subjektivität sieht er den träumerischen Größenwahn jenseits von Form, Vernunft und Gesetz in einen absoluten, einen rücksichtslosen Tatendrang umkippen. Das wirkt epidemisch, weil das rudimentäre Künstlertum begabt genug ist, die Mittel zur Erzielung des großen Effekts zu erkennen und zu nutzen. Es hat Hörer und in seinen Inszenierungen die Zuschauer gefunden, die im Verquasten und Verqueren die Vision leuchten sahen, lausch- und rauschbereite, die sich auch durchs Ungelenke lenken ließen. Thomas Mann hat diesen Bruder gehasst, sein Leser Ohlsen ihn geliebt.

„Besser, aufrichtiger, heiterer und produktiver als der Haß ist das Sich-wieder-Erkennen, die Bereitschaft zur Selbstvereinigung mit dem Hassenswerten, möge sie auch die moralische Gefahr mit sich bringen, das Neinsagen zu verlernen." Thomas Mann hat seine Leser und Hörer unaufhörlich in diesem Neinsagen trainiert: er allein darf diesen Gedanken äußern. Es gibt die Heimsucher, die vor ihrer Ankunft warnen.

Als Pitt den immer noch in Ochsenzoll betreuten Arthur Ohlsen wieder besuchte, fragte er ihn beim Abschied: „Wissen Sie, dass es auch von Thomas Mann einen Aufsatz über die Augen des Führers gibt?" Die Augen waren ein Köder. „Nein!" – seine Überraschung war groß und ungläubig. Er griff nach dem Buch, in das sein Besucher einen Finger gelegt hatte, um ihm vielleicht ein paar Sätze vorzulesen. „Darf ich es hier behalten?" Damals dachte Pitt, er habe seinen Gesprächspartner nach mehr als vierzig Jahren verführt, wieder ein Buch von Thomas Mann zur Kenntnis zu nehmen. Ein kleiner Triumph! Was würde er sagen beim Lesen, wenn er die Taugenichts-Motive auch in dieser schwierigen Selbstanalyse wiedererkennte!

Da waren sie wieder, die Heldenfiguren der „Betrachtungen", und standen doch in einem ganz anderen Licht da: „Märchenzüge sind darin kenntlich, wenn auch verhunzt (das Motiv der Verhunzung und der Heruntergekommenheit spielt eine große Rolle im gegenwärtigen europäischen Leben): das Thema vom Träumer, der die Prinzessin und das ganze Reich gewinnt, vom ‚häßlichen jungen Entlein', das sich als Schwan entpuppt, vom Dornröschen, um dessen Schlaf die Brünhilden-Lohe zu Rosenhecken geworden ist und das unter dem weckenden Kusse des Siegfriedhelden lächelt. ‚Deutschland erwache!'. Es ist abscheulich, aber es stimmt."

In „moralischer Kasteiung" erkennt Thomas Mann in den deutschen Reichs- und Führerträumen eine „Erscheinungsform des Künstlertums". Alles sei da, „auf eine gewisse beschämende Weise": die

„klägliche Undefiniertheit der Frühe", die Künstlerträume, die soziale und seelische Bohème, das Gefühl von Sendung und Bestimmung, das Unerkannt- und Unverstandensein mitsamt den „explosiven Kompensationswünschen", die „Wut auf die Welt", die Ruhmsucht mit ihrem „Drang zur Überwältigung, Unterwerfung", der Allmachtstraum mit seinem Widerwillen gegen jede „vernünftige und ehrenwerte Tätigkeit."

Als alle es besser wussten, in den fünfziger Jahren, sang der Berliner Kabarettist, großmäulig auf die Pauke hauend: „Ein Tapezierer wird niemals Führer". Pitt, der noch nicht viel von Hitler wusste, wunderte sich: der ist das doch geworden, hat ein Volk, Europa und die Welt in den Strudel seines destruktiven Willens gerissen – und jetzt diese besserwisserische Häme der verspäteten Widerständler? „Der Bursche ist eine Katastrophe", heißt es im *Bruder Hitler*, „aber das ist kein Grund, ihn als Charakter und Schicksal nicht interessant zu finden". Nichts von Tapezierer – „angewiderte Bewunderung" lenkt die Analyse einer quälenden Verwandtschaft: „Wenn Verrücktheit zusammen mit Besonnenheit Genie ist (und das ist eine Definition!), so ist der Mann ein Genie."

Was würde Arthur Ohlsen sagen, wenn er die Seite gelesen hätte? Würde er den Mut haben zu sagen: ja, ich war sein kleiner Bruder – obwohl: einen anständigen bürgerlichen Beruf hat er, wenn auch gegen seine Neigung, ergriffen. Würde er sich in diesem Mut mit seinem mutigen geliebten Autor versöhnen? Er hat nie mit Pitt über diesen Aufsatz gesprochen. Nach seiner Heimkehr aus Ochsenzoll hat er das Buch auf den Tisch seines Mieters gelegt, aber das Eselsohr, mit dem dieser den Aufsatz markiert hatte, war geglättet.

# Leser im Doppelleben

Für einen Sechzehnjährigen, der gerade den *Faust* gelesen hat, ist die Begegnung mit einem Arzt, der Dr. Johannes Faust heißt, ein Erlebnis. Pitt hatte zu seinem Arzt, der im Souterrain einer der wilhelminischen Villen in der Tiergartenstraße seine Praxis hatte, ein mystisches Verhältnis. Der Helicobacter pylori war als Plagegeist der Ulcuspatienten noch nicht erkannt, und so versuchte es der Dr. Faust mit der von ihm entwickelten Entspannungstherapie.

Er war keine faustische Erscheinung, ein magerer kleiner Mann mit blassrotem Gesicht auf dem Hals eines Batteriehuhns, der etwas staksig über die quietschenden Dielen wippte, wenn er Pitt die Leichtigkeit eines entspannten Schreitens demonstrierte. Der Dr. Faust –„es ist ihr ewig Weh und Ach so tausendfach aus Einem Punkte zu curieren" – hatte seine Entspannungstherapie an sich selbst erprobt, hatte sich, wie er werbend erklärte, durch Bewegungs- und Atemübungen aus dem körperlichen Ruin gerettet, was ihn, den alten Mann, befähigte, seine Patienten bei Wind und Wetter auf dem Fahrrad zu besuchen. Das Rezidiv seines Leidens offenbarte sich beim Schreiben des Rezeptes, das nicht ohne einen Krampf abging, in dessen konvulsivischer Expressivität auch ein Laie keinen Doktorduktus sehen konnte.

In seinem unerschöpflichen Bücherkabinett am Dammtor fand Pitt ein Buch über „aktive Entspannungsbehandlung", das er in die Hand nahm, weil ihm das Thema vertraut vorkam. Und beim Blättern fiel ihm der Apoll des Praxiteles, das Urbild göttlicher Gelöstheit, in die Augen. Den kannte er. Den hatte er auf einem großen Foto im Ordinationsraum seines Dr. Faust schon oft betrachtet. Es durchzuckte Pitt: über dem Titel las er jetzt den Namen seines Arztes. Pitt hat das in

„schlichter deutscher Schreibweise" verfasste Buch gelesen, obwohl er mittlerweile von der Vergeblichkeit der Behandlung in seinem Fall überzeugt war. In einem der vielen geschilderten Fälle erkannte er sich: er war als Proband, als Patient X sozusagen, in die medizinische Fachliteratur eingegangen: „Nun, o Unsterblichkeit, bist du ganz mein!"

Dieser Mann von zarter Konstitution, gehetzt durch seinen ewig vollen Warteraum, aufgerieben durch seine Fahrradtouren zu weit entfernt wohnenden Patienten, hat in den Abend- und Nachtstunden ein Buch geschrieben, in dem sein Patient, obwohl er nicht zu seinen Nutznießern zählen konnte, ein großartiges Werk sehen musste: der Mensch zwischen Apoll und Laokoon! Der Autor hatte es in die uralte Olympia getippt, die auf dem Schreibtisch stand, über den er seine dünnen Ärmchen streckte, damit der Patient seine Hände leicht wie eine Feder auf den völlig muskellosen, weil entspannten Bizeps legen konnte, auf dem sich die Sehnen anfühlten wie eine Naht im Oberhemd.

Wenige seiner Patienten mochten gewusst haben, dass der Arzt, der sich so intensiv um jeden bemühte, ein Schriftsteller war, dessen forschende Augen den Abstand zwischen dem leidenden physischen Sein und dem gesunden Ideal maßen. Keine Spur von „anthropologischem" oder „spezifisch ärztlichem Nihilismus", die Walter Benjamin bei Benn und Celine erkannte, nur der reine humane Erkenntnis- und Heilungsdrang, der sich in einem wissenschaftlichen Werk von künstlerischem Rang ausdrückte. Pitt war in ein Doppelleben getreten. Doppelleben nennt man ein Leben, dessen Hälften sich voreinander verbergen. (Wenn sie sich glänzend offenbaren, wie im Falle Goethes, nennt man es ein volles Leben).

Ein Dichter des 20. Jahrhunderts, einer der größten, 1949, er ist 63 Jahre alt. „Noch heute muß ich in dem Bezirk, in dem ich niedergelassen bin, Nachtdienst mitmachen. Nachtdienst heißt, von abends acht Uhr bis morgens sieben Uhr in einer Baracke zuzubringen, die sich schlecht heizt – Telefonanrufe etwa zwölf die Nacht, keine Straßenschilder, die Hausnummer nicht erkennbar – Hinterhöfe, Keller, Trümmerstätten, während der Blockade unbeleuchtet, in der einen Hand eine Kerze, in der Rechten eine Injektionsspritze – dort ein alter Mann mit Herzanfall, hier eine Alkoholvergiftung bei einem Kellner ...“ – und Pitts Mutter mit gebrochenen Rippen. Sie war beim Sturz auf der Kellertreppe auf die scharfkantige Kohlenschütte gefallen. Aber zu ihr kam der Dr. Faust auf seinem Fahrrad, nicht der Dr. Benn (der auf einem Fahrrad schwer vorstellbar ist).

Pitt stellt sich vor, Gottfried Benn wäre in Hannover geblieben: Die Angriffe des *Schwarzen Korps* auf den entarteten Expressionisten wären bösartiger geworden und hätten ihm das Ausharren im provinziellen Versteck angeraten erscheinen lassen, die Protektion der militärischen Studienkameraden hätte ihm nicht den Job in der Berliner Bendlerstraße – untergeordnet, aber „zentral“ – zu verschaffen vermocht, seine hannoversche Frau, Herta von Wedemeyer, hätte ihn zum Bleiben nötigen können (was sie vielleicht später vor dem Freitod auf der Flucht bewahrt hätte). Ein paar Jahre später hätte Pitt ein Bild des Dichters in der *Hannoverschen Presse*, im Feuilleton, gesehen, und entgeistert ausgerufen: „Das ist ja unser Notarzt!“ Oder noch ein paar Jahre später, in der mündlichen Reifeprüfung, hätten die Lehrer ihn gefragt, warum er das Gedicht „Am Brückenwehr“ zur Interpretation gewählt habe, und er hätte geantwortet: weil der Dichter einmal als Notarzt zur Mutter geeilt sei.

Der Dualist Benn, der eine Synthese in irgendeinem höheren Punkt der Vereinbarkeit ablehnt, hat sein Doppelleben oft definiert: „Denken und Sein, Kunst und die Gestalt dessen, der sie macht, ja sogar das Handeln und das Eigenleben von Privaten sind völlig getrennte Wesenheiten – ob sie überhaupt zusammengehören, lasse ich dahingestellt.“

Auch der *Ptolemäer* liefert die existentielle Deutung dieses Doppellebens, dieses „bewussten Aufspaltens der Persönlichkeit“. Der Dichter („Herr Doktor, ich höre, Sie besteigen auch den Pegasus“) ist in seinem Beruf ein hingebungsvoller, manchmal etwas resignierter Könner und Kassenarzt, Facharzt für Pathologie (neuerdings finden sogar die Obduktionsprotokolle des Assistenzarztes das Interesse der Literaten), für Dermatologie und Venerologie und beschlagen in Versorgungsmedizin, er publiziert wissenschaftliche Arbeiten, „nüchterne statistische, kasuistische Elaborate". Alles nur „eine besondere Form der Tarnung". Es lässt sich nicht spekulieren, ob der Dr. Benn das Prinzip Doppelleben durchgehalten hätte, wenn der Ruhm früh, nicht erst mit dem Beginn der fünfziger Jahre über ihn hereingebrochen wäre, oder wenn das trotzig-emphatisch begrüßte Dritte Reich ihm 1933 in der Präsidentschaft der Dichterakademie eine geistige Führerrolle als full-time-Job angeboten hätte. Das Doppelleben kann auch eine Existenzform der Not sein.

Im Benn-Gedicht „VI. 1886" – es ist eine Art lyrischer Kulturfahrplan aus dem Geburtsjahr des Dichters, eine Collage aus den Zeitungen – der Vers: „Der Leser hat das Wort". Der will gar nichts wissen über „Wadenkrämpfe und Fremdkörperentfernung". Der will ihn, den Dichter, nicht den Doktor, fragen: führe nicht auch ich, der Leser, ein Doppelleben, und schadet es mir? „Das was lebt, ist etwas anderes als das, was denkt" – und das Lesen ist eine Form des Denkens. Es gebe keine Verwirklichung des Geistes im Leben, hört der Leser F. W. Oelze. Wo liegt die „einigende Kraft" über diesen „zwei sehr fern verknüpften Äußerungsformen"? Oder bleibt es bei der „völligen Trennung beider Kreise"? Vielleicht mag der Leser seinem Autor als Mensch – wie ein Patient seinem Arzt – begegnen, die Begegnung mit dem Dichter wäre ein date mit einem Gespenst.

Ratlos vor dieser Frage, schraubte der Leser den Füllfederhalter zu und zappte sich in ein beliebiges Fernsehprogramm. Er hörte das Wort „Doppelleben" und war gebannt. Jeremy Irons spielte Kafka, in dem gleichnamigen Thriller, für den ein Werkverschnitt eines Mannes mit ausgeprägtem Doppelleben die Vorlage lieferte: ein Kollege mit Ärmelschonern aus den Aktenbergen der Arbeiter-Unfallversicherung war ermordet worden, und die Spuren führten ins Schloss, wohin sonst? Es gibt viele Kreative im Doppelleben, von Goethe angefangen über die Romantiker, die Beamten und Richter des sogenannten Realismus, die Dichterärzte und Diplomatendichter. Viele haben weniger schöne Berufe gehabt.

Wie steht's mit dem Doppelleben der Leser, die neben ihren bürgerlichen Pflichten unheilbar dem rezeptiven Rausch verfallen sind? Sie stehlen ihrem Leben mit seiner Last des Überlebenmüssens die produktiven Stunden. Wie steht's mit jenem „arbeitslosen Flickschuster" aus Kiel, dessen Ehe – so in einem als Kuriosum verzeichneten Brief an Jünger – an den Geldausgaben für die Bücher seines Autors zerbrochen ist. „Was bleibt mir schon, als fast zwanghaft zur nächsten Buchhandlung zu marschieren …"

Das wissen wir Leser doch alle: ein Nutzenkonzept fürs Leben bietet die so genannte schöngeistige Literatur nicht. Die unaufhörliche Neukonstruktion der Welt und ihres Geistes in der Sprache, das Spiel mit den Schöpfungen, das Autoren lustvoll, liebend oder zornig, kritisch treiben, diese Schöpferunrast in Tausenden von formalen Experimenten: sie fügt der wirren Welt einen Kosmos von Wirrungen hinzu. Von allerhöchster Warte her betrachtet, sind Autoren die Ghostwriter Gottes, die in einem listigen Wettbewerb versuchen, ihre Texte in das allergrößte Konzept hineinzumontieren, in die Regierungserklärung für eine Welt, die sie für die wahre und richtige halten.

Was ist ein Buch? Ein Ticket für die Reise in die Welt oder in das Ich? Schenkt es oder raubt es uns Freiheit oder Gewissheit? Warum sollen wir es lesen? Und tun wir es: lockt es uns nicht auf Wege und in Abenteuer, die alles, was wir sind, infrage stellen, unsere Sicherheit, unsere Ziele, unsere Verhältnisse, die uns bergen. Wenn wir den Autor nach dem Nutzen seines Tuns für uns fragen, müsste er uns sagen: die Finger und Augen weg von meinen Büchern, lest Zeitungen, Fach- und Sachbücher, Ratgeber, die Erbauungs- und Lehrliteratur, surft im Internet, „entspannt euch". Ihr solltet besser mit euren eignen Augen in den Dingen lesen, in den Menschen, in den Verhältnissen. Ich kann euch nur das Ding für mich zeigen. Ich bin nicht der Schöpfer einer Welt, die euch eine Heimat sein kann. Aber wir fragen die Autoren nicht nach dem Nutzen ihres Tuns: solche Banausen sind wir nicht. Wären wir nicht besser beraten, uns auf das kleine Kunstwerk unseres Lebens zu konzentrieren, denn das ist viel häufiger vom Scheitern bedroht als das Werk des Künstlers.

Der Dichter verurteilt uns Leser zur Lust und Qual des Doppellebens. Zwischen unserem Leben und der Literatur gibt es keine Brücken. Er lockt uns von den Dingen, die wir kennen und beherrschen, zu den „Nebendingen" (die den Hauptmann Jünger im Felde seine Pflichten gegenüber seinem Zug vergessen lassen). Doch wir sind ihm nicht gram. Wenn wir uns in seinem Werk verlieren, haben wir das Gefühl, dass wir reicher, erfahrener, ja vielleicht ein wenig lebensklüger zu uns zurückkehren. Warum gehen wir in die Schule seiner Empfindsamkeit? Oft beginnt das Doppelleben des Lesers schon in der Schulzeit: wenn zum Beispiel Bücher, unter der Schulbank gelesen, den Schüler Jünger zur Flucht ins afrikanische Abenteuer der Fremdenlegion anstiften.

„Unter den Büchern, die ich in letzter Zeit gelesen habe, hat mich dies besonders berührt" – den „Roman des Geschäftsreisenden" nennt Gottfried Benn seine Besprechung des Buches *Malenski auf der Tour* von Otto Roeld, eine seiner seltenen Rezensionen. Es berührt den Kern seines Doppellebens. Ein Geschäftsreisender, sagt im Roman ein Kaffeevertreter, führe ein Doppelleben: „mit den Füßen ist er auf Tour und mit dem Kopf ist er zu Hause". Die Tour steht für „die letzte Station innerhalb der sozialen Maschinerie, die uns alle rammt, des Kampfes um die Existenzmittel, der uns allen die Knochen schleift, wer kämpft ihn nicht, wir hier, Malenski dort" – und Willy Loman im *Tod eines Handlungsreisenden*, eine der großen Figuren der Weltliteratur. Umsatz, Plan, Provision, Pensum: „nur keine Theatralik, man muß sich an Tatsachen halten, man ist auf Tour".

Zu Hause trifft Malenski bei seiner Frau Adele oft den Hausfreund Petronides, „wohl Teppichhändler", der ist „klug, gebildet, erfahren, klüger als der abgehetzte Malenski, kennt die Welt, sieht die Welt, ist aufklärend, anregend". Auch ein Geschäftsreisender sollte sich, sagt Petronides, den Sinn für das Schöne, für das Höhere, das Angenehme nicht ganz untergraben lassen. Er, der Feinsinnige auf seinem fliegenden Teppich, beneidet gönnerhaft Menschen wie Malenski, die „ein begrenztes aufzuarbeitendes Weltbild haben".

Autoren sind nicht frei von dieser petronidischen Herablassung. Der Lyriker William Carlos Williams, auch er ein Arzt, breitet sein Leben vor seinen begeisterten Lesern aus, aber eine hohe Meinung hat er von ihnen nicht. „Es bleibt ein dünner Erzählfaden, um den sich, wie Kandiszucker, die belangvollen Dinge sammeln, mit welchen der Leser sich einige Stunden beschäftigt, ähnlich einem verwöhnten Kind, das sich ungern die Zähne ausbeißt, sondern lieber seinen Gaumen verwöhnt. Für uns jedoch waren solche Stunden ein Genuß. Sie bilden unseren ureigenen Schatz und mehr sollten wir billigerweise nicht darbieten." Meint er den arbeitslosen Flickschuster aus Kiel, den „süchtigen Leser", der Jüngers Bücher auf der „Suche nach den Rosinen" durchstöbert? Wenn Kandiszucker und Rosinen die Lockspeise sind, mit denen der Autor den Leser aus dem eigenen Leben herauslockt, dann gehört er zu den unlauteren Wirten und Winzern, die das Beste aus Küche und Keller für sich behalten. (Dazu gehören auch die Käser, von denen Pitts Freund Burchard Bösche sagte, sie seien die „Winzer des Nordens").

Vielleicht sehnt der Malenski sich von der Tour nach Hause, weil er dort den Petronides weiß, den klügeren, gebildeteren, erfahreneren, weil dort hinter den Trikotagen, Schuhbändern, Gummiartikeln die andere Welt auf ihn wartet, die des Schönen und Höheren, und natürlich Adele, seine Frau, die dem Petronides geneigt ist, „eine ganz außerordentliche, ganz hervorragend sonderbare Frau, ganz anders als die anderen Frauen". Und natürlich eine lesende Frau; 80 Prozent der Leser, sagte der Buchhändler Heymann dem *Hamburger Abendblatt*, seien Frauen (hoffentlich meinte er Käuferinnen).

Die Welten bleiben getrennt, die Lesewelt und die Lebenswelt. Der Leser kann sein Erlebtes mit hineinnehmen in die Lektüre: das hilft zu verstehen, aufzumerken, zu würdigen. Er kann auch die Früchte seiner Lektüre in sein Leben hineintragen, und manche werden Hunger und Durst stillen und viele ihre Würze verströmen. Zwischen der Bühne und dem Parkett liegen Rampe und Orchestergraben, über die keine Leitern und Brücken hinwegführen, trotz der Bemühungen mancher Regisseure, den Guckkasten abzuschaffen und die Zuschauer zu Performern zu machen.

Warum hat Pitt auf einem Flug von Bremen nach Frankfurt, eine kurze Stunde lang, nicht Adolf Muschg angesprochen, der, nur durch den Gang getrennt, neben ihm saß – hatte er doch schon einmal aus der Anonymität eines Auditoriums nach einem Goethe-Vortrag eine Frage an ihn gerichtet. Er hat nur verstohlen den Silberkopf betrachtet, der die gerade gelesene sprachgewaltige Riesengeschichte des vaterlosen Parzival, den *Roten Ritter*, hervorgebracht hat. Hätte er, der Vaterlose, dem Autor nichts sagen können über sein eigenes Nachdenken über das Parzivalschicksal? Er hatte nach dem Abitur sogar einen „Parzival"-Essay geschrieben – auch die Parzivals Hölderlin, Keller und Nietzsche darstellend –, hatte sich aber von wohlmeinenden Lektoren überzeugen lassen, gut daran zu tun, ein Leser zu bleiben. Er hätte wirklich sachverständig mit dem Autor plaudern können, doch er traute sich nicht. Das ist auch die Peinlichkeit am Schluss der Dichterlesung, wenn der Moderator die Hörer zum Gespräch einlädt: muss sich die Inkompetenz, die Naivität des Lesers so krass offenbaren? „Aber ich bin doch in Frankfurt!", hatte Günter Grass im Volksbildungsheim ungläubig gerufen, als niemand im großen Publikum Näheres über seinen Butt wissen wollte.

Beneidenswert die immens produktiven Leser: Thomas Mann, Ernst Jünger, Gottfried Benn. Sie verwandeln ihr Lesen zurück in Literatur. Die Lesewelt und die Lebenswelt fließen im Werk ineinander, ihr Gegensatz wird aufgehoben. „Ich hatte seit je so gelebt", sagt Benns Ptolemäer, „daß ich mir ein großes Gehirn machte durch Lektüre, Notizen und mittels Gedächtnisstützen". Der *Roman des Phänotyp*: jede Seite ein Literaturkonzentrat. Der Autor ist der, „der mit den Dingen fertig wird", auch mit seiner Lektüre. Anders der Leser: der wird nie fertig, er muss immer lesen und lesen, und im Strom der Bücher ist kein Ende zu erkennen. Er kann sich nicht einmal an den Rettungsring klammern, den ihm ein kritischer Literaturpädagoge mit seinem Kanon zuwirft.

Wir, die Chargen im Roman des Phänotyps, sitzen vor dem Mosaik unserer Bücherwand, Benns Wort im Nacken: „Mosaiken wollen nicht erzählen, nicht erziehen, sie weben ihr monologes koloristisches Ritual". Wir, vor der Bücherwand, im Gewirr von Strahlungen, die von den Buchrücken fallen, erleben die „Verschmelzung eines jeglichen mit den Gegenbegriffen". Ob denn alles auf das Ich des Lesers einstürzen dürfe, fragt Benn, und sagt „Es darf". Wir wehren uns ja nicht dagegen, wir fühlen uns wohl im Stimmengewirr unserer Heimsuchungen durch den „Ausdruckswillen".

Gottfried Benn zaubert den Schimmer einer Hoffnung, dass auch das Lesen eine produktive Ader habe, es ein schaffendes Lesen auch für den Leser geben könne. „Aller Glanz, den wir in unserer Seele tragen, kommt von Dingen, die wir erschaffen haben – Erinnerungen an Bilder, Erlebnisse mit Büchern, Eindrücke aus Kreisen, die wir analytisch durchschritten, erarbeitete Dinge, geistig emporgehobene und meistens ohne Gesellschaft langsam erwachsen." Das Buch, das einer geschrieben hat, wird das Buch, das einer gelesen hat. Der Leser stellt das Buch zurück ins Regal, als wär's ein Stück von ihm. Es erhöht den Glanz des weltenschaffenden Mosaiks.

Um Brücken zwischen Leben und Literatur zu bauen oder den Aufwand der unzähligen Lesestunden durch den Hauch eines Nutzenkalküls zu rechtfertigen, hat Pitt nicht selten in der Literatur nach Anregungen für seine berufliche Arbeit, die keine literarische war, gesucht. Doch sie erwies sich als unergiebig: sieht man von den wunderbaren allgemeinen Erkenntnissen zum Marketing ab, die Goethe uns im Faust-Vorspiel in der Auseinandersetzung zwischen Dichter und Direktor vermittelt. Natürlich wird man einen zitierfähigen Satz oder Spruch als Zierrat für Vorträge, Aufsätze oder Memoranden immer finden. Aber

Handlungsanleitungen, Ideenimpulse, Entscheidungshilfen für praktische, auch politische Ziele finden wir selten, und wenn, so nur dann, wenn wir nicht nach ihnen suchen.

Der Händler sollte einmal einen Fachaufsatz über die Shopping Centers für ein Lexikon des Handels schreiben; denn sein Unternehmen gehörte zu den Marktführern im Segment der Fachmarktzentren: jener Galerien auf der grünen Wiese oder in den Vorstädten, die Autofahrer lieben, weil sie Niedrigpreise mit riesigen Parkplätzen kombinieren. Er hatte ein gespaltenes Verhältnis zu seinem Auftrag, denn sein Herz schlägt für die City und ihre Galerien, wenn der Kopf auch sagt, das die rationalen und mobilen Konsumenten die Einkaufstempel „vor den Toren" brauchen – er hatte eben oft diese „mediokre Balance" in einem „Beruf kapitalistisch-opportunistischen Kalibers" zu halten, wie der Dr. Benn sagt. Vor Adornos Wohnung am Frankfurter Kettenhofweg wieder einmal die Gedenktafel lesend („Es gibt kein richtiges Leben im falschen"), fiel Pitt Walter Benjamins *Passagenwerk* ein, ein großartiges unvollendetes Werk, das, vollendet, den Titel „Paris. Hauptstadt des 19. Jahrhunderts" tragen sollte. Das Ehepaar Adorno hat sich um die Bewahrung und Herausgabe des Werks verdient gemacht. Konnte er hier Anregungen für seine Arbeit erhoffen?

Benjamin und Benn hatten als produktive Leser ein gemeinsames Prinzip. An das Benjaminsche Lesepensum in der Pariser Nationalbibliothek – allein 850 Titel gelesen für das Passagen-Werk – reicht Benn sicher nicht heran, auch ist er, wie er Oelze gegenüber einräumt, oft nur ein Anleser gewesen. Benjamin sagt über seine Arbeitsweise: „Diese Arbeit muss die Kunst, ohne Anführungsstriche zu zitieren, zur höchsten Höhe entwickeln. Ihre Theorie hängt aufs engste mit der Montage zusammen." Das ist auch die Arbeitsweise des „lyrischen Ich". Benn hatte der Kunst der Zukunft das Montageprinzip verordnet. Die produktiven Leser wollen der Fruchtlosigkeit und Vergeblichkeit des ewigen Lesens mit einem Resultat entkommen. Auch Benjamin wollte in seinem Riesenwerk einen Lesertraum verwirklichen: aus der Fülle des Erlesenen ein geschlossenes Bild gewinnen. Doch es führte ihn nur in die jahrelange Recherchequal der „Trümmer und Katastrophenstätte" der Pariser Passagen, wie er in einem Brief an seinen Freund Gershom Scholem stöhnte.

Zwei zentrale Figuren Benjamins haben die Bennschen „Flimmer-haare". Der Flaneur (ihm „gibt es immer etwas zu sehen") ist dem „Magnetismus der nächsten Straßenecke" unterworfen, der Spieler „hat nie genug". Beide sind sich in der Reaktion ähnlich: sie zeigen ein blitz-haft reflektorisches Verhalten gegenüber erahnten, ersehnten Ereignissen. Sie haben auch eine gemeinsame Gabe: die „Geistesgegenwart". „Ihre höchste Manifestation ist das Lesen, das in jedem Falle divinatorisch ist".

Der Leser tritt als Dritter in den Bund der Unersättlichen, der panisch Neugierigen. Passagen in ihrer vexatorischen Schaufensterwelt, Spieltische unterm Kugel- und Kartenfatum, Flaneur, Spieler und Leser in einer Figur vereint, im Jäger. „Knistern im Unterholz – der Gedanke, das scheue Wild, das Zitat – ein Stück aus dem tableau". Das Fiebern des Spielers, die Spannung des Lesers, die Faszination des Fla-neurs haben körperlich-ätiologisch einen gemeinsamen Grund und führen zu „Herzklopfen". Das hindert Benjamin abends im Bett daran, mehr als zwei Seiten in Aragons *Paysan de Paris* zu lesen, der ihn für seine große Arbeit inspirierte. Das ist auch die anregende Irritation Benns, des produktiven Lesers, der in einem Bildband blättert oder Bücher liest „im Überblicken".

Ob *Der Pariser Bauer* diese Wirkung hat, das Herz in seinem trägen Ruhepuls zum Klopfen zu bringen? In der Corona-Isolation abgeschnitten von City und Buchhandlung, bestellte Pitt das Buch bei Amazon und hatte es schon am nächsten Tag in seiner Hand. Die Geburt des Surrealismus, „ein Ereignis erster Größe" für den „Spieler am Roulettisch", die Beschwörung der wie Konfetti rieselnden Bilder, in der neuen Laterna magica das „Prisma der Phantasie", das Zusammen-schauen des konkret nicht Zusammengehörenden – interessant und oft von hohem lyrischen Reiz. Doch in die rasante Aufzählung der Dinge schleicht sich immer wieder ein dröger Realismus, nicht nur im Schaufenster des Orthopäden, in dem in der Vielfalt der Hilfsmittel auch eine Bruchbandage für den Sonntag zu erblicken ist, oder in einer Boutique, in der ein Tintenfass mit einem Champagnerkorken verschlossen ist. Oder die Beschreibung des Pariser Cafés, in dem sich erst die Dadaisten, dann die Surrealisten zu ihren inspirierten Séancen treffen – schöne Klischees. Wenn der 26jährige Aragon mit seinem Freund Breton im Park der Buttes-Chaumont durch die „Kulissen der Begierden" zur legendären Selbstmörderbrücke wandert, wird die Wegführung seitenlang beschrieben, trotz der beigefügten Karte, und die viereckige Säule hat unendlich viele Inschriften, die alle zitiert werden müssen. Und ach, die Annoncen der Zeitungen, die Ankündigungen an den Schaufenstern, die Speisekarten – Schweinebauchanzeigen deutscher Händler sind nicht weniger aufregend. Pitt erlebt in den Schaufenstern der vielen kleinen Läden der Passage de l'Opera (die hatte es Benjamin angetan!) keine „Konvulsion". Und von Herzklopfen keine Spur. Er brauchte wirklich das „Schlepptau mit den Bootshaken der Worte", um in der Lektüre voranzukommen. Ja, natürlich, es gibt viele Worte, die sich in die Herzwand krallen. Und das „Gefühl für das Wunderbare des Alltäglichen" ist auch dem prosaischen Leser nicht fremd.

Aber doch ein surrealer Coup der ganz besonderen Art! Der etwas frustrierte Leser, der zwar die Fußnoten unter den Sternchen beachtete, aber nicht den zahllosen Endnoten der Herausgeber nachgehen wollte, stieß (mit der Fußnote 92) auf die „Barbizons des Vergnügens". War das nicht der Sehnsuchtsort der Freiluftmaler, zu dem auch Max Liebermann und seine kleineren Kollegen aus Worpswede und Ahrenshoop strebten? Vorgeblättert: doch der Anmerkungsapparat unauffindbar! Ratlos. Und noch eine verstörende, ja „konvulsivische" Entdeckung: der Text endet auf Seite 288, aber das ist nicht sein Ende. Er läuft in ein weiteres Nirgendwo mit den Worten: „denn wieso soll das Konkrete das Reale sein? Ist es nicht im Gegenteil all das, was …". Die Geheimnisse des Surrealismus bleiben Pitt verborgen.

Jenseits aller künstlerischen Manifeste, von denen es viele gegeben hat, wird es die Kraft der Poesie sein, die wirkt. Der prominente Westkommunist und der siegreiche Nationalheros im Widerstand gegen die deutschen Okkupanten im Medium eines Gedichts wahrhaft surrealistisch vereint: in Aragons Gedicht *Der Flieder und die Rosen* mit seinen aufrechten „Todgeweihten" in den Panzertürmen und den „grinsenden Kanonen", das General de Gaulle „im Taumel des Triumphs" bei seinem Einmarsch in das befreite Paris im Sommer 1944 schmettert und flattern lässt (wie eine Trikolore, erzählte uns „der kleine Raddatz" in einem Interview mit der *Welt* kurz vor seinem frei gewählten Tod über einen der fünf Titel, die ihn in seinem Leben besonders geprägt hätten; auch er besaß übrigens eine Postkarte Thomas Manns an den 17jährigen Enthusiasten).

Pitt hat das von den Setzern oder Buchbindern verstümmelte und von ihm gebrauchte Buch mit seinem großen Fragezeichen nicht an den Händler, nicht an den renommierten Verlag zurückgeschickt. Souvenir einer Vergeblichkeit. Wenn wir lesen, müssen wir Lehrgeld zahlen, so oder so.

Unüberbrückbar in der Lufthansamaschine ist der Gang zwischen dem normalen Leser Pitt und dem lesenden Autor Muschg, und die Muse Stewardess stiftet keine Verbindung, sie verstellt mit ihrem Wagen voller geistiger Getränke nur den Blick auf den Autor. Der kritzelt vielleicht erste Entwürfe für die Laudatio, die der Senat der Hansestadt Lübeck von ihm erwartet, wenn der Thomas-Mann-Preis an Günter Grass verliehen wird („Was von der Kunst ‚bleibt', hat nicht das Geringste damit zu tun, ob sie gut gemeint, von hoher Gesittung oder wenigstens politisch korrekt war"). Pitt erinnerte sich, dass der große Bruder aus der Muschg-Familie, der Walter, von Thomas Mann regelrecht gehasst worden ist, weil er ihn in der *Tragischen Literaturgeschichte* verunglimpft habe.

Er kaut noch mit langen und stumpfen Zähnen an dem Benn-Satz herum, der den Graben zwischen dem Autor und dem Leser vertieft: „Je älter ich werde, umso mehr bilde ich mir die Vorstellung, dass es Vermittlungen zwischen produktiver und rezeptiver Menschheit nicht gibt, und daß geistige Größe historisch unwirksam ist."

Er will Benns Sperrkette nicht zerreißen. Das Buch als Kunstwerk habe nicht die Aufgabe, der „Allgemeinheit" oder „einem möglichst großen Bevölkerungsteil", den Lesern, "Erkenntnisse oder Eindrücke" zu vermitteln. Der Autor lebt aus einem anderen Impuls als der Leser. Sie sind weder im Gleich- noch im Wechselstrom verbunden. Der Autor ist sich selber Adressat. Es gelten nur die Dinge „die sich vollendet haben". Es gilt nur eine Schönheit, „die sich mischt aus einem Gehirn, das sich selbst erlebte, und einem Gefühl, das sich selbst erlitt". Dazu hat der Leser keinen Zugang.

Doch jetzt rüttelt der Leser an der Sperrkette. Sagte Benn nicht, aller Glanz komme von Dingen, die wir erschaffen haben? Er kommt auch aus „Erlebnissen mit Büchern". Das Erlebnis aber schafft er, der Leser. Wenn er den Glanz in seiner Seele erschafft aus Dingen, die er erlesen hat, wenn er als „elementarer und ruheloser" Mensch, keines Rats bedürftig, „von vornherein und intuitiv" weiß, wo er seine Bücher findet oder auch seine Bücher ihn, ist er dann nicht, lesend, Miturheber seiner literarischen Welt, ist er nicht kosmogonisch ein Schöpfer, der Fix- und Wandelsternen ihren Platz und ihre sphärischen Koordinaten im All zuweist? Hat der Leser in seiner Phantasie, auch wenn es ihm an Form- und Ausdruckskraft mangelt, nicht die Macht, ein Buch mitzuschreiben und in seinem Kopf zu vollenden? Wie oft betreiben Kritiker, die professionellen Leser, dieses Geschäft.

Jedes Buch wird ein Buch des Lesers, wenn er es liest, erlebt und „schafft". Der Autor liefert sich der umschaffenden, neuschaffenden Kompetenz seines Lesers aus. Marcel Proust, der ja von seinem Leser eine große Geduld erwartet, geht einen Schritt weiter. Sein „lieber Leser" ist, wenn er liest, „ein Leser nur seiner selbst". Er liest die Worte seines Autors „in sich selbst". Der Gedanke des Verfassers verwirkliche und vervollständige sich erst im Geist der Leser: „in ihm erst erhält er seine letzte Form". Gegen Prousts letzte Schlussfolgerung hätte Benn entschieden protestieren müssen.

Der letzte „gemeinsame Nenner" des Produktiven und des Rezeptiven, der Grund, der den Autor schreiben und den Leser lesen lässt, ist das anthropologisch Konstitutive, das Benn in Gedicht und Text immer wieder beschwört: „eine Gehirnlage". Der alt gewordene Benn baut einem Leser, der sich in einem offenen Brief über die Menschen- und Gottesferne des Autors geäußert hatte, eine Brücke, nämlich dem ihm sympathischen Alexander Lernet-Holenia („der in meine Wohnung kam, ein Buch aus einem Regal nahm und darin blätterte"). Er macht ihm eine Konzession: „Drücke dein Ich aus, dann gibst du dein Leben weiter an das Du, dann gibst du deine Einsamkeit weiter an die Gemeinschaft und die Ferne". Pitt mag diese Brücke nur mit einem Sicherheitsseil betreten: er tut es, weil dieser Satz so leserfreundlich ist.

# Die Ziegelbücher

Im Plenum der Internationalen Arbeitskonferenz durfte Pitt sein „Ja"
rufen, als die vom Genossenschaftsausschuss erarbeitete Empfehlung
Nr. 127 zur Abstimmung stand. Er fühlte sich sehr bedeutend, denn er
saß neben dem Vizepräsidenten des Arbeitgeberverbandes, dem
DGB-Vorstandsmitglied, dem Ministerialdirektor. Er vertrat die Bundesrepublik Deutschland. Er war stolz auf sein Land. Die deutsche
Gewerkschaftsbewegung wurde in aller Welt bewundert, die Arbeitgeber
repräsentierten das Wirtschaftswunder, auf das allerdings, vom Ausland
unbemerkt, eben der blasse Schatten einer Minirezession fiel, die Regie-
rungsvertreter standen für ein effizientes demokratisches System, das in
diesem Jahr sogar einen großen Regierungswechsel erlebte, und Pitt
hatte einen Job, der ihm Spaß machte. Federal Republic of Germany: er
war stolz auf sein Land, auf jede Komponente seines umständlichen
Namens. Ein geachtetes Mitglied der Völkerfamilie. Fabelhaft.

Die Abstimmungsprozedur war langweilig. Er ließ seine Blicke
durch den großen Plenarsaal des Travertinpalastes wandern. Die deutsche Delegation saß keineswegs im Mittelpunkt der riesigen Versammlung, wenn auch dank der Gunst des Alphabets ziemlich weit vorn. Das
Plenum, dreigliedrig, ostwestlicher Divan, Nordsüdlinie, Reiche und
Arme gemischt, bot das Bild einer überwältigenden Pluralität. Wo sonst
konnte die Welt so bunt sein wie hier, so schillernd farbig wie im Regenbogen hinter der Fontänenwand im Lac Leman?

Die Delegierten hatten ihre Festtagsgewänder angelegt: die weißen Flattertücher und die Sariträume aus Gold, Silber und Himmel-
blau, die hochgeknöpften Sakkos, die strenggeschnittenen Kittel, die
aus Sonnengluten leuchtenden und wie im Savannenwind geblähten

Schleiergewänder der jungen Staatssekretärinnen, die man sich gut in den berühmten „goldenen Betten" der Potentaten vorstellen konnte, Turban und Burnus, der gedeckte Businessanzug zwischen Korrektheit und Wurstigkeit.

Der junge Deutsche winkte mit seinen Augen zu seinen neuen Freunden hinüber: dem hochaufgeschossenen Mauretanier Elimane Kane, dessen schmales hohes Gesicht ihm zum Inbegriff rhetorisch begabter Intelligenz geworden war, dem eleganten libanesischen Professor Afif Zeinatis, der ihn in seine Heimat eingeladen hatte, dem knorrig-hageren Kanadier Jim MacDonald, der mit der Pfeife im Mund so schwer zu verstehen war, zu Thossy Augustus Kelly aus Jamaica, dessen grellfarbenes Hemd im Halbdunkel des Saales leuchtete wie seine Zähne, dem Nigerianer Chukwura, dessen Augen rund in einem runden Kopf über rundem Körper rollten. Die Völker, vier Wochen lang in herzlich-intriganter Solidarität und eifernder Anstrengung in Projekten verbunden, damit der Globus sich ab und an ein bisschen schneller drehe: ob der Gott, der den Logos schuf, es merken würde – oder die Menschen, die den Delegierten die Spesen bezahlten?

Er drehte sich mit dem Knopf an der Armlehne durch die Amtssprachen, schnell, als sollten alle Sprachen zur Sprache der einen Welt, der Uno-Welt, verschmelzen. Am liebsten war ihm die warme Stimme der Schweizerin, in die er sich in den Ausschusssitzungen verliebt hatte: in diesen im syntaktischen time-lag melodisch gedehnten, schleppenden Singsang mit dem prestissimo im fallenden Teil des Satzes. Als er das Gesicht zum liebenswerten Laut in der Dolmetscherkabine gefunden hatte, war er enttäuscht wie Ernst Jünger, als der – umgekehrt – zu seinem Gesicht zum ersten Mal die Stimme hörte, die eigene, auf einer Wachsplatte. „Zu meinem Erstaunen besaß sie durchaus den Tonfall jener eingefleischten und prüden Hannoveraner in mittleren Jahren, die mir seit jeher unangenehm gewesen sind."

Pitt hatte die Fahne des genossenschaftlichen Selbsthilfewillens in den beiden Sommersitzungen sehr hoch gehalten, hatte energisch die

Selbstverwaltung, insbesondere das Prüfungsrecht der genossenschaft-lichen Verbände, gegen staatliche Kontrollen oder planwirtschaftliche Lenkung verteidigt (die Fahne hielt er noch in den Händen, als die deut-schen Konsumgenossenschaften eine Generation später in West und Ost untergingen). Kooperation von Individuen und die Begeisterung für eine gemeinsame Sache: was lässt sich durch sie bewegen! Er musste erkennen, dass es überall ein tiefes Misstrauen gegen Menschen gibt, die sich selber helfen wollen. Selbst im internationalen Gewerkschaftslager dachte man im Geiste Lassalles (der unweit des Konferenzortes in einem Duell wegen einer Frau zugrunde gegangen war): auch er wollte ja die Genossenschaf-ten der Armen, der Arbeiter und Angestellten und der Amateure, nicht in allzu anarchischer Weise ohne den paternalistischen staatlichen Schirm lassen. Da hatten die Arbeitgeber schon mehr Respekt vor den Koopera-tiven. Die bauten fleißig Schutz- und Reservatzäune zur Verteidigung ihres angestammten Terrains. Pitt war in seinem Anspruch bescheidener als Martin Walsers frustrierter Held Stefan Fink, von dem der Autor sagen musste: „Das lernen die Unwichtigen am schwersten, dass sie unwichtig sind." (Walser konnte nicht ahnen, dass eine der Figuren-vorlagen seines Romans Führer der neuen Rechten werden würde.)

Wie oft hatte er auf dem Genfer Rasen Ernst Jünger beneidet! Wie macht man das, diese kühnen, zwingenden Sätze in die Welt zu stellen? Wie entfaltet man diese Logik des durchgehenden Gedankens, wie reiht man jedes Wort und jeden Satz im Facettenschliff auf einem Faden, der auch in der Glut hitzigster Diskussionen nicht verbrennt? Die Folgerichtigkeit der nummerierten Sätze, die jeden Abschnitt vom ers-ten bis zum achtzigsten zusammenfasst! Wenn das die Sprache der ILO-Empfehlungen und -Richtlinien sein könnte! In der Übersicht am Schluss des *Arbeiters* war die „Gestalt" unangreifbar geworden: und das allein begründete ihre „Herrschaft". Wer sollte sie nicht anerkennen? Ja, so etwas schwebte Pitt vor, diese Einfachheit, diese Erleuchtung durch Funken nach Meißelschlägen: „Uns ist die Handbewegung wichtiger, mit der ein Straßenbahnschaffner seine Klingel bedient."

Da saß Pitt nun, allenfalls die klägliche „Figur des geschickten Geschäftsträgers", der sich um Worte streiten muss, und sann ungeheuren Sätzen nach wie „Ein höheres Gesetz des Kampfes muss über die Wirtschaft verfügen". Attacke! Da laufen sie herum, die Delegierten, im Labyrinth des „berüchtigten Völkerbundes", in dieser Rechts- und Vertragssphäre ohne Macht und exekutive Gewalt, diskutieren, intrigieren, koalieren. Sie sehen nicht die Gestalt des Arbeiters, die im „Verhältnis von Stempel und Prägung" alles, was über seine Chancen in der Welt zu sagen ist, bestimmt.

Der babylonische Turm in Genf. Nichts als „abstrakte Mechanik" in dieser bürgerlich-individuellen Welt, nicht die Spur des „totalen Zusammenhangs" in der Arbeitswelt, um die es hier in Genf doch geht. Der Straßenbahnschaffner mit seiner Klingel vertritt die „Einheit des Menschen mit seinen Mitteln" gegen die Hofnarren des Liberalismus in ihrer rhetorischen Selbstverliebtheit. Pitt kennt noch die alten hannoverschen Straßenbahnen, mit denen Ernst Jünger gefahren ist. Eingefangen in die durch „Verhandlungen arbeitende Apparatur", verfiel er allzu bereit dem „Rausch der Erkenntnis, die mehr als logischen Ursprungs ist". Achtung! Blitzschlag!

Er sitzt im Plenum: und das blaue Buch mit den Initialen E. J. liegt vor ihm auf dem Pult. Es hat ihn heimgesucht in der Fremde. Verborgen unter den Protokollen, Berichten und Entwürfen dieser globalen redseligen Gesellschaft liegt da ein Befehl: die Vorschrift für eine Ordnung, eine Weltordnung, die das „stählerne Spiegelbild der Freiheit" ist. Bunte Vielfalt hier im Plenum der Völker, doch bei Ernst Jünger unter dem einfarbig blauen Deckel „das Sein in der ganzen einheitlichen Fülle". Woher kommt diese Sehnsucht nach dem Einheitlichen?

Plötzlich fühlt der Delegierte sich von einer Vision heimgesucht, die ihn erstaunen und erschrecken lässt. Das große „abenteuerliche Herz" des Bürgersohns, dessen linke Kammer für persönliche Freiheit und Unabhängigkeit, dessen rechte für Disziplin und Gebundenheit schlägt, ist in seinem idealen Imperium, im Weltreich des Arbeiters, angekommen. Der Arbeiter mit seiner Klingel, mit Mikroskop und Feder hat das Ziel, „für das es sich zu kämpfen lohnt", erreicht: er kann all diese Kampfblätter mit den lächerlichen Titeln wie „Arminius", „Standarte", „Widerstand" auf den Müll der Geschichte werfen. Das Reich der sachlichen Notwendigkeit wird regiert wie das Heer: der hochdekorierte, hochbeförderte Stoßtruppführer steht an der Spitze. Die beiden „einheitlichen", das heißt totalitären Strömungen des frühen Jahrhunderts – der revolutionäre Nationalismus und der revolutionäre Sozialismus – „haben ihre Einheit sehr handgreiflich zum Bewusstsein" gebracht. Jetzt haben die Männer, die den Typus verkörpern, die führenden Typen, sich hier im Völkerbundpalast, früher der Ort folgenloser Dispute, versammelt, zum Fest der Arbeit, im heiter glänzenden Genf mit seinem utopischen Geist. Der Generalpräsident auf dem Podium hat dieses schmale harte männliche Gesicht mit den energisch blitzenden Augen, er trägt den gut geschnittenen, knapp sitzenden Rock, der zwischen dem Soldatengrau und dem Arbeiterblau changiert.

Pitt sieht sich erschrocken um: alle im Saal haben dieses Profil über der gleichen Montur. Die Gestalten wirken zur Tiefe des Saales hin wie hinter einander aufgereihte Puppen in der Puppe. Alle Probleme und Konflikte der Welt sind gelöst, nicht durch Entschließungen, sondern durch Entschlossenheit. Er wendet den Blick wieder zum Podium, „dorthin, wo er ein neues Bewusstsein von Freiheit und Verantwortung an der Arbeit sieht". Ist er ausgesperrt aus dem Einheitsein? Ist er die verlorene „wunderliche und abstrakte Figur des Menschen, die kostbarste Entdeckung der bürgerlichen Empfindsamkeit und zugleich der unerschöpfliche Gegenstand ihrer künstlerischen Bildungskraft"? Nein! Oder doch!

Er muss den Jünger verstohlen lesen wie später François Mitterrand beim Bankett unterm Tisch und hat den Finger im letzten Essay des blauen Bandes. Dort widerspricht der Autor – ein Vierteljahrhundert nach dem großen kühnen Wurf – Oswald Spenglers Aufforderung an die neue Generation, sich der Technik statt der Lyrik, der Marine statt der Malerei, der Politik statt der Erkenntniskritik zuzuwenden. Wird die strenge Versammlung hier im Saal jetzt das blaue Buch verbieten? „Aber das Gedicht gehört zum Wesen des Menschen, nicht zum Gepäck." (Hätte Pitt nicht besser den blauen Benn-Band in seinen Koffer legen sollen?). „Es bleibt sein Ausweis, sein Kennzeichen, sein Losungswort."

Warum lassen sich Bücherbürger mit einer Passion für ideale Gegenwelten und „substantielle" Ordnungen nicht faszinieren vom „verblüffenden Doppelbild von buntester, verwirrendster Anarchie und der nüchternen Geschäftsordnung der Demokratie, welches das Schauspiel des Jahrhunderts war"? Was ist daran verblüffend? Das ist das erstrebenswerte Wunderwerk der menschlichen Kultur. Pitt atmet auf: die Heimsuchung im Alltäglichen ist beendet. Er sieht seine Freunde wieder im Saal, seine Mit- und Gegenstreiter, das bunte Bild der multikulturellen, vielsprachigen Weltgenossenschaft, die sich in Regel und Konflikt, Ritual und Konsens das Projekt „Eine Welt" in ihre Satzung geschrieben hat.

„Was blättern Sie denn da?", fragt der Vizepräsident der Arbeitgeber und nimmt Pitt den blauen Band aus der Hand. „Ernst Jünger. Doch nicht den *Arbeiter*? Der ist doch ein Dichter, der versteht nichts vom Arbeiter." Der Mann ist schwäbischer Unternehmer und beschäftigt in seinem Armaturenwerk vierhundert Facharbeiter, die zu 75 Prozent bei der IG Metall organisiert sind. Wenn nun einer dieser Arbeiter in standesgemäßer Neugier dieses Arbeiter-Buch gelesen hätte? – nur bis zum 13. Abschnitt, der vom Einbruch des Elementaren in den bürgerlichen, vom „Bestreben nach Sicherheit" bestimmten Raum handelt. Er hätte erfahren, dass der Dichter ihn zum Bruder des Künstlers erhoben hat. Doch nicht seine fachliche Kunstfertigkeit, nicht sein Gestaltungswille bestimmt den neuen Status, sondern seine vagantenhafte Außerbürgerlichkeit. Er sei ein Gefährte des Kriegers, des Seefahrers, des Jägers, selbst des Verbrechers. Was hätte der schwäbische Arbeiter gesagt? Der poetische Reiz! wollte Pitt seinem Sitznachbarn ins Ohr zischeln, doch der tuschelte schon wieder mit dem Gewerkschaftssekretär, dem Autor eines bekannten Kommentars zum Betriebsverfassungsgesetz.

Es ist immer der poetische Reiz, der ein spekulatives Gedankengebäude gastlich macht und den Leser dazu verführt, sich in ihm wohnlich einzurichten. Philosophie und Poesie sind die sich umarmenden Schwestern – Schinkels zauberhaftes Standbild der preußischen Prinzessinnen Luise und Friederike. Viele haben wahre Trutzburgen gedanklich aufgeladener Poesie errichtet, Märchen mit willensstarkem Charme geschrieben: das von den fensterlos schwebenden Monaden, das vom sich selbst entzweienden und wieder versöhnenden Geist, das vom sich selbst anschauenden Willen, das von der ewigen Wiederkehr, das vom pflanzenhaften Werden und Vergehen der Kulturen, das von den Sphären, Räumen und Schäumen, das vom herrschaftsfreien Kommunizieren. Im Land der Poesie ist der strenge Gedanke ein leichtes Gepäck. Im Rausch der Lesestunden weitet sich der Kokon unseres Lebens zu einem Kosmos mächtig wirkender Gesetze, und unser kleines, in Interessen und Wirrnissen gefangenes Selbst fühlt sich gesprengt und erhoben.

Nur sollten solche Bücher die Aufschrift tragen, die auch die Nikotinsüchtigen nicht schreckt: Inhalieren kann tödlich sein. Aber es bleibt der Charme des etwas lächerlichen Gedankens, den Arbeiter, der sein Leben als geistiges Abenteuer begreift, gegen den Bürger zu formieren und ihn in einem Reich gestalthafter Notwendigkeit zum König der Erde oder gar zum planetarischen Herrscher zu erheben. „Lieber lächerlich als bürgerlich", hört eine Geliebte, die auch lieber eine Ehefrau gewesen wäre, Elinor Büller, von Gottfried Benn. Gehört dieser antibürgerliche Hang, der sich ja doch immer wieder selbst verrät, zum Fundus der Gemeinsamkeit, die Gottfried Benn in seinem kleinen Geburtstagsgedicht für Ernst Jünger beschreibt, beschwörend „den Wahn, die Wunden / des, das sich das Jahrhundert nennt"?

Irgendwann holen wir bürgerlichen Leser die abenteuernden, in die absolute Freiheit und die unfreie Absolutheit vernarrten Dichter domestizierend hinein in die Welt sublimer Zwänge. Wir berufen sie in Akademien, verleihen ihnen Preise (oder streiten darüber, ob sie verdient sind), promovieren sie ehrenhalber und sehen sie entzückt mit unseren hohen Politikern vor den Kameras plaudern. „Das ist ein gefährlicher Mann!" möchten wir rufen. Aber dann erkennen wir, etwas enttäuscht, etwas schockiert, dass ihn bewegt, was uns bewegt, die Sorge um das Einkommen und die gesellschaftliche Respektabilität. Sie bedrückt Benn als Mann von fünfzig Jahren in einem Brief an Elinor Büller: er möchte nicht als Alternder „isoliert, absonderlich" dastehen, „immer in Gefahr, aus der Insel der bürgerlichen Existenz, auf die man sich rettete, ausgestoßen zu werden."

Stefan Breuer hat von den ästhetischen Fundamentalisten gesprochen. Fundamentalisten mit ihrem „imperativen Weltbild", das Gottfried Benn in Stefan Georges Werk und Wesen erkannte, sind unerträgliche Wesen. Dass sie die Schönheit anbeten, macht sie nicht sympathischer. Hilft uns das kritische Feuilleton mit all seinen Hilfstruppen, den Soziologen, Psychologen, Politologen, Linguisten, uns gegen die Heimsuchung ihrer verführerischen Wortmacht zu wappnen? Aber wir wollen uns gar nicht helfen lassen! Wir wollen ja den Imperativ der poetischen Gewalt erleben. Nur erliegen wollen wir ihr nicht. Als ästhetisch-ethische Formel zur vielfachen Verwendung hat uns der kritische Poet Peter Rühmkorf sein „bleib erschütterbar und widersteh" zugerufen.

Ludwig Klages, den der Zufall in einer Münchener Pension für eine kurze Wegstrecke mit George, dem „heischer und herrscher vom All" zusammenführte, hat in einem Brief aus dem Geburtsjahr Ernst Jüngers seinem hannoverschen Jugendfreund Theodor Lessing das philosophisch-poetische Lebensprogramm beschrieben: „Die Gesamtheit der überschaubaren Dinge in das Medium des Wortes zu fassen und auf diese Weise wenn auch nicht tätlich, so durch die Begriffssymbolik der Menschenrede die Welt zu beherrschen, ist mein innerstes und eigenstes Verlangen." Die Welt? Uns Leser: denn die Welt lässt sich nur in den Menschen beherrschen. Wir Leser werden in den Dienst des Herrschaftswillens gestellt. Von der Wortkompetenz „geht eine Herrschaft aus und ein Verführen" – so wehrte sich Hugo von Hofmannsthal gegen

George, der ihn schier gewaltsam in eine dramatische Freundschaft verstricken wollte.

In Joyce' *Ulysses* herrscht „in gemalten Kammern, angefüllt mit Ziegelbüchern", Thoth, der ägyptische Mondgott der Bibliotheken, der Schreiber, der Schutzherr der Zauberer. Die Büchersteine, „einst quicklebendig in Menschenhirnen", erheben ihre Stimme, „zu drängen mich, ihren Willen zu tun". Auch Pitts Blicke haben die Steine des Goethe-Hauses in seinen Regalen manches Mal angstvoll gestreift.

Was ist der trockene, gehemmte Imperialismus eines Völkerbundes gegen den Reichstraum eines Dichters? Das Imperium der Innenschau – „Du stehst für Reiche" (Benn) – wendet sich im Imperativ nach außen. So macht Jüngers abenteuerliches Herz anfänglich Proselyten („O du einsamer Leser, der du nach der Gesellschaft von Helden begierig bist!"), hält dann nach Verbündeten Ausschau und wird schließlich, weil jeder Traum im Alltag von Tätern ohne geistige Legitimität verhunzt wird, zurückgeworfen auf das monadische Dasein hohen Ranges. Es wird anarchisch und hofft auf das Wirken geistesverwandter Monaden. Dem „preußischen Anarchisten" Jünger und seinem „preußischen Leser" wird der „kategorische Imperativ des Herzens" der Leitfaden, an dem er das „Chaos der Gewalten nach den Grundmaßen neuer Ordnungen durchstreift".

Das Herz, das Ordnungen stiftet, will nie Freiheit; es ist der Kopf, der Freiheiten schenkt, der Imperativ Immanuel Kants. Das Herz in seiner Empörung, an dem der „grüne Eiter des Ekels frisst", ist das Organ des auf totalitäre Herrschaft sinnenden Terroristen. In seiner Verachtung des falschen Bewusstseins, der falschen Lebensführung oder des falschen Glaubens, in seiner Auflehnung gegen die „Herrschaft der Gemütlichkeit" ist es blind für das natürliche Reglement der Freiheit. Die Sprache des Herzens ist nicht Argument, sondern „ungesonderte, rhythmisch anflutende und aufleuchtende Potenz". Sie trifft den Leser in seiner Beeindruckbarkeit, das ist: seiner Verwundbarkeit. Wir lesen eben unsere Bücher häufiger mit dem Herzen als mit dem Kopf.

Nach den auf dem Genfer Rasen erlittenen Heimsuchungen hat Pitt nie wieder dem Buch eines Dichters erlaubt, ihn auf einer Dienstreise zu begleiten. Einmal doch! Seine Genfer Erfahrungen haben ihn später auch nach Nicaragua geführt, um nach der Revolution für die Junta förderungswürdige genossenschaftliche Projekte auszumachen. Der Vizechef der regierenden Junta der Sandinisten war ein Dichter, und so nahm Pitt sein Buch *Die Spur der Caballeros* mit auf die Reise. Dort in Managua erlebte er Jüngers „Erdbebenlandschaft" ohne ihr Pendant, den „Werkstättenstil". War Sergio Ramirez, bewacht von den jungen arbeitslosen Revolutionären mit ihren aufdringlich getragenen Knarren, die in den Vorzimmern lümmelten und Pitts Taschenmesser konfiszierten, der Anhänger einer Staatskunst, die „auf den Dichter als den Darsteller und Schöpfer von Modellen höherer Art" gründet?

In einem Stahlbetongebäude inmitten der vom Erdbeben zerstörten Stadt ohne Straßennamen und Hausnummern, inmitten der rot-schwarzen Transparente des „libre o muerte", saß der sandinistische Führer an seinem Schreibtisch, an dem ein Gewehr lehnte. Der Dichter, leger im weißen Hemd, unterschied sich schon äußerlich von seinen Genossen in der Junta und im Staatsrat, denen die Pistolen allzu keck an den knapp und schick geschnittenen Kampfanzügen baumelten (der liberale Kopf hat sich später von seinen Junta-Genossen getrennt, von denen sich einer als autoritärer Chef einer Familiendespotie, wie vor der Revolution gehabt, durchgesetzt hat).

Ein bleiches, angestrengtes Gesicht, müde unter der Last der jungen Staatsmacht, blickte aus Stapeln von Akten skeptisch lächelnd auf Pitt, der gemeinsam mit dem Vertreter einer politischen Stiftung seine Beratungskünste offerierte (übrigens Benns „hausfrauliche" Projekte: Handel, Logistik, Ausbildung). Mit Begeisterung sprach der Dichter von der cruzada national de alfabetizacion, die das Land in Symbolen und Slogans auf unzähligen Plakaten überzog: Alphabetisierung ist Befreiung. Auf den Plakaten sprengt das Buch, rotschwarz, blauweißblau, mit einem „Peng" die Ketten. Landarbeiter lesen vor Strohhütten am rauchenden Vulkan Momontombo in einem Buch. Das Lesen, sagte der Dichterregent, mache aus dem Volk Bürger. Und er erläuterte die Säulendiagramme an der Plakatwand: Managua 70 %, Matagalpa 30 %.

Pitt war nicht mehr auf der Spur der Caballeros, nein, er hatte sich gescheut, angesichts des Berges von Problemen und Nöten von Literatur zu sprechen. Als er schon draußen im Vorzimmer stand und die kleinen revolutionären Caballeros ihm sein Taschenmesser zurückgegeben hatten, bat er eine Sekretärin, das Buch vom Dichter signieren zu lassen. Er hatte die leise Hoffnung, der Autor würde noch einmal heraustreten, um mit dem Leser Pitt über sein Buch zu sprechen. Aber er musste regieren. Er hat sich nur die Sekunden für ein gekritzeltes „con el saludo cordial" genommen.

# Die Gegenwart der Zeichen

Nicht nur die Signale der Bücherziegel, aus denen wir die Bücherwand mauern, fordern eine Reaktion. Unsere Sinne werden von vielen Zeichen belagert, am treffsichersten von den Buchstaben, den Elementarteilchen der Literatur. Es sind ja – in unserem kommunikativen Code – nur sechsundzwanzig, doch sie beschreiben in ihrer Verkettung den Kosmos des Bewusstseins wie die Strings die Körperwelt.

Wir sind der bedrängenden Allgegenwart der Zeichen ausgesetzt, und wir können uns dem Sog, den jedes einzelne auf uns ausübt, nicht entziehen: wir müssen es deuten. In der absichtslosen Verstreutheit der Zeichen müssen wir eine Ordnung schaffen. Jedes Zeichen muss in einen Zusammenhang eingeordnet werden, denn unser Ordnungs- und Deutungssinn duldet kein herumliegendes Puzzleteilchen. Wir gehen lesend durch unsere Welt. Einzelne Buchstaben unterschiedlicher Form, Farbe und Größe fallen auf die Netzhaut, Silben, Satzfragmente ritzen unsere Hirnhaut. Wir werden, auf Ganzheit angelegt, zur Synthese gezwungen.

Pitt hat in seiner Kindheit ein Trauma der Unvollständigkeit erlitten. Er wurde im Niedersächsischen, noch nicht sechs Jahre alt, nach dem Krieg im Herbst eingeschult, die Schulgesetze wurden geändert und die Allerjüngsten als Stichtagsopfer vor Weihnachten mit dem Versprechen aus der ersten Klasse herausgenommen, zu Ostern noch einmal eingeschult zu werden. Ach, das Versprechen einer zweiten, zeitbedingt ohnehin nicht sonderlich attraktiven Schultüte milderte nicht den Schmerz um die Unvollständigkeit des Alphabets, das nach gründlicher synthetischer Lehrmethode Buchstabe für Buchstabe gelernt worden war, doch nur bis zum Buchstaben O, O wie Fräulein Otte, so der unvergessliche Name der Lehrerin, die ihm eben noch, sozusagen als Perspektive für die Einschulung zu Ostern, das „P" für Pitt mit auf den traurigen Weg in die geistige Wüste gab (und dabei soll doch nach Jüngers *Lob der Vokale* eben dieser Buchstabe einen pejorativen Anklang haben, was der Rhetor Walter Jens in seinem Disput mit Hans Mayer als dilettantisch anmaßend energisch zurückgewiesen hat).

Er war nicht begabt wie Jean-Paul Sartre, das Genie der *Wörter*, das aus dem Buch, aus dem die Mutter vorlas, die „Tausendfüßler" krabbeln sah, dieses „Gewimmel von Silben und Buchstaben, sie streckten ihre Diphthonge vor, ließen die Doppelkonsonanten vibrieren". Die Zeichen liegen in den Lauten verborgen, die Ohrensprache übersetzt sich selbst in die Augensprache. Das Kind klettert mit einem Buch, das es auswendig kannte, auf sein Eisenbett: „Halb rezitierte ich, halb entzifferte ich, ich nahm mir eine Seite nach der anderen vor: als die letzte Seite umgeblättert war, konnte ich lesen."

Während der kleine Jean-Paul autodidaktisch eine gemischte synthetisch-analytische Lehrmethode entwickelt hatte, folgte das Kind Harold Brodkey, gleichfalls fünfjährig, von vornherein intuitiv der analytischen Methode. Ihm war ein Schulbuch für die dritte Klasse in die Hand gefallen: „Ich habe mir an diesem Tag das Lesen beigebracht – im Grunde in wenigen Sekunden, auf einen Blick; und in der nächsten halben Stunde erschloß ich dann die Einzelheiten; und dann konnte ich Zeitschriften und Zeitungen lesen" – zum fassungslosen Staunen der testenden Lehrerin. Wie schwerfällig sind dagegen wir ewigen Scrabblespieler. Auch Vladimir Nabokovs beneidenswert begabter Held aus der *Gabe* las schon eine beachtliche Zahl von Büchern aus der Bibliothek seines Vaters, ehe er das schulpflichtige Alter erreicht hatte.

In der Gegenwart der Zeichen müssen wir zu jedem Buchstaben passende andere, zu jedem verstümmelten Satz passende Füllsel suchen. Wir erlauben uns nicht, das Zeichen, den zeichenhaften Zellhaufen, isoliert für sich stehen zu lassen. Wir streben zwanghaft nach der Er-Gänzung. Das kann zur Manie des Beifahrers im Auto ausarten, aus den Buchstaben der Nummernschilder vorübersausender Autos einen

Sinn zu konstruieren – Abkürzungen, Akronyme, Initialen, wie es Ernst Jünger ging, der sich auf die restlose Teilbarkeit der Zahlen durch die magische Drei kapriziert hatte (fast hätte er es geschafft, in drei Jahrhunderten leben zu können).

Bei der Entzifferung des uns in vielen Zeichen entgegentretenden Seins hilft uns unsere Fähigkeit, Wörter – manche schaffen es mit Sätzen – als Bilder in unserem Gedächtnis zu speichern. Wenn wir viel mit Buchstabieren hantiert haben, lesend und schreibend, werden Wörter zu Bildern, und dem Allerbelesensten, dem mit dem großen Gedächtnis begabten, wird jedes der 150.000 Wörter zum Ideogramm, zu einem graphisch gestalteten Wort- und Sinnbild, und auch jeder Gegenstand steht vor uns in der „Handschrift der Dinge" (James Joyce).

Sitzen wir vor dem Fernsehschirm, laufen die Wörter zu den laufenden Bildern vor unserem Auge wie auf dem Teleprompter mit. Auch bei langweilenden Vorträgen kann man – der Geist will immer beschäftigt sein – die Wortbilder an der Wand oder im Gardinenmuster sehen. Buchstabenketten schlüpfen den Comicfiguren als Lautschlangen aus dem Mund. Pitt vermutet, dass auch in der totalen multimedialen Erlebniswelt des Cyberspace der Wortsehsinn über alle Sinne triumphieren wird. Über Lavendelfeldern wird das Wortbild „Lavendel" vor dem inneren Auge schweben. Zwischen uns und dem Leben hängt ein transparenter Vorhang, im ABC-Raster gemustert.

Das majestätische A, der König der Vokale, ist übrigens nicht die Nummer 1 im Setzkasten, nein, es begegnet uns als Zeichen der deutschen Sprache auf einem wenig prominenten sechsten Platz. In einem Paroxysmus der Buchstabennarrheit hat der Schüler Pitt einmal zwei Regentage der Schulferien daran gegeben, die Häufigkeit der ihn belagernden Zeichen zu ermitteln. Er nahm sich – schon ahnend, dass der der Größte sei – Goethe vor, aber nicht den *Faust* oder den *Wilhelm Meister*, sondern das Stichwort „Goethe" in *Meyers Konversationslexikon* aus dem Jahre 1890, also einen akademischen Artikel von drei Dutzend Spalten, die eine zureichende Basis für ein statistisch-repräsentatives Zählwerk abgeben mochten. Im Deutschen führt das E den Zug der Buchstaben, der Laut der abstrakten Erkenntnis, den Ernst Jünger in seinem *Lob der Vokale* mit dem „Leeren und Erhabenen" verbindet. Und fügte der kindliche Linguist die Buchstaben der größten Häufigkeit zu einem Wort mit drei Silben zusammen, so fand er: ENSIRA. Das ist das Ensemble der funkelnden, blitzenden Signale, die uns den Lesebefehl geben.

Pitt, mit schmerzhafter Unterbrechung synthetisch alphabetisiert, hat immer noch diesen heiligen Respekt nicht vor den Wörtern, sondern vor den Buchstaben, und bedingungslos gehorcht er Hölderlins Gebot aus der Hymne *Patmos*: „ ... daß gepfleget werde / Der veste Buchstab ...". In ihm zittert noch der Reflex, den Buchstaben mit dem Zeigefinger, dem „Lesefinger", zu folgen. Immer wieder will er sich der Individualität des Buchstabens vergewissern, die doch im flüchtigen Fotografieren der Zeilen durch das huschende Auge, oft im diagonalen Scannen, verloren geht. (Achtung! Stanislas Dehaene hat uns in seinem Buch *Lesen* darüber belehrt, „was dabei in unseren Köpfen passiert": dass nämlich unser Lesen nichts mit einem „Scannen" zu tun hat, sondern jedes gesehene Objekt in Myriaden Fragmente zerlegt und vom Gehirn wieder zusammengesetzt wird. Zu meinen, das Wort werde als „Ganzes" erfasst oder aus irgendeinem Speicher abgerufen, sei eine „naive Hypothese"). Im Laufen wissen wir nichts vom Schritt.

Manchmal versucht Pitt, sich in die Lust- und Spannungssituation des ursprünglichen Buchstabenlesens, des Buchstabierens, zurückzuversetzen, indem er die Wörter langsam liest, stockend, suchend, als könnte das Auge nur auf langen Stegen von einem Buchstaben zum anderen das Wort finden. Wenn er dem Signal von Buchstaben und Wort- oder Satzfragmenten gehorcht und das Wortbild in seiner Hirndatei sucht, empfindet er diese Lust des buchstabierenden Lesens als Freude, ein Rätsel gelöst zu haben.

Doch es ist schier unmöglich, diese mühselige und befreiende Lust des ersten Mals neu erschauernd zu erleben. In allem existentiellen Tun sendet die Erinnerung an den ersten Erfolg nur schwache Strahlen vom

Gedächtnishintergrund aus. Beim Schreiben kann man den ersten Kampf mit dem Buchstaben wieder erleben, wenn man zum Beispiel in einem Brief an ein Kind sich müht, den Duktus der persönlichen Gebrauchsschrift zurückzuzwingen in die Normschrift zwischen den Linien, mit klaren Auf- und Abstrichen, proportionalen Rundungen. korrekten Schleifen und ausgeprägten Arkaden. Man fühlt wieder die Zunge zwischen Zähnen und Lippe, den Schmerz des eingeknickten Zeigefingers am Griffel, ja man hört das Quietschen auf dem Schiefer, und wenn man zurückfällt in die Flüchtigkeit, sieht man den Schwamm, wischwasch, über die Tafel fahren. O das Grauen, das die Feder empfand, wenn sie sich in den Unebenheiten des Holzpapiers nach dem Krieg verhakte!

Manchmal geht Pitt zu den Kinderbüchern der Buchhandlungen, um die Atmosphäre des frühen Lesens erinnernd zu genießen. Leider hat er seine Kinderbücher nicht ins Wandergepäck genommen. Er kann die Buchstaben gelassen betrachten, weil er ja weiß, dass sie Partikel eines Schatzes sind, der im Gebrauch und Genuss nicht verzehrt wird. Doch das Kind zählte besorgt die noch nicht gelesenen Seiten wie die verbleibenden Tage der großen Ferien.

In der unübersichtlicher werdenden Wortwelt zwingen uns manche Begriffe, sie in Silben zu zerlegen, um ihrem Sinn auf die Schliche zu kommen. Die wissenschaftlich-technische Terminologie enthebt uns der Silbenanalytik, indem sie gleich mit prägnanten Buchstabenfolgen spricht: DNS (Desoxyribonukleinsäure), DSL (Digital Subscriber Line) oder KMT: hätte James Joyce doch nur diese Buchstaben ohne ihre Wortbedeutung benutzt: „Kontransmagnificundjudempengtantialität" (das Wort hat der wortkluge Joyce-Eindeutscher Hans Wollschläger ersonnen, der doch ein begeisterter Leser des wortschlichteren Karl May gewesen ist).

In der Zeichenwelt, der ein unaufhörlicher Lesezwang entspricht, ist alles auf die Lichtgeschwindigkeit der elektronischen Impulse in unserem Gehirn angelegt. Wie viele Erinnerungen und Assoziationen schießen uns durch den Kopf, wenn wir unsere Augen vor der Bücherwand über die Buchrücken mit ihren meist vertikalen Buchstabenfolgen schweifen lassen. Bis zur Qual lässt sich das steigern, indem wir Internetseiten auf dem Schirm abrollen lassen und jede Zeile für den Bruchteil einer Sekunde festzuhalten versuchen.

Wenn uns alle Zeichen, die uns bedrängen, nicht nur Lesebefehle gäben, sondern Deutungs- oder gar Handlungsbefehle – wie's Autofahrer im Schilderwald an Kreuzungen erleben –, müssten wir in völlige Lähmung verfallen oder verrückt werden. Urlaub vom Lesen! – wir müssen manchmal die uns belagernden Zeichen als rein ornamentale Formen erleben, deren ästhetischer Reiz uns angenehm ist. Bei den schrillen akustischen Signalen schont uns ihre freundliche Modulation wenig.

Rodion Raskolnikoff, der – von Sonjas Worten bedrängt, aber noch nicht endgültig entschlossen – auf dem Weg zum Kommissariat ist, um seinen grässlichen Doppelmord zu gestehen: wie schwer, wie leer wird ihm der Kopf sein! Ihm werden die Zeichen am Wegesrand zu Signalen, denen er auf dem Rückweg – dann als überführter Mörder im Gefängniswagen – wiederbegegnen will: „Dieses Aushängeschild dort – wie werde ich dann diese selben Buchstaben lesen? Und hier steht geschrieben: ‚Genossenschaft‘, nun, ich sollte mir dieses ‚o‘, diesen Buchstaben ‚o‘ jetzt merken und wenn ich nach einem Monat dieses ‚o‘ wieder sehe – wie werde ich es dann ansehen? Was werde ich dann empfinden und denken?“

Pitt will ein langsamer Leser sein, dem ein „O“ – dieses „uralte Ideogramm“ in der Form des „geöffneten Auges“ (so Ernst Jünger) – noch ein „Er-Äugnis“ sein kann, wie Plutus im *Faust* sagt. Er möchte sich wie ein Dieb durch das „schmiedeeiserne Gitter des Alphabets“ (Harold Brodkey) in den Text hineinsägen. Er möchte nicht durch die Zeilen rennen, möchte im dichten Wald jeden Baum betrachten oder seine Rinde betasten.

Viel zu oft ist er ein ungeduldiger, flüchtiger Leser. Gemessen an den Lesegenies, ist er ein stockender Leser, denn wenn sich einer, wie Brodkey, einen ernsthaften und langsamen Leser nennt und 250 Seiten in der Stunde schafft, dazu in Jiddisch, Französisch, Hebräisch, Deutsch, Griechisch und Latein liest, ist der Durchschnittsleser nicht allzu weit vom Stand des Illiteraten entfernt. Wie trainiert man das langsame Lesen? Stumm mit den Lippen artikulieren? Innehalten, wenn der Lesefluss sich zum Katarakt hin beschleunigt? Bücher in ungewohntem Schriftbild oder wenig vertrauten Sprachen lesen? Lyrik lesen.

Das Gedicht zwingt uns, langsam zu lesen, hilft uns, das Laut- und Strukturgewicht und die Signalfarbe jedes Buchstabens, jeder Silbe, jeder Phrase zu wägen. Joseph Brodsky sieht – in seinen Turiner Empfehlungen *Wie Bücher zu lesen sind* – in der Lyrik die höchste Form menschlicher Rede, die „knappste, am stärksten verdichtete Mitteilungsweise menschlicher Erfahrung". Er leitet das Bedürfnis nach Verknappung, Verdichtung und „Verschmelzung" jedoch aus einem ökonomischen Grundsatz ab: „schließlich lesen wir nicht um des Lesens willen, sondern um zu lernen". Dieser Satz ist nur dann ein tauglicher „Kompass im Ozean der verfügbaren Drucksachen", wenn es wirklich nur darum geht, uns Lesern, unseren „Augen und Gehirnzellen", die Mengen „nutzlos gedruckten Zeugs" zu ersparen, und insofern wäre Lyrik als hochselektive Kunstform ein „Synonym für Ökonomie".

Doch die unendliche Fülle und Dichte der uns umschwirrenden sprachlichen Elementarteilchen wirbt für den Überfluss. Der kommunikative Geist ist verschwendungssüchtig und scheint wie die Natur seine Sporen in unabsehbarer Streuung zu verbreiten, listig wissend, dass jedes Gewinnlos in einer Menge von Nieten gesucht werden muss wie ein erfolgreiches Spermium im Ejakulat. Mögen alle Zeichen am Lebens- und Wegesrand unserer Aufmerksamkeit wert sein! Mag die diskrete oder unverschämte Aufdringlichkeit der uns belagernden Zeichen uns lästig sein: lasst sie uns nicht verscheuchen wie Mücken. Jedes Zeichen sei ein Sandkorn, das schmerzen kann, wenn es ins Auge gerät, sei Goldstaub im Schwemmsand: es wird uns zu den Nuggets führen.

# Agent ohne Auftrag

Von Merkur, dem von Thomas Mann gepriesenen Gott, ließ Pitt sich zu einem hartnäckigen Mittlertum anspornen: Arthur Ohlsen musste für seinen frühgeliebten Autor zurückgewonnen werden. Der Leser sollte sich mit dem Meister versöhnen. Mochte Mann Millionen Leser haben: dieser eine in Enttäuschung abgefallene Leser musste zurückkehren zum Tempel der epischen Kunst. So will es Merkur, so will es der in Grenznutzen denkende merkantile Geist, so wollte es Pitt. Der letzte mögliche zusätzliche Leser sollte mobilisiert werden (wenn sich die großen Autoren, wie Nabokov in Pnin, mit wirtschaftlichen Fragen beschäftigen, darf auch der klügste Übersetzer aus der „marginal utility" keinen „Randnutzen" machen, so wie Pitt in Arthur Ohlsen keinen „Randleser" überzeugen wollte).

Es galt nicht nur, den respektablen Gegner Raymond Chandler zu überwinden. Indem er sich zum heimsucherischen Agenten Thomas Manns machte, wollte er auch etwas „höhere Heiterkeit" in das Leben des alten Mannes tragen, der in der kargen Kammer nicht nur sinnlich, sondern offenbar auch geistig in einer gewissen Verdorrung lebte. Und sein Plan war noch verwegener: er wollte in dem beschämt-verstockten alten Nazi eine späte geistige Wende bewirken. Alte Erfahrung aus dem demokratischen Wahlkampf: man muss auch mit den Nazis reden.

Pitts Favoritin war damals die *Lotte in Weimar*, das Buch einer Goethefeier unter amerikanischem Himmel. Aber Arthur Ohlsen war ein ungeduldig abwehrender Hörer gewesen, als Pitt sich anschickte, ihm Passagen aus dem Goethe-Monolog im berühmten siebenten Kapitel vorzulesen („Wer sagt euch, dass nicht die Poesie die Liebhaberei ist und der Ernst bei ganz was anderem, nämlich beim Ganzen?"). Er wollte ihm nämlich nicht mit Mann ins Haus fallen, sondern mit dem unverfänglicheren Goethe. Auch Gespräche über *Buddenbrooks* machten dem abtrünnigen Leser nicht Lust, wieder nach dem Buch zu greifen: er habe es „viele, viele Male" gelesen, sagte er, sachte kopfschüttelnd.

Der Agent selber war bei seinen Vorstößen nicht recht bei der Sache, denn er steuerte auf den *Dr. Faustus* zu. Den sollte Arthur Ohlsen lesen, den Lebensroman des deutschen Tonsetzers Adrian Leverkühn, der ein Schriftsteller war, Held eines „Wort-Ton-Werks", eines Romans aus den allertiefsten Höhlen des Zauberbergs, in dem es nur „Wörter in 12 Buchstaben" gibt, „to hear with eyes" – und der alte Mann Ohlsen war vertraut mit dem extremen Schicksal Nietzsches, der sich ja auch gewünscht hatte, seine Seele hätte singen sollen.

Arthur Ohlsen feierte seinen 68. Geburtstag. Ein jüngerer Bruder war gekommen, der in seiner Jugend von einem Pianistenleben geträumt hatte, dann aber eine beachtliche Karriere im Bremer Senatsdienst gemacht hatte. Mit 68 Jahren, 1943, habe Thomas Mann seinen „Faust" begonnen, seinen „Parzival", sein spannendstes Buch, hatte Pitt beiläufig gesagt, als eine kleine Runde abends in der Veranda bei einer alkoholfreien Bowle zusammensaß. Der Bruder reagierte elektrisiert auf das Stichwort. „Beethoven, Mahler, Schönberg und seine Zwölf-Ton-Technik, der Mann hat ein kolossales musikalisches Verständnis, fast gar nichts über Wagner, obwohl man doch gerade das erwartet hätte. Der Mann bastelt alles zusammen, was ihn fasziniert und worin er sich erkennt, und dann macht er noch seinem Abgott den größten Titel abspenstig. Aber großartig, nicht, Arthur?" Und in das mürrische Schweigen seines Bruders hinein, ungläubig: „Sag' nur, du kennst den Faustus nicht! Unmöglich!" Er werde das Buch mitbringen, sagte er. Nicht nötig, sagte Pitt, er habe es oben im Regal.

Schon am nächsten Tag war er mit dem Buch, den Zeigefinger als Lesezeichen am Beginn des Kapitels XXX, in die Kammer gegangen. „Der Erzähler ist ein Gymnasiallehrer, er heißt Serenus Zeitblom" – Arthur Ohlsen lächelte und ließ das *Abendblatt* neben sein Bett fallen –

„hier erzählt er vom ersten Weltkrieg, das ist der Thomas Mann der ‚Betrachtungen‘, als habe er selber bei sich abgeschrieben." Das Kalkül war aufgegangen: er solle vorlesen! Schicksalsergriffenheit, Kraftgefühl, Opferbereitschaft, „in unserem Deutschland", Zukunftsbegeisterung, Appell an Pflicht und Mannheit, „heroische Festivität". „Meine Freisinger Primaner hatten rote Köpfe und strahlende Augen von allem." Und der akademische Vize-Wachtmeister der Reserve? – auch er „erfüllt von der Gewißheit, dass Deutschlands säkulare Stunde geschlagen habe; dass die Geschichte ihre Hand über uns halte; dass nach Spanien, Frankreich, England wir an der Reihe seien, der Welt unseren Stempel aufzudrücken; dass das zwanzigste Jahrhundert uns gehöre und nach Ablauf der vor einigen hundertzwanzig Jahren inaugurierten bürgerlichen Epoche die Welt im Zeichen der Deutschen, im Zeichen eines nicht ganz zu Ende definierten militaristischen Sozialismus also sich zu erneuern habe". Pitt hatte an Ernst Jünger erinnert. Die Bemerkung, der Krieg habe nicht ein deutsches, sondern ein sozialdemokratisches Jahrhundert eingeläutet, konnte er gerade noch unterdrücken.

Er war bis zum Satz gelangt, in dem Zeitblom von der Begier des höheren Individuums spricht, mit Haut und Haar im Allgemeinen unterzugehen, da fragte der Hörer: „Und was sagt Zeitblom zwanzig Jahre später?" Kapitel 33 und 34, hier – „natürlich, der lässt keinen Trick aus", rief der Mann-Kenner Ohlsen, „so ein Filou!" Pitt überblätterte die Seiten, auf denen der Chronist, der Mann von hoher, klassischer Bildung, seine Furcht vor der „Herrschaft der Unterklasse" als klein und unbegründet gegenüber seinem Entsetzen vor der „Herrschaft des Abschaums" darstellt.

Opportunistisch zitierte er Zeitblom mit seinem „lebendigen Gefühl für die nationale Sonderart, das charakteristische Eigenleben" seines Deutschlands. Das sei, meine Zeitblom, der Grund dafür, dass seine Zunftgenossen, Literaten und Hochschullehrer sich ihr kostbares Eigenleben nicht in einer demokratischen Republik vorstellen konnten, – und er las die Sätze in dem Tonfall des Bedauerns, der für Zeitblom das

Präludium zu seiner in einer Salondiskussion mutig geäußerten Frage war, „ob nicht ein Denker, dem die Nöte der Gemeinschaft sehr wohl am Herzen lägen, dennoch vielleicht besser täte, sich die Wahrheit und nicht die Gemeinschaft zum Ziele zu setzen, da dieser mittelbar und auf die Dauer mit der Wahrheit, und selbst der bitteren Wahrheit, besser gedient sei, als mit einem Denken, das auf Kosten der Wahrheit dienen zu sollen meine, in Wirklichkeit aber durch solche Verleugnungen die Grundlagen echter Gemeinschaft von innen her aufs unheimlichste zersetze."

Während dieses langen Satzes in seiner präzisen Umständlichkeit hatte Arthur Ohlsen wieder nach dem *Abendblatt* gegriffen und es sich vors Gesicht gehalten, wobei Pitt annehmen konnte, das die geschwollenen Schläfenadern vom Bücken nach dem auf dem Teppich liegenden Blatt herrührten.

Der Roman habe den Stoff eines ganzen Lebens in sich aufgenommen. So ähnlich hatte es der Autor gesagt. Er, Ohlsen, sei doch ein Zeitgenosse Leverkühns und Zeitbloms gewesen, hielt Pitt ihm durchs leise zitternde *Abendblatt* hindurch vor: sein eigenes Leben werde doch aufgerufen in dem Roman! „Da ist so viel, was mich an Ihre Erzählungen erinnert, Herr Ohlsen." Immerhin: da ließ der alte Herr das *Abendblatt* sinken, und es blieb eine Weile auf dem Holzfällerhemd liegen. Dieses sublim frivole Spiel mit dem Nietzsche-Schicksal, der Inspiration aus der luetischen Infektion! Darüber hatte Ohlsen mit Pitt gesprochen, denn sein ältester Bruder, ein Mediziner, Chef eines bedeutenden Ärzteverbandes, hatte eine Studie über Nietzsches Paralyse geschrieben, – und er selbst hatte andere Formen der zerebralen Verwüstung an sich erlebt.

Schon hatte Arthur Ohlsen das Blatt auf den Teppich gleiten lassen und seinen Arm ausgestreckt. Aber in sein „Geben Sie mir das Buch schon endlich!" hatte Pitt seinen schärfsten Pfeil geschossen: „Im Mittelpunkt des Romans steht Adrian Leverkühns Gespräch mit dem Teufel, der Teufelspakt, und diesen Teufel habe ich gesehen!" Arthur Ohlsen setzte sich ruckhaft – sein ausgemergelter alter Körper hatte eine erstaunliche Spannkraft – auf die Bettkante, angelte mit den Füßen die

Pantoffeln und sagte: „Wir gehen runter. Das müssen Sie mir erzählen. Ich habe noch nie einen Teufel gesehen."

Die Stadtbibliothek in Hannover hatte Vortragsabende veranstaltet, an denen Leser die Zelebritäten der Zeit kammerintim erleben konnten. Theodor Litt zum Beispiel hatte Pitt mit seinem Buch *Individuum und Gemeinschaft* gefesselt: den musste er sehen, und der nicht nur körperlich höchst aufrechte alte Mann mit dem klassischen Gelehrtenkopf hatte ihn nicht enttäuscht. Von Theodor W. Adorno (das W. sollte für Wiesengrund stehen, war das ein zweiter Vorname nach amerikanischem Muster?) hatte Pitt nichts gelesen; sein Ruhm strahlte aber auch erst in den 60er Jahren (als Pitt, mit Lebensmittelmarken aus der Kindheit vertraut, in seinem Verbandsblatt die Notstandsgesetze mit ihrem Ernährungssicherstellungsgesetz rechtfertigte und die studentische Revolte nicht zur Kenntnis nahm).

Mit den Silben „Lie-besleid" oder „Him-melsblau" hatte Thomas Mann das Arietta-Thema, die drei Töne des „seelenvollen Rufs" beschrieben, als er von Wendell Kretzschmars Piano-Vorträgen in ihrer wildbewegten Synchronisation von Melodie und Erläuterung erzählte; auch „Wie-sengrund" skandierte er, um seinen musikalischen Geheimrat, den Dr. Adorno, durch ein geheimes Zeichen der Dankbarkeit zu ehren, den Komponisten, Musiktheoretiker und Philosophen, der viel mehr über die Tonsprache des späten Beethoven wusste als der späte Mann und dem Autor zudem die Sonate Nr. 111, da-zumal in Kalifornien, vorspielen konnte, „vollständig und auf höchst instruktive Art". Adorno hatte dem Wortmusiker mit seinem musikphilosophischen Buch die Augen für die radikal moderne Musik geöffnet und den Auftrag angenommen, eine Idee für die in Worten zu komponierende Kantate „Apocalipsis cum figuris" zu entwickeln, „als ob Sie mit dem Teufel im Bunde wären". Die gelieferte Idee muss grandios gewesen sein: Adorno hatte Adrian Leverkühn nicht nur verstanden, sondern mitgeschaffen.

Im durchaus anspruchsvollen Feuilleton der *Hannoverschen Presse* hatte der Schüler gelesen, Hans Mayer habe behauptet, Thomas

Mann hätte dem Teufel zum delikaten Beweis seiner Dankbarkeit die Züge Adornos verliehen. Der da vorne in der Stadtbibliothek stand, der kleine rundliche deutsche Professor, war also als Vorstellungsbild in Palestrina dabei gewesen, in der altertümlichen Stube, in der Adrian Leverkühn den Pakt mit dem Teufel schloss, um seine Genialität mit Hilfe der bakteriellen „Esmeraldas", des „Volkes der Lebeschräubchen" ins Extreme zu steigern, um der „unerträglichen Ergießung" willen. Hans Mayer hatte gesagt: „Der Teufel trägt jetzt die Hornbrille des Intellektuellen". Pitt hatte allerdings in der Stadtbibliothek das Empfinden, der Professor Adorno habe eher dem Wendell Kretzschmar signifikante Züge verliehen: die „lachenden braunen Augen von bald sinnendem, bald springendem Blick".

„Es sollte der Teufel wohl was von der Musik verstehen", sagt der Teufel. Der steht in der Stadtbibliothek leibhaftig vor Pitts Augen. Er hat den Adrian Leverkühn inspiriert, in der schmerzlichen Klage um den Tod des Knaben Echo-Euphorion den menschheitlichen Versöhnungsjubel Beethovens zurückzunehmen. Er hat dem Wortkomponisten den „Tipp" gegeben, dem Engelskinderchor das „Höllengelächter" zu unterlegen.

Der Teufelsprofessor in der Stadtbibliothek sprach über Musik, doch er erzählte eine Lebensgeschichte: wie er als Kind im Elternhaus, neugierig auf das Treiben der Abendgesellschaft, sein Zimmer verließ, um oben auf der Treppe zu spähen und zu lauschen. Er hörte seine Mutter, deren Namen er trägt, am Flügel Beethoven spielen. Spielte sie aus der Sonate opus 111 wie Wendell Kretzschmar? Pitt erinnert sich nur an sein eigenes gespanntes Zuhören (in seinem Mutterhaus „wurde kein Chopin gespielt", wie ja auch nicht im Bennschen Pastorenhaus). Da erzählte einer die Geschichte einer Prägung, einer unabreißbaren Kette von Prägungen („Aller Glanz …"). Als sich Pitts Sohn an der Frankfurter Musterschule einmal mit der Interpretation eines musikkritischen Textes von Adorno plagen musste (aber er spielte immerhin Klavier), hat Pitt ihm diese Geschichte erzählt.

Hat der verstockte Ohlsen den *Dr. Faustus* gelesen? Pitt mochte ihn nicht fragen, er hatte aufdringlich genug für ihn geworben. In den folgenden Wochen erzählte der alte Herr auffällig oft Geschichten aus seiner Jugend. Hatte er sich in seine Jugend zurückgelesen im Roman? Er erzählte von den pianistischen Bestrebungen seines Bruders, von den politischen und weltanschaulichen Diskussionen in studentischen Kreisen, er berichtete Pitt angewidert von den Aufsichtspflichten des Leutnants an der Schlange vor dem Frontpuff und spekulierte über das relativ kultivierte Leipziger Bordell, in das Nietzsche von einem Dienstmann geführt worden war: dort habe doch immerhin ein Klavier gestanden. Er sprach von Experimenten in der väterlichen Apotheke, die Pitt jeden Augenblick erwarten ließen, dass er auf die physikalischen Phantasmagorien zu sprechen kommen würde, mit denen Vater Leverkühn auf dem Büchelhof die Knaben Adrian und Serenus ergötzt hatte. Von Dr. Faustus kein Wort.

An einem Wochenende hatte Frau Ohlsen einen Verwandtenbesuch zu machen, und sie hatte ihren Mann in die Obhut seines Bruders gegeben: der schlug einen Autoausflug an die Ostsee vor, zu dem auch Pitt eingeladen wurde. Travemünde bot eine Fülle von Assoziationen zu den Manns, von denen Pitt in propagandistischer Absicht reichlich Gebrauch zu machen gedachte.

Da die Fahrt über Haffkrug hinausging, bot sich Pitt die Gelegenheit zu einer sensationellen historischen Enthüllung. „Kennen Sie", fragte er die beiden alten Herren, „das Titelfoto der *Berliner Illustrierten*, das Ebert und Noske in Badehosen zeigt?" Sie kannten es, natürlich: das denunziatorische Bild muss damals, nach dem Krieg, in der bürgerlichen Welt ein ungeheures, zur Empörung gesteigertes Aufsehen erregt haben. Der von vielen nicht geliebte Reichspräsident und der Reichswehrminister fast nackt am Strand, planschend wie die Kinder, in aller Öffentlichkeit! „Hindenburg hätte sich nicht so sehen lassen", sagte Arthur Ohlsen, und sein Bruder, mokant: „… und Hitler auch nicht".

Pitt kommandierte sein „Halt!" an der Haffkruger Strandpromenade. „Hier, an dieser Stelle, haben Ebert und Noske gebadet. Das ist der Schauplatz der berüchtigten Badebüx-Affäre." Nein!? So genau kannte Pitt die Stelle auch nicht, er wusste aber von seinem Kommilitonen Reinhold Bengelsdorf (er war Chef des Bundes junger Genossenschafter und später ein Kollege), dass der kurz vor seiner Vereidigung stehende Präsident und sein „Bluthund" am Strand vor dem Haffkruger Kindererholungsheim des Hamburger Konsum-, Bau- und Sparvereins „Produktion" gebadet hatten. Dieses große Heim hatten die Genossenschafter aus den Mitteln errichtet, die sie im Kriege in patriotischer Gesinnung, doch schlechten Gewissens mit der massenhaften Lieferung von Fleischkonserven aus der eigenen Großproduktion an das kaiserliche Heer verdient hatten.

Pitt hatte den *Arbeiter* frisch im Kopf. „Ernst Jünger hat bestimmt dieses Foto gemeint, als er von den Ministern im Badetrikot sprach, das den Massen zeigen solle, wie Politiker essen und trinken und sich benehmen wie jedermann. Das hat er falsch gesehen. Das Foto war doch eine bösartige Diffamierung damals, 1919. Ich glaube nicht, dass Eberts Pressechef das Foto an die Illustrierten geschickt hat." Arthur Ohlsen – in Erinnerung an seine Schriftleiterzeit? – sagte: „Ja, das ist eine dumme Interpretation. Haben Sie denn schon Jüngers Aufsatz in den Widerstandsheften gelesen, die ich Ihnen gegeben habe – das Lichtbild als Mittel im Kampf?"

Dreißig Jahre nach diesem Gespräch hat Pitts Kollege ein Büchlein über das Henry-Everling-Haus in Haffkrug geschrieben, das heute – Konzession an das veränderte regenerative Verhalten der Deutschen – ein Seniorenheim der Pro-Stiftung ist. Darin auch die Geschichte des manipulierten und missbrauchten Fotos der als vaterlands- und hüllenlose Gesellen diffamierten Politiker. Die rechte *Deutsche Tageszeitung* hatte zwei Wochen vor der *Berliner Illustrierten* das komplette Foto veröffentlicht: fünf (nicht zwei) Männer – als „Repräsentanten des neuen Deutschland" bezeichnet – sind auf dem Badebild zu sehen, neben einem ins Wasser gerollten Badekarren. „In Ausübung ihrer hohen Machtvollkommenheit dispensierten sie sich von der dort herrschenden Vorschrift, nur im Kostüm zu baden, stellten der Welt ihre ganze Mannesschönheit zur Schau und veranlassten in animierter Stimmung die Fixierung der nebenstehend wiedergegebenen Szene auf photographischer Platte."

Hatte Ernst Jünger doch recht gehabt: ein PR-Foto? Nachträglich seien den Herren, berichtete das Blatt, doch Bedenken über die „geschmackliche Seite ihres Tuns" gekommen, und sie hätten dem Fotografen Platte und Abzüge „enteignet", wie Sozialisten das wohl zu tun pflegen. „Herr Ebert hatte indeß die Freundlichkeit, uns eine Kopie zur Verfügung zu stellen, weil er in ihrer Wiedergabe mit Recht eine treffliche Propaganda für das neue Regime und für seine Person erblickte." Keine Zeitung aber hatte das andere, am gleichen Tag entstandene Foto veröffentlicht. Präsident, Minister, Vorstände, alle starr in Schwarz, umrahmen die achtstufige Pyramide der hundert Jungen und Mädchen der 3. Kur, von denen sich einige als Alte – Pitt hat selbst einmal mit einem der Haffkruger Kinder gesprochen – an den grandiosen Besuch ihres „Vater Ebert" erinnerten. Die Fünfzigjährigen sahen damals wirklich väterlich aus.

Vom Vater Ebert hatte Pitt nicht gesprochen, als er sein bruchstückhaftes Wissen über den Schauplatz eines historischen Fotos zum Besten gegeben hatte. Arthur Ohlsen war es, der vom „Vater Ebert" sprach. Ein Cafépavillon am Strand von Travemünde war Buddenbrooks-Welt, Heimat des Thomas von der Trave – wie Hermann Hesse, woran der Bruder erinnerte, einen seiner Glasperlenspieler genannt hatte.

„Erinnerst du dich noch an Thomas Manns Vortrag im Beethovensaal?" fragte Arthur Ohlsen. „In Berlin?"

„Ja. Wann war das doch?"

„1922."

„Du bist ja ganz aus dem Häuschen gewesen, Arthur."

„Vater Ebert hat er ihn genannt. Vater! Den Sattlergesellen, den Kneipenwirt. Der Sohn des Lübecker Senators nennt ihn Vater!" Der alte

Ohlsen rang um Fassung. „Mit diesem Vater Ebert wollte er uns die Republik schmackhaft machen, seine deutsche Republik, diesen ganzen Weimarer Schlamassel. Wir hatten doch gar nichts gegen die Republik – mein Gott, dieser Kaiser! Aber doch nicht so, mit diesen Parteien, mit diesen sogenannten Volksvertretern. Ebert, das war für uns ein rotes Tuch – und das hat er uns vor die Nase gehalten. Biedert sich bei den Sozis an."

Der Bruder protestierte schwach: was sollte der junge Mann von ihm denken, einem höheren Staatsbeamten Bremens, das doch rot war, nicht zuletzt dank Eberts Wirken als politischer Gastwirt in seinen Mauern. „Ich habe das anders gesehen. Der Ebert war der Mann der Stunde. Der Mann des Volkes. So einfach war das."

„Ach du. Dich hat der Thomas Mann ja nur mit seiner Schwärmerei von Whitman begeistert, diesem ganzen Novalis-Geschwafel von Eros und Gemeinschaft, von dieser Griechendemokratie der nackten Jünglinge. Dieser Whitman, dieser Barde des Amerikanismus, der seinen Egoismus und Individualismus für Demokratie hält." Ja, Pitt hatte etwas verwundert registriert, dass der jüngere der Ohlsenbrüder ihm bei der ersten Begegnung die nicht mehr kindliche Wange getätschelt hatte. Pitt war überhaupt nicht an Walt Whitman interessiert. „Sie waren in einem Vortrag von Thomas Mann?", fragte er entgeistert.

„Der Gerhart Hauptmann war 60. Der König der Republik, auch so eine Übertreibung. Und dann Gerhart Hauptmann und Vater Ebert in einem Atemzug – als hätte er nie die ‚Betrachtungen' geschrieben. Ich hätte ihm alles verziehen, aber das nicht, diese Anbiederung an das System, nie!"

Pitt beneidete die Brüder Ohlsen, glühend. Er hatte nur den Schiller-Vortrag gehört, 1955, am Radio. Er hatte erfahren, dass Thomas Mann ein bestrickender Redner war. Und er verstand, dass sich zwei alte Männer über eine Rede ereifern konnten, die sie vor fast vierzig Jahren erlebt hatten.

Heimgekehrt, öffnete Arthur Ohlsen auf dem Flur des Dachgeschosses eine Klappentür unter der Schrägwand und kroch ins Dunkel der Abseite, das der Schein seines Feuerzeugs erhellte. Er warf ein Bündel Zeitschriften auf das Linoleum und fingerte ein Heft der *Neuen Rundschau* aus dem Stapel. „Lesen Sie das nur! Das ist die Hauptmann-Rede. Die Ebert-Rede." Der Staub lag verkrustet auf dem Titelblatt, schwach grau unter ihm ein Bleistiftgekritzel: „Verrat". Ein Leser, der ein Hörer gewesen war, hatte dem Vortrag seinen Titel gegeben.

„Warten Sie, da muss noch eine andere Rede sein, die deutsche Ansprache, die hat er 1930 gehalten, auch im Beethoven-Saal, aber da war ich schon lange nicht mehr in Berlin." Aber er fand sie nicht in seinen Stapeln.

Pitt schwankt: Was soll er mehr bewundern, das epische Werk oder die literarischen und politischen Reden Thomas Manns? „Das Leben aber als Inbegriff der Pflicht", las Pitt in der Ebert-Rede, die er in jener Nacht nach der Ostseetour wohl dreimal las. Er hat viele politische Reden gehört oder gelesen (und manche auch als Ghostwriter geschrieben), immer wieder kehrt er zurück zu den Mann-Reden, zur Ebert-Rede auch, in der ein Unpolitischer sein Engagement für die Verfassung entdeckt, für die Verfassung eines Volkes, das sich – in seinen Meinungen geteilt und halbherzig – anschickte, seinem gesellschaftlichen Leben eine Form zu geben, die es zum Glied der „gesitteten Welt" machen sollte. Die Volksidee, wie er sie sah, wollte er ins Human-Universale einbinden und den „Gemeinschaftsbegriff ins Gesellschaftlich-Sozialistische" („Soziale" würden wir heute sagen) hinüberleiten. Der Künstler entdeckt: „Ein anderer Name für Freiheit ist Verantwortlichkeit." Als Promotor der Verfassung der Freiheit fordert er von der Kunst, für den demokratischen Pluralismus einzutreten. Das heißt: für die Freiheit. Das ist die Freiheit der Kunst.

Der ältere Herr im Schopenhauer-Archiv erinnerte Pitt an Arthur Ohlsen. Eigentlich hatte er nur die Stadt- und Universitätsbibliothek kennenlernen wollen, als er, die Steine des Goethe-Hauses in den Bücherkisten, mit seiner Familie von Hamburg nach Frankfurt umgesiedelt war, aber unversehens war er auf das Archiv gestoßen. Er hatte als einziger Besucher unter den aufmerksam diskreten Blicken des Kustos, der an einem Tisch Korrekturfahnen las, das Mobiliar, die Bücher und die Bilder der Philosophenstube betrachtet, stand schon auf dem Flur und las noch einmal aufmerksam das Schildchen an der Tür. „Arthur Hübscher", las er. Der Name des Schopenhauer-Autors war ihm vertraut: ja, lebt denn der noch? Ohne nachzudenken, stürzte er wieder in den Raum und auf den alten Herrn zu. „Ja, sind Sie – entschuldigen Sie, sind Sie Arthur Hübscher, ich meine, der – " Ja, er war's.

Während der Präsident über seine Schopenhauer-Gesellschaft sprach, liebenswürdig, jugendliche Spannkraft in der zartgliedrig-hageren Gelehrtengestalt, schoss Pitt das Wort „vierschrötig" durch den Kopf. Das war der Mann, der in einer „Berliner Faschistischen Klubzeitung" 1928 Thomas Mann die knapp vierzig – von 668! – Seiten der ‚Betrachtungen' vorgehalten hatte, die der Autor in opportunistischer Anpassung an einen demokratischen Zeitgeist gestrichen habe. Er hatte geschrieben, Mann habe seine „Wandlung schweigend und schamhaft zu verhüllen gesucht", hatte behauptet, dass man einem Leser, der das undemokratische Buch Thomas Manns zu kaufen willens ist, heimlich eine demokratische Bearbeitung zuschiebe. Dieser Hübscher, schreibt Mann, habe ihn auf das „Abgelebte" festlegen wollen. Und, in direkter Ansprache: mit „dieser blödsinnigen Bestimmung meiner geistigen Existenz gibt Ihre Vierschrötigkeit sich grimmig zufrieden." Pitt ist nicht Mitglied der Schopenhauer-Gesellschaft geworden – er hatte den Verdacht, dass dieser zarte präsidiale Literat wie sein Meisterphilosoph fähig gewesen wäre, dem preußischen Offizier seinen Operngucker in die Hand zu drücken, damit dieser zielsicherer auf die „souveräne Canaille" am jenseitigen Mainufer schießen konnte.

Pitt war hinübergegangen zur Aula der Universität, in der Thomas Mann 1921 in der Goethe-Woche einen Vortrag gehalten hatte, in Gegenwart Gerhart Hauptmanns, in Gegenwart des Reichspräsidenten Ebert, des „Vaters Ebert" – „wobei das Ereignis war, daß zum ersten Mal das Haupt des neuen Staates eine deutsche Hochschule betrat". Daran hatte sich Thomas Mann anlässlich des katastrophal-folgenreichen frühen Todes Friedrich Eberts erinnert.

Arthur Ohlsen war lange tot: wie gern hätte Pitt ihm in einem Brief seine Begegnung mit Arthur Hübscher erzählt. Die beiden Arthurs waren sich wohl einig in ihrer Entrüstung über Thomas Manns „Felonie", seiner, wie der Verräter selbst sagte, Konversion vom konservativen Nationalisten zum Demokraten und Republikaner. Vielleicht hatten beide die Ebert-Rede gehört, 1922 in Berlin, ja, hatten beide unter den „scharrenden Teilen" der (nicht ganz so jungen) Jugend gesessen, dieser „hitzigen Parteigängerin der Vergangenheit", und hätten dem Redner Trotz vorgeworfen, weil er über die Jahre 1918 und 1922 gesagt hatte: „Ich gab meine Wahrheit und gebe sie heute."

Am Strand von Travemünde erwies sich der alte Ohlsen als der „scharrende" Verstockte, der sein Deutschsein durch einen Mann verraten sah, der es in diesem Jahrhundert am überzeugendsten vertreten hatte: in werbender Verteidigung und kämpferischer Anklage. Immer noch bockte der Alte gegen den Mann, der in seinem Fehdebrief vom Februar 1936 in der *Neuen Zürcher Zeitung* auch ihn gemeint hatte, als er sich, unter tausend Schmerzen, nach drei Jahren „ununterbrochener Erregung und Erschütterung" gegen eine Herrschaft aussprach, „von der nichts Gutes kommen kann, für Deutschland nicht und für die Welt nicht". Gehörte nicht auch er, der ehemalige Leser, zu denen, die seit 1933 „schwanken, ob sie es wagen sollten, mir vor dieser Welt mein Deutschtum abzusprechen." Ja, tat er es denn immer noch? Hatte er nach zehn Jahren Bonner Wiederaufbauarbeit nach entsetzlichen Katastrophen immer noch nicht gelernt, dass „Demokratie etwas Deutscheres sein kann als imperiale Gala-Oper"? Hätte er nach den so überzeugenden Erfolgen der neuen demokratischen Ordnung nicht versöhnlicher denken können über den ersten republikanischen Präsidenten, den Thomas Mann ein paar Male bei Feierlichkeiten erlebt hatte, den „grundangenehmen", bescheiden-würdigen Mann in „seinem schwarzen Röcklein", das er auch bei seinen Kindern im Haffkruger Heim getragen hatte – statt immer noch in der Meute zu stecken, die ihn durch tausend Verleumdungen und Demütigungen in den frühen Tod gehetzt hat.

Müssen es denn immer die Augen eines Führers sein, in deren Bann ein Bürger sich für sein Land begeistern und seine Regierung zu achten lernen kann? Auch Thomas Mann – er hat es bekannt – hat sich ja „mit Entschluß" auf die Seite der demokratischen Republik gestellt. Er habe das Soziale und Demokratische gewollt als „Velleität", meint der Mann-Archivar Hans Wysling hinzufügen zu müssen, und das meint: ein Wollen ohne rechte Liebe. Es sei der Rettungsgürtel für den an sein sensibles Subjekt gebundenen Individualisten, der nach der Devise „im Herzen rechts, im Kopfe links" lebe. Wysling sagt, Mann sei zum Republikaner geworden, ohne sich zur ‚egalité'-Demokratie zu bekennen. Das sind die uralten Missverständnisse, die so banal sind wie die Feststellung von Möchtegern-Eliten, dass die Wahrheit nicht immer auf der Seite der Mehrheit sei.

Thomas Mann, dessen Vorfahren führend in einer aristokratischen Republik waren, hat klar gesehen, dass die Republik auch das Schicksal für den künstlerischen Menschen sei, denn die „Vergemeinschaftung", die republikanische, die demokratische, die genossenschaftliche, diene allein der „Unabhängigkeit des Einzelmenschen". Auch die Demokratie – das hat Thomas Mann nicht von Karl Popper gelernt – ist „kein Gegenstand des Enthusiasmus, sondern der einer gelassenen Vernunftanerkennung". Oder ist Thomas Mann 1922 in Berlin ein so schlechter, ein so wenig überzeugender Redner gewesen, dass er es nicht vermocht hat, seinen enttäuschten Leser dafür zu gewinnen, mit ihm gemeinsam „mit noch ungelenker Zunge" zu rufen: „Es lebe die Republik". Vielleicht müssen wir im Jahr 2022 alle wieder die Reden Thomas Manns lesen. Dabei spielt es keine Rolle, dass es bei dieser Lektüre um das republikanische Europa gehen wird.

Im Exemplar der „Betr." in Arthur Ohlsens Nachlass war eine Stelle am Rande nicht markiert, die Thomas Mann sicher angestrichen hatte, als er Romain Rolland, der den Krieg verabscheut und seinen deutschen Kollegen nicht mit Kritik verschont hatte, gelesen hatte: „Jeder unserer Gedanken ist nur ein Augenblick unseres Lebens. Wozu nutzte uns das Leben, wenn nicht um unsere Irrtümer zu berichtigen, unsere Vorurteile zu besiegen und täglich Herz und Gedanken weiter zu machen?" Und wozu nutzte uns das Lesen?

# Der Deutschlehrer

Die politische Stiftung, in deren Auftrag Pitt Anfang der 1970er Jahre nach Montevideo reiste, um an einem lateinamerikanischen Seminar über das Genossenschaftswesen teilzunehmen, trug den Namen Friedrich Eberts. Das in der Wirtschaftsoberschule erworbene kaufmännische Spanisch reichte nicht, um in den Disputen über den besten Pfad der genossenschaftlichen Entwicklung bestehen zu können, und so wurde er von einer Dolmetscherin behütet, deren Vater der aus Deutschland stammende Professor Peter oder Pedro Heller war, der an der Universität Altgriechisch lehrte. Bedauernswert, dass die Nachfahren der Bauern aus dem Lande Angeln, in deren Imkergenossenschaft ein köstlicher Honig zu probieren war, nicht deutsch sprachen, denn das hätte wunderbar zu ihren roten, in rotblonden Borsten gerahmten Gesichtern gepasst.

Die Dolmetscherin, die den Beiträgen der Disputanten in ihrem hellen klingenden Spanisch wie in ihrem ohnehin perfekten Deutsch (Deutsche Schule Montevideo!) den eleganten Schliff gab, machte Pitt mit ihrem Vater bekannt, einem Mittfünfziger von zierlicher Statur und einem lebhaft sprechenden Gesicht. Der Professor lenkte das Gespräch schnell auf die deutsche Gegenwartsliteratur, obwohl Pitt ein bisschen angeberisch versucht hatte, ein paar Bemerkungen über seine mühsame Lektüre der „Cien años de soledad", die gerade ihren Siegeszug durch den Kontinent und rasch durch die Welt angetreten hatten, anzubringen.

Nachdem etliche Autoren der Gruppe 47 – auf Seiten des Professors in stupender Geläufigkeit – kursorisch abgehandelt waren, fragte der Professor, was sein Gast von Ernst Wiechert halte. Oh, Schrecksekunden. Der kannte nur einen einzigen Titel dieses Autors, nämlich den

*Kinderkreuzzug*, den er einmal unter den Büchern seiner Mutter gefunden hatte, ein kleines Buch mit ihrer handschriftlichen Widmung an einen Kriegskameraden seines Vaters, das zu ihr zurückgekommen war. Ernst Wiechert? War das nicht einer der konservativen Schriftsteller, deren innere Emigration diskutiert worden war? Die Schrecksekunde war so lang, dass der Professor ihm eine Brücke bauen zu müssen glaubte. „Die Jeromin-Kinder"? Von diesem Titel hatte Pitt immerhin gehört. „Sie kennen ihn wohl nicht. Er war einer der beliebtesten Autoren meiner Generation. Ja, wir haben ihn sehr geliebt."

Dieser Schriftsteller war in Königsberg der Lehrer des Professors gewesen. Er erzählte in ein paar Sätzen von seinen Schülerjahren in Königsberg und von seinem Lehrer, von dem er die Liebe zur Literatur gelernt habe. „Das Deutsche hat mir nichts genützt," sagte er, „aber mit meiner gymnasialen Vorbildung konnte ich nach 1933 in Italien studieren und schließlich in dieses schöne gastfreundliche Land kommen und Latein und Griechisch lehren. Die humanistische Bildung hatte mit dem Deutschland, das ich verlassen musste, nichts mehr zu tun."

Da Pitt seine Unwissenheit so blamabel bekennen musste, brach der Professor das literarische Gespräch ab. Wahrscheinlich meinte er, einen der politischen Berater vor sich zu haben, mit denen man höchstens über die verworrenen Umtriebe der Tupamaros reden könne. In jüngeren Jahren hatte Pitt eine Scheu, mit den wenigen jüdischen Menschen, die er kannte, über ihr Schicksal zu sprechen. Hätte er, unverbesserlicher Parzival, der keine Fragen stellt, es hier doch getan.

Aber natürlich waren die Tupamaros auch wichtig: das Land war ja nach einer langen Periode der Prosperität in eine Agonie ohne Perspektiven für die Jugend, was den Pädagogen bekümmerte, und eine verbreitete Frührentnermentalität verfallen, die zu einer Erschütterung des Systems und der historischen Balance zwischen der weißen und der roten Partei geführt hatte. Als Pitt von einer Genossenschaft von Militärangehörigen – einer Miniaturarmee – eingeladen wurde, an der Plaza Independencia an das Reiterdenkmal des Freiheitshelden José

Artigas einen wagenradgroßen Kranz zu stellen, hat er Skrupel gehabt, sich an der Zeremonie zu beteiligen: war er nicht schon ein Werkzeug drohender Unterdrückung der immer offener zu Tage tretenden Gegensätze zwischen Arm und Reich?

Von seiner Dolmetscherin hat er viel über das Land gelernt, er konnte sich jedoch revanchieren, denn dank der Einladung einer großen Zuckerrohr-Genossenschaft im nördlichen Artigas erlebte sie ihre erste Flugreise, in einem winzigen Flugzeug, das auf einer vom subtropischen Regen überschwemmten Piste am Uruguay Fluss landete. Es war die kluge Dolmetscherin, die Pitt erzählte, ihr Vater habe ein besonderes Verhältnis zu seinem Deutschlehrer gehabt, ja, er sei in seinen Büchern, wie Pitt es verstand, „vorgekommen".

Wie „vorgekommen"? Sollte Pitt nach Büchern und Titeln fragen, von denen er doch keine Ahnung hatte? „Vorgekommen" wie der von ihm bewunderte Freiburger Volkswirt Walter Eucken (sein Vater Rudolf hatte den Literaturnobelpreis), der von Ferdinand Hodler als Figur in sein berühmtes Gemälde „Der Aufbruch der Jenenser Studenten in den Freiheitskrieg 1813" in der Uniform des Lützower Freikorps hineinmontiert worden war? Es gibt, wie er spät erfuhr, in *Die Jeromin-Kinder* prägnante Lehrer-Schüler-Szenen, in denen der schreibende Deutschlehrer sehr gut einen begabten Schüler hätte „vorkommen" lassen können.

Das in tagespolitische Belanglosigkeit versickerte Gespräch mit einem deutschen Professor in Montevideo hat Pitt fünfzig Jahre nicht losgelassen. Er begann, die Romane und Erzählungen Ernst Wiecherts zu lesen. Es ist ihm schwergefallen. Die das einfache Leben überhöhenden, mit den großen Wahrheiten schier pastoral hantierenden Erzählungen, die so bedeutungsvoll hochgestimmten Sätze fordern in all ihrer sprachlichen Schönheit und Bildgewalt doch eine Portion Langmut. Peter de Mendelssohn hielt in den 70er Jahren – als Herausgeber der Tagebücher Thomas Manns – Wiechert für einen „grüblerisch-versponnenen, sentimentalen Schilderer seiner Heimat und ihrer Menschen", der vor allem „unter der schwärmerischen Jugend eine große Anhängerschaft" gehabt haben soll. War Pitt schon zu alt, als er Wiechert las? Es wird Gründe geben, dass ein Autor, der in der Weimarer Republik zu den meist gelesenen gehörte, nach dem Krieg ziemlich vergessen wurde.

Pitt hat den Peter Heller in den Büchern seines Deutschlehrers nicht gefunden. Keine Figur wie die des Jenenser Studenten mit Walter Euckens Gesicht. Doch die Begegnung mit dem Professor Heller in Montevideo hatte ihn angeregt, sich mit der deutschsprachigen Emigration, insbesondere dem Exodus der deutschen Literatur, zu beschäftigen und mit Ernst Wiechert, der das Land nicht verlassen hatte. Er sah, dass ein so genannter innerer Emigrant ein sehr mutiger Mann sein kann, der sein hohes moralisches Ansehen als Autor gegen das Nazi-Regime in Stellung gebracht hatte, als er die Frau des inhaftierten Pastors Martin Niemöller öffentlich, ohne die Solidarität seiner Dichterkollegen, durch eine dem Regime verweigerte Spende unterstützte, dafür mit drei Monaten schier vernichtender körperlicher Arbeit im Konzentrationslager Buchenwald bestraft und nach seiner Entlassung vom Literaturterroristen Goebbels persönlich – unter Androhung physischer Vernichtung – genötigt worden war, einen kleinen Kotau vor dem braunen Literaturbetrieb zu machen.

Lange vor Jorge Sempruns *Was für ein schöner Sonntag*, seinem Bericht aus dem KZ am Weimarer Ettersberg, hat Wiechert aus seinem Erleben die grausame Vernichtungswelt des Lagers beschrieben. Er hatte noch die Eiche in Grün gesehen, unter der Goethe mit Frau von Stein gesessen hatte, während Semprun nur ihre verbrannte Ruine sehen konnte. Wie sehr Ernst Wiechert von den Autoren der Gruppe 47 zur Seite geschoben wurde, kann man nicht nur ablesen an Max Frischs töricht-arrogantem Urteil, sein Lagerbericht *Der Totenwald*, 1946 erschienen, sei eine „Ausflucht ins Pathos" gewesen und gefalle sich im „Selbstgenuss der Trauer". Das sagt einer, den die Deutschlehrer der demokratisch gewendeten Bundesrepublik so erfolgreich gemacht haben wie die so oft nicht gerade demokratischen Deutschlehrer der Weimarer Republik den Ernst Wiechert.

Es gibt wenig schlimmere Schicksale als die Ausstoßung eines mit seiner Muttersprache arbeitenden Schriftstellers in eine fremde Sprachwelt. Ernst Wiechert ist dieses Schicksal erspart geblieben, und sein Schüler Pedro Heller, der seine deutsche Sprache in der Fremde in der Freude an alten Kultursprachen entbehren konnte, erlitt das Exil als Heimweh. Durch seine Beschäftigung mit der deutschsprachigen Emigration nach Lateinamerika, das den Fliehenden offene Arme zeigte, lernte Pitt das Buch der Historikerin Sonja Wegner kennen: *Zuflucht in einem fremden Land – Exil in Uruguay 1933–1945*. In diesem spannenden Buch traf er den Professor Pedro Heller wieder, auf der Zeitbrücke von fünf Jahrzehnten. Sonja Wegner hatte ihn 1993 für ihre Magisterarbeit, die 2013 als Dissertation erschien, interviewt, drei Jahre vor seinem Tod im Alter von 82 Jahren. Pitt fand einen Faden, um sein verfehltes Gespräch mit Ernst Wiecherts Schüler fortsetzen zu können.

Peter Ludwig Heller, geboren 1914 in Berlin, aufgewachsen in Königsberg, gehörte zu den jüdischen Studenten, die 1933 von den Hochschulen vertrieben wurden und in Italien eine Möglichkeit fanden, ihr Studium fortzusetzen (in einem zwar faschistischen, doch nicht durchweg antisemitischen Staat). Er studierte in Genua, Florenz und Rom, promovierte dort, arbeitete in der größten Buchhandlung, zuständig für deutsche und englische Literatur, und floh vor dem drohenden Krieg nach Uruguay, wo er am 13. Januar 1939 in Montevideo die „Conte Grande" ohne Hindernisse verlassen konnte.

Im dritten Studienjahr war dem 19jährigen mitgeteilt worden, dass ihm die Förderung durch die Studienstiftung des deutschen Volkes aus rassischen Gründen entzogen sei – die Begabtesten wurden von ihr gefördert („es gab 700 Studienstiftler in einer Siebzig-Millionen-Bevölkerung"). Und offenbar auch die Kritischsten, denn der junge Heller, der jüngste Abiturient Ostpreußens, hatte Hitlers *Mein Kampf* studiert und verstanden, dass jeder Satz, jeder Halbsatz von blutigem Ernst diktiert war. „Am 48. Geburtstag meiner Mutter (30. VIII. 33) verabschiedete ich mich vom geliebten Ostpreußen, wo alle meine Verwandten meinen

Warnungen kaum Glauben schenken wollten." Sie verloren ihr Leben, durch Freitod, im KZ, die Mutter durch standrechtliche Erschießung auf dem Königsberger Bahnhof, weil sie die beiden goldenen Eheringe mit ins KZ nehmen wollte. Pedro Luis Heller arbeitete zunächst als Hauslehrer im Landesinneren. „Es gab tiefe Freundschaften mit den Menschen, die mich sehr offen aufnahmen." In seinem späteren Leben ist Professor Heller zweimal in Deutschland, in Aachen und Hannover, gewesen.

Der Benn-Leser F.W. Oelze hatte offenbar das Bedürfnis, seinem in der Verlorenheit seines hannoverschen Exils und des abendlichen Sinnierens im Weinhaus Wolf verdüsterten Autor etwas Aufbauendes zu senden, und so schickte oder brachte er ihm im Sommer 1936 Bücher von Ernst Wiechert – wahrscheinlich die in diesem Jahr erschienenen Jugenderinnerungen *Wälder und Menschen* und die Novellensammlung *Das heilige Jahr*. Die Bremer Kaufleute hatten ja immer Sinn für hanseatisch Gediegenes. „Ganz nett einiges", bedankte sich Benn. „Das Ganze als Haltung so richtig treudeutsch biedermännisch und innig." Diese Dorf- und Waldperspektive! Diese „Sorge ums Volk und seine Jugend"! Das alles gehe ihn nichts an. Aber er verbeugte sich doch – „da aber dies doch immerhin die beste Form des geistigen Deutschen ist." Als der Wagner-Enkel Beidler aus der Rede Wiecherts über den „Dichter und seine Zeit", die dieser 1935 vor den Münchener Studenten gehalten hatte, vorgelesen hatte, nannte Thomas Mann sie ein aus „tiefem Leiden" stammendes Dokument, eine „moralische Blüte dieser Schandepoche in Deutschland, ergreifend und Gedenkens wert". Vielleicht hatte Gottfried Benn ja auch diese Rede von seinem Briefpartner erhalten.

Die Haltung! Der geistige Deutsche! Zwei Jahre später zeigt Ernst Wiechert den von Benn nicht geschätzten „Literaten", was „Haltung" ist – vor und nach dem Totenwald, in dem er zwei Monate lang um sein Leben kämpfen muss. Ernst Wiechert ist für seinen Schüler Peter Heller ein Fixstern gewesen, über der deutschen Literatur, über seiner und Wiecherts ostpreußischen Welt, über den Deutschen mit „Haltung". In einem Brief in die vor langer Zeit verlassene Heimat schreibt Peter Heller: „Die Erfahrung lehrt einen alten Mann, dass die ersten zwanzig Jahre seines Lebens mit der Zeit in der Erinnerung immer leuchtender wieder auftauchen. Wie Stefan George ungefähr sagt, … dort geht unsere Welt auf …, und jene Grundfarbe behält sie dann auch." (Auslassungen von P.H.)

Elisabeth Schulz-Semrau hat in ihr Buch über das Schicksal Ostpreußens (*Wer gibt uns die Träume zurück*) einige Briefe ihres Lesers Pedro Heller aufgenommen, alle wenige Jahre vor seinem Tod geschrieben. Er hatte ihr Buch *Drei Kastanien aus Königsberg* vom deutschen Botschafter geschenkt bekommen. In der Kastanienallee hatte er das Haus seines Großvaters Ludwig Aaron, des Besitzers eines Hofjuweliergeschäfts, wiedererkannt. Er erinnert an seinen Vater Ernst und seinen Onkel Hans Heller, beide Ärzte, und an das Hufengymnasium, das ihn von Sexta bis Prima „vorbildlich zum Humanisten vorgebildet" habe und dem er es verdanke, dass er an der Humanistischen Fakultät der Universität Montevideo 35 Jahre lang als Ordentlicher Professor der Altgriechischen Sprache und Literatur sein „Leben wieder aufbauen durfte".

In den großen Konzertsälen der Musikstadt Königsberg hat er unter Hugo Hartung im Chor gesungen, und er hat als Pianist mit seinem Vater als Geiger und seinem Bruder Ulrich als Organist musiziert. Da Pitt den Namen des Musikpädagogen und berühmten Chorleiters gegen alle Plausibilität mit Piroschka assoziierte, machte er sich auf Wikipedia kundig. Zu seiner Überraschung fand er – aus einer nicht identifizierbaren Quelle – einen „Nachruf" von Peter Ludwig Heller, der den Organisten, der am Gymnasium sein Lehrer war (auch er wegen „nichtarischer Versippung" diskriminiert und schließlich aus dem Schuldienst entlassen), in seiner „überwältigenden, bis in zarteste Empfindungen verästelten Genialität" in seinem Gedächtnis trug. Auch Ernst Wiechert hat die Aufführungen der Oratorien und Passionen mit 500 Schülern gerühmt.

Als der Verlag Kurt Desch seinen Autor nach seinem Tod in der Schweiz, im Alter von 67 Jahren im Jahr 1950, mit der Anthologie *Ernst*

*Wiechert – Der Mensch und sein Werk* ehrt, ist sein Schüler Prof. Pedro L. Heller dabei: in der Nachbarschaft vieler (auch nach Meinung Thomas Manns „unbelasteter") Autoren, die in der Nachkriegszeit noch eine große Leserschaft hatten, wie Hans Carossa, über den Hans Blumenberg in seiner Rede als bester Abiturient des Jahrgangs 1938 an Thomas Manns Lübecker Gymnasium sprechen wollte – und seine Rede von einem Mitschüler vortragen lassen musste, der „deutsch" im Komparativ war. Er schreibt über den „Lehrer und Dichter", aber Tenor des feiernd erinnernden Aufsatzes ist „der Dichter als Lehrer". Er hatte, sehr fern von seinem Autor, *Die Geschichte eines Knaben* und *Atli der Bestman* (dessen Spuren sich am Amazonas verlieren) gelesen, und er sieht seinen Erdkundelehrer vor sich. Französisch lernt er bei ihm, und der Humanist schaut mit einem kleinen Neid auf die Neusprachler, die bei ihm lernen können, wie man den Seemannsvers „Our Home is the Ocean" sprechen muss. Dem Deutschlehrer hat der Sekundaner „zu Füßen gesessen", was schon sehr akademisch klingt. Welch Curriculum wird beschrieben! Der Schüler „verlor kein Wort seiner meisterhaften Deutung Schillerscher, Kleistscher und Ibsenscher Dramen, seiner prägnanten Einführung in die Werke Tolstois, Georges oder Rilkes und seiner stets einleuchtenden Behandlung literarischer, philologischer und allgemein menschlicher Themen".

Wiecherts Rede an die Abiturienten von 1929, die zu seiner „bürgerlichen Verfemung" und seiner Vertreibung aus dem Königsberger Schuldienst führte, konnte der Primaner seinen Eltern wörtlich wiedergeben, ehe sie gedruckt war. Er, der aus dem „Land, wo die Kanonen blühten", fliehen musste, sah in seinem Rücken den Namen des verehrten Lehrers, der inzwischen in Berlin lebte, „in die Sterne" steigen. Der Schüler besuchte den „Magier des deutschen Wortes", einen „der wenigen Menschen, die mit der Ewigkeit im Bunde stehen", in seiner Wohnung und spielte ihm im „Dämmerlicht der Dachkammer" am Ibach-Flügel Schumann, Brahms, Bach oder Mozart. Aber was deutet er an, wenn er über seinen Gesprächen mit dem Lehrer einen „Schatten der Fremdheit" spürt, „aus Blut oder Geist geboren"?

Einen „Drang", dem Dichter aus seinem Exil einen Brief zu schreiben, hatte Peter Heller, der doch alles von ihm las, was ihm „in die Hände fiel", nicht. Doch dann las er das Gedicht „Am Abend zu beten". Er hatte gemeint, der Dichter habe die Schrecken seiner Zeit nicht überlebt. Wiechert hatte das Gedicht im letzten Kriegssommer – „in den großen Wäldern" auf einem Baumstumpf sitzend – geschrieben, und sie seiner Rede an die deutsche Jugend, 1945 in München gehalten, hinzugefügt. Jetzt schreibt ihm der ewige Leser, und der Dichter antwortet. „Wie durfte ich annehmen, dass er sich eines verdienstlosen Zöglings aus versunkener Zeit und verschollener Provinz mit mehr als flüchtiger Herzlichkeit erinnern würde." Der „Verzauberte" (Wiechert über sich) hat als Verzauberer wieder zugeschlagen.

Apropos: die Zauberer. Der schöne Titel des Buches, in dem Wolfram Eilenberger den philosophischen Lesern unserer Zeit vom großen Jahrzehnt der Philosophie in der Weimarer Republik erzählt, ist von Ernst Wiechert: Er spricht in seiner Jugendrede von 1945 über die „Zeit der Zauberer", die einen „Schleier über das Seiende warfen", über die große Zeit auch für die „Prediger der Liebe wie für die des Hasses".

Gewaltig wird ein Leser heimgesucht, zurück in eine Heimat gerufen, die nur im Anspruch einer Zeitlosigkeit bewahrt werden kann. Das Gedicht, das diesen Schreibbefehl gab, ist in alttestamentarische Stimmung getaucht („Es geht ein Pflüger übers Land") und verknüpft sich mit dem 90. Psalm, der in seinem 9. Vers mahnt, unsere Jahre „nicht wie ein Geschwätz" zuzubringen. Die Korrespondenz zwischen einem Leser und einem Autor ist nie ein Geschwätz.

In der Todesanzeige des Professors aus dem Jahr 1996 liest Pitt: „Iovem sic, aiunt philosophi, si Graece loquatur, loqui". Sein Freund, der Magister Helmut Schütze, kennt Ciceros Satz aus seinem *Brutus*, in dem es um die Sprache und die große Rede geht. Auf Plato und seine zauberische Sprache bezieht sich die von Cicero zitierte Behauptung der Philosophen, selbst Jupiter würde, spräche er Griechisch, in Platos bestrickender Sprache reden. Hat der Deutsche Peter Ludwig Heller, der griechisch sprach und lehrte, vielleicht gesagt: wenn ihr deutsch redetet, würdet ihr wie mein Deutschlehrer sprechen, der wie Plato ein Magier des Wortes ist?

Peter Heller hat nach dem ersten Brief mit Ernst Wiechert korrespondiert. Er spricht von sieben Briefen aus Wiecherts Hand, die im Marbacher Literaturarchiv schlummern. Recht bescheiden klingt es nicht, wenn der kundige Leser meint, sein Autor habe „einige seiner wichtigsten Nachkriegsbriefe an mich gerichtet." Aber wer sagt denn, Leser müssten bescheiden sein?

Pitts Neugierde galt den sieben Briefen. Peter Heller deutet an, es habe Anfang der 90er Jahre Pläne gegeben, die Briefe aus dem Marbacher Gefängnis zu befreien. Das ist nicht geschehen. Warum meinte er, die an ihn gerichteten Briefe seines Autors gehörten zu seinen wichtigsten? Da für einen alten Mann die Reise nach Marbach am Neckar en los tiempos del Corona nicht ratsam war, schickte die fürsorgliche Hüterin des Lesesaals, Heidrun Fink, die Kopien aller Briefe nach Wandsbek[4]. Auch eine Kopie ist nicht frei vom Zauber des Autographs, und Stefan Zweig hätte seine helle Freude an dem handschriftlichen Brief gehabt, dem einzigen; denn der Autor will aus persönlichem Anlass, der Geburt der Tochter im Jahr 1948, nur handschriftlich gratulieren. Pitt vermutet, dass es um die Geburt seiner klugen Dolmetscherin ging. Er kann den Brief nur bruchstückhaft lesen, denn winzig ist die Schrift – worauf der Schreiber fast entschuldigend (auch dem Zensor sei sie nicht „zuzumuten") hinweist –, wenn auch nicht so winzig wie die Mikrogramme des Robert Walser, und als er das Dokument unter der Lupe zu lesen versuchte, kapitulierte er immer noch. Peter Heller wird die Schrift seines Lehrers gekannt haben.

---

4  Trotz aller Bemühungen waren die Rechte an den Briefen Ernst Wiecherts an Prof. Heller nicht zu klären; Ansprüche der Rechteinhaber mögen der Agentur am Aspersort mitgeteilt werden.

Dass Peter Heller die Briefe für „wichtig" hält, hat zunächst einen persönlichen Grund. Ernst Wiechert nennt in seinem ersten Brief, 1946, etliche Namen der „verloren Geglaubten" und in der Welt Verstreuten, von deren Schicksal er Kunde bekommen hat, doch der Peter Heller ist ihm „am tiefsten im Gedächtnis geblieben".

Hat der Emigrant, der in seinem ersten Brief an den Dichter über die Vernichtung seiner Familie gesprochen hatte und nur „ein hartes Urteil über Deutschland" formulieren konnte, versöhnlicher auf die Worte seines hasserfahrenen Deutschlehrers gehört, der ihn bittet, den Hass zu überwinden, wie es schon viele Juden getan hätten? Hat er verstanden, dass der Dichter seine deutschen Zeitgenossen nicht damit entschuldigen wollte, die 12 Jahre des Grauens seien „nur der Abschluss einer jahrhundertealten Entwicklung" gewesen?

Peter Heller muss 1947 erfahren, dass Hass immer virulent sei, der Dichter sich auf seine Übersiedlung in die Schweiz vorbereite, weil das „Böse der Gesichter und Herzen" ihm den Atem nehme. Und dass die Zeitschrift der jungen Generation, *Der Ruf*, herausgegeben von ehrgeizigen „sozialistischen Humanisten", die eine Keimzelle der Gruppe 47 bildeten, ein „Pamphlet allergemeinster Sorte" gegen Ernst Wiechert abgedruckt und eine andere Zeitung das Gedenkbuch zum 60. Geburtstag *(Bekenntnis zu Ernst Wiechert)* ein „widerliches Machwerk" genannt habe. In seiner Wahl- und Zwangsheimat wird Peter Heller auch empört darauf reagiert haben, dass Johannes R. Becher, der „Diktator des deutschen PEN-Clubs", der mit ihm und Erich Kästner doch den Schweizer Kongress des Internationalen PEN besucht hatte, sein Veto gegen die Mitgliedschaft Wiecherts eingelegt habe, obwohl er ihn „tausendmal seiner Liebe versichert" habe (und ihm im *Bekenntnis*-Buch ein Langgedicht unter Beschwörung des Totenwaldes gewidmet hatte). Was hatte denn der naive Dichter erwartet, nachdem die kommunistischen Emissäre Becher und Gysi ergebnislos zu ihm auf den Gagerthof gereist waren, um ihn für ihr Kulturbund-Regime zu gewinnen, wie sie es ja auch mit dem Gerhart Hauptmann in seinem schlesischen Märchenschloss Wiesenstein getan hatten. Wie soll ein Humanist wie Heller, der die Literatur liebt, das politische Treiben der Literaten nach einer Menschheitskatastrophe verstehen?

Der Lehrer hatte seinen Schüler, ja, seinen Lieblingsschüler, eingeladen, an dem Geburtstagsbuch mitzuwirken. „AMOR DEI" sind die drei Buchseiten des Briefes überschrieben, die der junge Professor zum 18. Mai 1947 aus Montevideo schickt. Und da ist er wieder, der Zauber der platonischen Sprache. Er zitiert sich selbst aus einer Schrift, die er zehn Jahre früher im Gedenken an seinen Lehrer verfasst hatte. „… ich kann mein Ohr vom sakralen Nachklang seiner Worte nicht lösen, die jedes wie zum ersten Male gesprochen wurden, wenn sie über seine Lippen oder aus seiner Feder kamen. Das ist wohl das Abzeichen jedes geborenen Dichters, doch nur er hatte die weiche Farbenpracht, die träumende Sinnlichkeit, die musikalische Einsamkeit, die der Natur unseres Landes entsprechen. Es gehörte ein unerschütterlicher Glaube dazu, ein Leben lang so zu sprechen und solchen Stil von Buch zu Buch zu vervollkommnen." Amor dei, das sei die Liebe zum Geist und der Geist der Liebe, welche alles „Durchlittene einebnen in die tönende Einheit des Seins." Die Jahrzehnte des Schaffens, die der ferne Schüler dem Meister wünscht, sind dem nicht beschieden gewesen.

Die Bilder von der Befreiung der deutschen Konzentrationslager waren um die Welt gegangen, und auch an sie wird Peter Heller bei den Worten seines Deutschlehrers in seinem ersten Brief an ihn gedacht haben, in dem dieser die einzig denkbare Reaktion der Welt und Deutschlands auf diese Nachrichten mit ihren schier unglaublichen Tatsachen und unüberbietbar teuflischen Bildern beschrieben hatte: „Selbst auf den Unschuldigsten wird dies als eine nie zu tilgende Schuld liegen bleiben, für Geschlechter und Geschlechter". So dachte auch der General Patton, der tausend Weimarer Bürger, Männer, Frauen, Jugend, durch das befreite Elendslager trieb, um sie nicht nur ihrer nachbarschaftlichen Schuld zu konfrontieren, sondern ihnen, Stellvertreter für alle, ihre für alle Zeit unleugbare Faktizität vor die Augen zu führen. Diese Wahrheit muss die Menschen verändern.

„Alles ist möglich", sagt die Amerikanerin Elizabeth Strout im Titel eines Romans, in dem sie sich doch mit „ganz normalen Dingen" beschäftigt. Auch der von ihr beschriebene Soldat, der die Befreiung Buchenwalds in Pattons Panzerdivision miterlebt hat, war als „ein anderer Mensch aus dem Krieg heimgekehrt". Bei ihr, der Spezialistin für die alten Leute, ist es ein alter Mann, der erschrocken darüber ist, „wie wenig er diesen verwirrenden Widerstreit zwischen Gut und Böse begriff, und vielleicht waren die Menschen ja schlicht nicht dafür gemacht, dass sie die Dinge hier auf Erden begriffen".

# Die Zauberlaterne

Eine kleine wohlgeordnete Bibliothek sei nützlicher als eine große unordentliche, sagt Arthur Schopenhauer. Sogar die „Frau, die gegen Türen rannte", wird von ihrem Schöpfer Roddy Doyle angehalten, die sieben Bücher, die sie als Putzfrau in Papierkörben gefunden hat, auf dem Bord im Schlafzimmer alphabetisch zu ordnen. Pitt stand – er war gerade umgezogen, zurück in die Stadt, in der er vor bald vierzig Jahren seinen Leserhimmel fand – zwischen Bücherkisten und Regalskeletten und überlegte, wie er seine durchaus überschaubare Bibliothek ordnen könnte. Ein Umzug ist eine existentielle Ordnungschance.

Schopenhauer, ein kluger Existenzökonom, hatte vor seiner Übersiedlung nach Frankfurt am Main eine Standortanalyse gemacht, mit allen Vor- und Nachteilen: eines der wichtigen Wahlkriterien war die Nähe einer leistungsfähigen Bibliothek. Die Stadtbibliothek, in deren Nachbarschaft an der Schönen Aussicht er schließlich sein Leben verbrachte, ist im Krieg zerstört worden (und nach dem Wiederaufbau ein schönes Literaturhaus geworden). Mächtige Geister schaffen es jedoch, dass der Standort sich ihren Vorstellungen fügt. Die Deutsche Nationalbibliothek, deren Bunkerfläche bis zum Jahre 2040 Platz bietet auch für die Fülle des Ungeschriebenen, hat sich um die Jahrtausendwende in Schopenhauers Nähe nur wenige hundert Meter von seiner ewigen Wohnung auf dem Hauptfriedhof entfernt angesiedelt. Natürlich hat dieser gigantische Gedächtnisraum wenig zu tun mit den Bücherwänden, aus denen der Leser sein ideelles Haus baut.

Bücherwelten: Gottfried Benns Bibliothek im Wartezimmer, Ernst Jüngers Bibliothek in den barocken Räumen der Oberförsterei, 20.000 Bücher aufgeteilt in „Sammlungen", von denen einige ins Dorf ausgelagert werden müssen. Weil viele schreibende Zeitgenossen Thomas Mann zum Leser wünschen, überwuchern die aktuellen Publikationen die Villa – „die Produktion meiner lieben Kollegen nimmt den Charakter einer Kalamität an", hört Klaus Mann ihn seufzen. Auch Elias Canetti schickte ihm seine dreibändige *Blendung*, dessen Held seine Bibliothek in Flammen aufgehen lässt. Den Vielschreiber Balzac plagte die Sorge, wie die Menschen in Zukunft ihre Bücher unterbringen könnten.

Bibliotheken? Wir Normalverbraucher haben unsere Bücherwände, und die wachsen oft parasitär in Haus und Wohnung und ziehen manchmal auch im Verdrängungswettbewerb mit anderen Wohnfunktionen den Kürzeren; so erlebte die Erzählerin im schönsten Roman Brigitte Schwaigers, die ja ihre Probleme mit dem bürgerlichen Patriarchat hatte, wie sich das väterliche Herrenzimmer zunächst in eine Bibliothek und dann in einen Fernsehwohnraum verwandelte. Der Verleger Siegfried Unseld, der in seinem Frankfurter Haus aus den selbstgeschaffenen Büchern eine perfekt geschlossene Ordnung herstellen konnte, beobachtete im Studienraum eines betagten japanischen Gelehrten, wie die Bücherstapel in der ursprünglich genau geordneten Bibliothek über die Regale hinweg „wucherten". Für Bücher aktuellen, doch sekundären Reizes gibt es im E-Book einen fabelhaften Entlastungsraum.

Im Prag der Vorwendezeit sah Pitt einen verschachtelten Lese-, Lebens- und Arbeitsraum von höchster Chaoshaftigkeit und funktionaler Konfusion. Das Pittpaar hatte einen ihm unbekannten Lehrer in das Hotel am Wenzelsplatz gebeten, um ihm im Auftrag seiner deutschen Kollegin ein paar Valuta-Köstlichkeiten zu übergeben. Nachdem er die Gaben sorgfältig in Aktentasche und Mantel geborgen hatte, lud er es zum Abendessen ein. Das angestrebte Restaurant war geschlossen, und mit der Tram ging's zur nächsten lobenswerten Adresse: geschlossen auch die – und der Abend schritt voran. Eine endlose Tramfahrt zwischen Stationen der Vergeblichkeit; der Planstaat erwies sich als unwirtlich und nicht die Spur dienstbereit, wie überall, wo das Dienen über das Verdienen gestellt wird. Pitt glaubte, den K. vorn an der Kurbel der rumpelnden, quietschenden Straßenbahn auf ihrer ungelenken Fahrt auf hochkantigen Gleisen stehen zu sehen. Am Ende der Pein und Peinlichkeit stand die verzweifelte Einladung ins private Heim, in das „Studio", das auch das einzige Zimmer der Wohnung zu sein schien.

Noch nie hatte Pitt ein Fahrrad an einem Bücherregal hängen gesehen. Der Raum war an allen Wänden durch Büchermauern verkleinert worden; hinter einem beidseitig mit Büchern beladenen Raumteiler vermutete Pitt einen Herd. Als der Studienrat den Kühlschrank öffnete, stützte er mit der Linken die bis zur Decke reichenden Bücherstapel, die bedenklich ins Wackeln geraten waren. Die Schranktür ließ sich erst öffnen, nachdem Stöße von Zeitschriften zur Seite gewuchtet waren. Das Bett – das die Lebensgefährtin verschreckt verlassen hatte – stand unter einem niedrigen Baldachin, dessen Dach sich Bücher, Konserven, Flaschen und Kartons teilten. Pitt hätte sich nicht gewundert, wenn ihm ein Bücherstapel als Sitzgelegenheit angeboten worden wäre. Aus dem Chaos zauberte der Gastgeber mit der Jüngerschen „Sicherheit des Zugriffs" alle Bücher hervor, über die in dieser vergnüglichen Nacht gesprochen wurde.

Einen Tipp nahm das Pittpaar aus dieser Bücherhöhle mit hinaus in die Morgenröte: die Laterna Magica (der Erwerb der Billets auf dem Schwarzmarkt wurde empfohlen). Eine Bühne vor einer breiten gekrümmten Leinwand, frühe Cinemascope-Erinnerungen aus dem Kinopalast. Die Frühlingslandschaft auf der Leinwand ist plötzlich von Tänzerinnen und Tänzern belebt, einige springen ins Bild, einige trippeln hinein, einige tasten sich, pantomimisch expressiv, an die Rampe, Dialog und Handlung entwickeln sich, ein Jagen und ein Fliehen. Ein Pierrot läuft, die Arme in verzückter Werbung weit geöffnet, der Ballerina nach, die aus dem Bild entschwindet, und steht, der Bildfläche entsprungen, auf der Bühne, eine Jammergestalt, die Arme hängen, der enttäuschte ratlose Blick geht suchend in die Runde über die Köpfe des Publikums hinweg. Links auf der Leinwand tanzt die Fee in hohen Sprüngen zwischen Blütenstämmen. Pierrot folgt den Blicken des Publikums, sieht die

Umschwärmte, stürzt in die Leinwand hinein, kopfüber, und während im Film der spitze Hut schon in die Blumen fällt, zappeln die Beine in ihrer bunten Plastizität noch auf den Bühnenbrettern.

Immer wieder verwandeln sich die Figuren aus der blässlichen Flächigkeit des Films in die greifbare Körperlichkeit der Bühne, bruch- und nahtlos löst sich die leibliche Realität aus dem schwebend Imaginären, setzt sich die Bewegung des Filmbildes im Raum der Bühne sinnlich präsent fort. Die Figuren sind identisch: in nichts unterscheiden sich unkörperliche Imago und Skulptur aus Fleisch, Haut und Haar, nur die Farben changieren leicht im spezifischen Licht von Leinwand und Bühne. Wenn die Körper in ihrem Lauf eintauchen in die Sequenz der Bilder, scheinen sie weniger gebrochen zu sein als der Stab, den man in das Wasser stellt.

Zauberlaterne: sie steht vor jeder Bücherwand, vor dem buntesten Bild der Welt, dem Klangteppich, dem patchwork des Geistes. Der Blick wandert im Schein der Laterne über die Rücken der Bücher. Jäh springen die Bücher aus der Wand, mitten in unser Leben hinein, die Autoren und ihre Geschöpfe, jeder und jedes nach der Melodie seiner Einzigartigkeit, Tänzer und geharnischte Ritter, Kobolde und Giganten, Helden und Harlekine. Sie springen und stolzieren in unserer Stube herum, sie setzen sich an unsere Tische, schleichen um unsere Betten, mischen sich in unsere Gespräche ein, sitzen auf der Lehne des Sessels, in dem wir lesend hocken, und ziehen ihre Grimassen, wenn ihnen das Buch, das wir lesen, nicht gefällt. Sie heften sich an unsere Fersen, wo wir gehen und stehen, stoßen uns in die Rippen, lenken uns ab von unserer Arbeit und unserem Vergnügen. Überall suchen sie uns heim. Zwar haben wir sie eingeladen in unser Heim, damit sie uns für eine Weile anregende, aufregende Gesellschaft leisten, aber dann entpuppen sie sich als aufdringliche Dauergäste wie die Brandstifter auf dem Dachboden des Biedermann. Wenn sie zurückgesprungen sind in die Bücherwand, in ihre Leinwandkammern, stehen sie auf dem Sprunge, willens, uns zu jeder Zeit heimzusuchen.

Die starre Phalanx der von unserer Willkür in Reih und Glied gedrängten Geisteskrieger vibriert in ihrer gemeinsamen Bereitschaft, in unser Leben einzufallen. Zwischen der Bücherwand und dem Lesesessel im Schein der Zauberlaterne liegt die Bühne, auf der für die Augenblicke der Erwartung und der Überraschung sich Literatur und Leben mischen, sich ihre Sphären durchdringen.

Umberto Eco, der auf den „Schultern von Riesen" auf die Literatur schaut, hat uns die aufdringliche „fluktuierende Kreatur" vorgestellt, „deren ontologischer Status ziemlich bizarr erscheint, da sie nicht existieren dürfte und doch irgendwie unter uns umgeht und unsere Gedanken besetzen kann". Es ist nicht nur an Ödipus, Gargantua, Othello oder Hamlet zu denken, an Don Quijote oder den Großen Gatsby, sondern jeder sieht seine eigenen fiktiven Favoriten aus den Büchern springen und ihr dialogisches Eigenleben gewinnen, in dem sie sogar, wie Eco meint, unser Verhalten beeinflussen können. Wir teilen die Bekanntschaft mit den fiktiven Figuren mit vielen, die nie eines der Bücher gelesen haben, in denen sie ihr Unwesen treiben.

Pitt hat versucht, die wilden Geister in ihrer heimsuchenden Impulsivität und ihrer aufdringlichen Wirkungskraft zu zügeln. Das Maß des Raumes und des Tischlers hat es gewollt, dass seine Bücherwand in der Höhe aus neun Borden und in der Breite aus fünf Fächern besteht, das heißt: sie hat einen Mittelpunkt. In ihm steht das Goethe-Werk, gestützt von den Steinen aus der Ruine des Frankfurter Goethehauses. Unsichtbare Fäden, wie von einer irren Spinne aus dem Leib gepresst, gehen von ihm aus und verbinden die Bücher in einem nicht zu beschreibenden Muster.

Jedes neue Buch verlangt von einem Leser, der nicht sammelt, eine Entscheidung: welches Buch muss aus der Bücherwand, der Wand der Hauptbücher, deren Fläche limitiert ist, weichen in Nebenregale in anderen Räumen, auf die Stapel des Abgelegten in den Verliesen von Kellern und Dachböden oder ins antiquarische oder stoffliche Recycling. Irgendwo auf der Strecke zwischen den 50 Büchern Georges und den

20.000 Büchern Jüngers (von den 200.000 des Modezars Karl Lagerfeld zu schweigen) wird der Selektionsdruck vehement, will man den Lebensraum nicht zumauern. Und betrachtet man gar den Büchermarkt! – fast 80.000 Titel drängen jedes Jahr in die Regale. Sieht man von den Eintagsflops und nutzlosen me-too's ab, die auch die Regale jedes Supermarkts verstopfen, bleibt immer noch ein gewaltiger Substitutionsdruck. Unter ihm leidet nicht nur der Leser, sondern auch der Autor. „Und dann kommt ja auch bald der Moment, / dass du selbst die Regale räumen musst, / nur weil von hinten unentwegt die neue Ware nachrückt", seufzt Peter Rühmkorf.

Nebenbei: Verdrängung. Da die Lesezeit und das Budget jedes Lesers beschränkt sind, verdrängt auch jede preisende Kritik ein Buch, das nicht gepriesen wird. Wenn – wie in manchen literarischen Runden und Blättern – der Kritiker, der ein Buch öffentlich für misslungen hält, selber Bücher auf dem Markt hat, tut er das, was einem redlichen Kaufmann nach dem Gesetz gegen den unlauteren Wettbewerb verboten ist: seinen eigenen Umsatz durch Schmähkritik an den Produkten der Wettbewerber zu steigern. Das Verbot der vergleichenden Werbung müsste auch für ihn gelten. Aber bei Büchern ist man ja geneigt, sie nicht für Produkte zu halten.

Die Bibliothek des Lesers ist nicht das Abbild einer „Biografie des Lesers" (Martin Walser). Es ist auch nicht richtig, wenn Golo Mann meinte: jemand ist, was er liest. Sein Bruder Klaus – als Leser „gierig, enthusiastisch, unersättlich" – zitiert in seinem *Wendepunkt* mit dem Blick auf ein unwandelbar strahlendes „Vierergestirn" – Sokrates, Nietzsche, Novalis, Walt Whitman – im Kapitel „Auf der Suche nach dem eigenen Weg" den Meister André Gide: „Es mag eine recht gewagte Behauptung sein, dass man gewisse Ideen gehabt hätte, auch ohne die Autoren zu kennen, von denen diese Ideen zu stammen schienen. Und doch bin ich geneigt zu glauben, dass mein Weltbild ungefähr das wäre, was es heute ist, wenn ich weder Dostojewski noch Freud, weder Nietzsche noch X oder Y jemals gelesen hätte." Selbst das, was seit langem einen festen Platz auf den Borden hat, ist vielleicht Relikt einer Bestsellerliste oder eines Kanons, der das Mitreden erleichtern soll, war Glanzstück ferner Moden oder gehörte zum Repertoire von Medien und Kritik, auch die manchmal verzweifelte Loyalität gegenüber dem geschenkten Buch nicht zu vergessen.

Ein Griff, vom Zufall oder von einer Stimmung gelenkt, weckt Erinnerungen an Lesestunden: doch beim Wiederlesen gibt es keine Antwort auf das „Sprich, Erinnerung, sprich!" (Nabokov). Pitt ist es passiert, dass er einen eben gelesenen Titel ins Regal einfügen wollte und sah, dass er dort, gelesen, schon stand. Als er bei seinem Umzug die Bücher des Frankfurter Kellerdepots in die Kartons verstaute, griff er in einen Lumpensack, und als er das provisorische Putztuch betrachtete, mit dem er den Staub von den Buchdeckeln gewischt hatte, erkannte er das Wolljäckchen eines Kleides, das seine Frau vor dreißig Jahren zu seinem Entzücken getragen hatte. Natürlich hat jedes Buch es verdient, mit einem solchen Tuch zärtlich vom Staub befreit zu werden.

Sind die Werke an der Wand Wegweiser für uns? Die Autoren Lehrmeister? Oder sind sie Störenfriede, die sich lustig machen über unser Tun und Lassen, die ihre inhumanen Idiosynkrasien pflegen oder gar ihrer „ästhetischen Misanthropie" (Immanuel Kant) verfallen sind und über unsere Durchschnittlichkeit spötteln, in ihrer oft so krassen Subjektivität die Folgerichtigkeit unserer Lebensschritte irritieren, uns mit ihren grandiosen Entwürfen, esoterischen Spinnereien und kleinkarierten Meinungen verwirren und ablenken. Ihre Passion, ihre Lust, ihr Schmerz, ihr Wahn – sollten wir unser Regal nicht durch einen Rollladen verschließen?

Vor den Regalen verfallen wir Leser in eine schizogene Paarung: wir sind Don Quijote und Sancho Pansa gleichzeitig. Enthusiasmus und nörglerisch-realistischer Widerstand streiten sich in uns. Ja, wir brauchen die Autoren nicht. Sie sind überflüssig. Doch nur das Überflüssige ist uns wichtig und teuer.

Nicht selten geht es uns wie dem jungen Leser Julien Green, der den *Ulysses* von James Joyce mit einer „Mischung aus Ekel, Bewunderung und Langeweile" liest, doch von dem „gewaltigen Werk" einen starken Eindruck empfängt. Wir lieben Autoren. Weiß man, warum man liebt? In dieser Liebe wächst ihnen, jedem einzelnen, der seinen Platz im Regal behauptet, Macht über uns zu. In dieser Liebe gewinnen die Seiten eines Buches, die ja Tausende lesen, die Qualität eines Briefes, den der Autor einem einzelnen Leser schreibt – so ist es Günter de Bruyn mit Heinrich Böll ergangen. Wir müssen nicht gleich die Seite küssen, auf der ein Autor sich ausdrücklich an seinen Leser wendet – wie es der von Nabokov geschilderte Tschernyschewski tat.

Aber hört ihr es nicht im Schein der Zauberlaterne zwischen Regal und Sessel? Dieses Rauschen eines Wellensalats, dieses Wispern und Pochen, diese zudringliche Mikropolyphonie. Das sind die Dichterworte, die „um des Paradieses Pforte immer leise klopfend schweben sich erbittend ew'ges Leben".

Und wen bittet der Dichter, der Mensch und Kämpfer, um Einlass ins Paradies? Den Leser. Sein Regal ist das Paradies des Autors. Der Leser mit seinen persönlichen Hoheitsbefugnissen über die schmalen Bretter, der Verwalter des knappen Raums, entscheidet – allein und im Kollektiv – über das, „was bleibet". Er ist der gatekeeper des Reichs der relativen Unsterblichkeit, einer äonenhaften, einer säkularen, einer saisonalen. Und manchmal nur einer ephemeren: „Der Bücherfreund in seiner Bibliothek gleicht einem Sultan, der seinen Harem prüft und erwägt, mit welcher Sklavin er die Nacht zu verbringen gedenkt." (Ernst Jünger)

Literaturgeschichten werden wir immer wieder im Schein der Zauberlaternen erleben, doch sie stehen nicht in dem Buch, dessen Titel „Literaturgeschichte" lautet. Der Ehrgeiz, wertende Ordnungen im Bücherreich zu etablieren, produziert immer wieder Literaturgeschichten dieser höheren Art, von denen einige auch in Pitts Regalwand stehen, aus Gründen der Pietät.

Da steht Georg Rieds *Wesen und Werden der deutschen Dichtung von den Anfängen bis zur Gegenwart* für die Oberstufe der Gymnasien aus den fünfziger Jahren; die Lehrerin benutzte aber Paul Fechters Literaturgeschichte, die Thomas Mann „bösartig" nennt (was Pitt damals leider nicht wusste). Welch ein Anspruch bei Ried! – es geht ihm um die „Vollgültigkeit des Erwähnten" aus dem „ewigen Reich der Schönheit, der Wahrheit oder auch des Leids". Walter Lindens nationalsozialistisches Richtwerk wurde nicht ausgemustert, weil es dem Vater als Schnellkursus gedient hat. Aufregend dagegen die Akquisition des Großvaters, Wilhelm Scherers *Geschichte der Deutschen Literatur*, die mit Goethes Leben und dem posthum veröffentlichten *Faust II* endet – „Wie dem auch sei, dieser Faust, der aus Helenas Armen zu gemeinnützigen Taten eilt, war Goethes Vermächtnis an sein Volk". (Das alberne Zitat ist ungerecht: Scherers Buch hatte sich einen Ehrenplatz in Georges 50-Bücher-Bibliothek verdient. Poesie oder lyrische Epik sind ihm die Königin der Literatur. Ach, wie hätte es Scherer gegruselt vor Peter Rühmkorfs Hochseil-Versen: „Ich sage: wer Lyrik schreibt, ist verrückt, / wer sie für wahr nimmt, wird es.")

Für Wilhelm Scherer ist die Zauberlaterne eine Laserkanone, von der Lichtenergien gebündelt werden. In seinem 19. Jahrhundert sei, wie im 13., auf den literarischen Glanz eine Periode der „nationalen Expansion" und des „wirtschaftlichen Aufschwungs" gefolgt – allerdings um einen hohen Preis, denn die künstlerisch induzierte Prosperität habe die Poesie zur Prosa, ja zur „fabrikmäßig" produzierenden „Romanindustrie" herabsinken lassen, und die Nation, die um 1800 übergeistig gewesen sei, sei um 1880 übermateriell gewesen. Wenn Frank Schirrmacher 1996 an das gemeinsame Todesjahr Bertolt Brechts und Gottfried Benns erinnert und sagt, sie hätten die Literatur zu einem „neuen, bislang unüberschrittenen Höhepunkt geführt" – wer weiß, vielleicht liegt hier eine der Energiequellen der Dynamik einiger Jahrzehnte. Großartig ist sie, Scherers Vision von der Poesie, die großen Taten das Wiegenlied singt.

Pitt glaubt an das geheime Energiefeld in der Bücherwand, auf deren Borden auch die Musen der Manager hocken – für das Buch *Managers Muse,* das kein Verlag, offenbar wegen einer kognitiven Dissonanz, drucken mag, beansprucht Pitt Titelschutz (der einzige logisch gerechtfertigte Stabreim!). Thomas Mann präsentiert uns schon den Schüler Adrian Leverkühn als „Manager seiner Geschlossenheit, Einheit, Organik". Er sagt: „Organisation ist alles, ohne sie gibt es überhaupt nichts, am wenigsten Kunst." Der gemeinsame Imperativ des Künstlers und des Managers lautet: „Mach was". Aufgestellt von Günter Grass im *Tagebuch einer Schnecke*: manchmal brauchen Wirkungen etwas länger.

Gäbe es die Biografie des Lesers, könnte sich als Ordnungsprinzip einer Bibliothek das Datum des Zugangs, die input-Regel, als zweckmäßig erweisen. Aber wer drückt seinen Büchern schon einen Eingangsstempel auf, oder wer führt zeitlebens ein Lesetagebuch? In einigen seiner Bücher findet Pitt noch eine in kindlicher Sorgfalt gemalte Nummer, z. B. Nr. 3 für den *Niedersächsischen Sagenborn.* Welches Datum ist entscheidend: das der ersten, der zweiten, der dritten Lektüre? Das letzte Buch könnten wir nicht in das Regal stellen. Auf Arthur Ohlsens Nachtisch im Wandsbeker Krankenhaus hatte *Einer weiß mehr* von Raymond Chandler gelegen. Thomas Mann wusste nicht, dass Alfred Einsteins Mozartbuch sein letztes sein würde. Heiner Müller hatte Gottfried Benn mit ins Krankenhaus genommen.

Nein, das Datum ist unpraktisch. Pitt hätte einen einzelnen Band aus Stifters Gesammelten Werken irgendwo hinten einreihen müssen. Er hatte ihm beim Einräumen der Bücher schwer in der Hand gelegen, und er hatte ihn aufgeschlagen. Asperhof! Und die Straße am neuen Haus mit den noch halbleeren Regalen heißt Aspersort! Der Asperhof im *Nachsommer* ist das Reich einer pedantischen Idealität, beherrscht von einem Weisen, Forscher und Sammler, der sich in Natur, Ökonomie, Kunst und Literatur gleichermaßen auskennt. Pitt blätterte, las, die Kartons vor den Regalen mussten warten.

Dieser Weise bei Adalbert Stifter hat ein Bücherzimmer und ein Lesegemach und ein Arbeitszimmer, und durch diese funktionale Trennung der Räume konnte er seinen Büchern „Wichtigkeit und Würde" verleihen – sie stehen in einem Tempel, in dem nicht gearbeitet wird. Der Vater des Erzählers, ein Kaufmann, der seinem Sohn erst spät offenbarte, dass er ein in den neuen und alten Sprachen hochbelesener Mann sei, hatte in seinem Haus breite, flache Kästen „von feinem Glanz und eingelegter Arbeit" mit Glastafeln, die mit grünem Seidenstoff bespannt waren. Er mochte es nicht, „dass die Aufschriften der Bücher, die gewöhnlich mit goldenen Buchstaben auf den Rücken derselben standen, hinter dem Glas von allen Leuten gelesen werden konnten, gleichsam als wollte er mit den Büchern prahlen, die er habe". Zum Tempel gehört das Arkanum, der Lettner, der die Bezirke der Priester und Laien trennt. Wenn Pitt die Großschriftsteller und -kritiker bei TV-Gesprächen oder auf Interviewfotos vor ihren Bücherwänden sitzen sieht, versucht er auch immer, die „Aufschriften" zu entziffern, doch die Beleuchter scheinen immer grünen Seidenstoff über die Rücken zu spannen. Dass man eine Büchersammlung im E-Book in der Jackentasche mit sich herumführen kann, macht aus jeder U-Bahn eine Stadtbibliothek.

Das Alphabet ist ein banales, doch einleuchtendes Ordnungssystem. Es entspricht der „abecedeation" unserer literarischen Initiation, dem geordneten System der Elemente, in dem Lichtenberg sein „Allbuch" oder Arno Schmidt sein „Wortall" geschaffen hat. Allerdings: welche Nachbarschaften konnte der Schematismus des ABC stiften! Leibniz, Lemberg, Lessing: die Namen mögen zusammenstehen. Lippmann, Litt, London: geht das? („Mademoiselle, Jack London, ist der gut?", fragt Albert Camus, der „erste Mensch", die Vorstadtbibliothekarin. Ja, er ist gut). Johnson, Joyce, Jünger: warum eigentlich nicht? Baudelaire, Benjamin, Benn: ein faszinierender Dreiklang in Dissonanz und Harmonie. Goethe, Grabbe, Grass: „hier stock' ich schon". Heine, Hemingway, Hesse: Gemeinsames im unvergleichlichen Sirenenklängen. Oder Pynchon, Proust, Poe (ob's passt, sagt mir der Rabe, der um Mitternacht an meine Tür pochte, „da ich trübe sann und traulich müde über manchem alten Folio lang vergess'ner Lehr'"). Wenn Albert Camus recht damit hat, dass der Zufall nicht das Schlechteste in Sachen Kultur sei, mögen alle alphabetischen Nachbarschaften ihre geheime Logik haben. Für Pitt tragen alle Bahnhofsbuchhandlungen den Zufall im Namensschild, und das hat die missglückten Dreiklänge in seinen Regalen vermehrt.

Oder ein Fächerprinzip? Die von ihm gezogenen Grenzen würden ohnehin im Licht der Zauberlaterne verschwimmen. Kennt die Literatur Fakultäten? Ist der Schopenhauer nicht ein Dichter? Wo stellt man den Herder hin – oder den Oswald Spengler mit seiner fatalen wie faszinierenden Irrlehre: Philosophie, Geschichte oder ins Fach Schwarzseherei? Karl Marx zu den Ökonomen? Den geliebten Ferdinand Tönnies zu den Soziologen, wenn doch Ralf Dahrendorf meint, dort gehöre er nicht hin?

Die Bücherwand kennt nur die prismatische Buntheit in der Vielfalt, die Freiheit schenkt. Mag die Laterna Magica immer wieder einzelne Bücher von den Borden hinabspringen lassen in unseren Lebensraum wie aufdringlich verführerische Produkte aus den Regalen der Supermärkte in unseren Einkaufswagen: es gibt keinen Lesezwang, es gilt das Prinzip der Selbstwahl, die Markentreue ist begrenzt, und keiner schaut in den Korb des anderen, er sei denn, der fahre ihm seinen Wagen auf die Hacken. Und das ist das Phantastische an jedem Büchersupermarkt: indem wir seine Produkte kaufen und verzehren, entsteht ein Produkt, das nicht käuflich ist und nur uns gehört.

# Der Zeitzeuge

Goethe, Thomas Mann und Ernst Jünger sind schuld daran, dass ein Hamburger Student an der Leipziger Trauerfeier für Wilhelm Pieck, den Präsidenten der DDR, teilnehmen musste. Zwei Kommilitonen, Jan und Heinz, Unternehmersöhne, waren vom Kulturbund des deutschen Halbstaates zu einer Studienfahrt eingeladen worden. Nach Leipzig, Weimar und Dresden sollte es gehen, und Pitt war der Selbdritt.

Rätselhaft blieb, warum sich zwei Kulturbundfunktionäre, die Herren Wagner und Blüthmann, fünf Tage lang Zeit nahmen, drei Studenten aus „Westdeutschland" in einem Mercedes des Baujahrs 1936 durch die „DDR" zu kutschieren und sie zu behandeln, als seien sie die Delegation einer gesellschaftlich relevanten Vereinigung. Pitt konnte es auch nicht den Beamten des niedersächsischen Verfassungsschutzes erklären, die ihn nach seiner Rückkehr verhörten und Konsequenzen in Aussicht stellten. Ging es um die Anwerbung von Perspektiv-IM's? – seit Öffnung des Stasi-Archivs kennt man ja die Praktiken.

Eine dubiose Einladung, doch verlockende Aussichten: Noch nie war er in diesem unheimlich fernen Land gewesen. Er konnte mit Thomas Mann nach Weimar reisen, er würde Jüngers Arbeiter, dessen „Gestalt" in der DDR zur „Herrschaft" gelangt war, begegnen, und vielleicht war ein Abstecher in die Bennsche Landschaft an der Oder möglich. Ein bisschen landesverräterisch kam ihm seine unkritische Reisebereitschaft wohl vor. Als Schüler hatte er im Hodlersaal des hannoverschen Rathauses unter dem Gemälde eines Rütli-Schwurs an einer Veranstaltung des Kuratoriums Unteilbares Deutschland unter der Leitung seines Gründers Wilhelm Heinrich Schütz teilgenommen. Er war eben erst durch Karl Schillers eloquenten Elan von Ludwig Erhards CDU auf die

Seite der Sozialdemokratie gezogen worden, und die wusste von der Ostpolitik noch nichts. Er reiste zu unbekannten Gastgebern auf feindseliges Territorium. Er reiste zu Goethe. Konnte es da Skrupel geben?

Die Mauer gab es noch nicht. Doch der leere Bahnsteig der Grenzstation, auf dem die ahnungslos-kecken Reisenden aus dem Westen, die ihn betreten wollten, von Posten barsch in die Waggons zurückgescheucht wurden, wirkte wie eine Mauer zwischen Zug und Zone. Viele Fahnen, auf Halbmast, riesige Porträtplakate am Bahnsteig mit Trauerflor: Wilhelm Pieck, der „erste Arbeiterpräsident". Pitts forschenden Blick auf das Bild des alten Mannes, der wie ein würdiger Innungsmeister dreinschaute, musste ein Grenzer als Ergriffenheit gedeutet haben, denn er sagte feierlich: „Unser geliebter Präsident".

Er hatte Ernst Jünger im Kopf, dessen *Arbeiter* er vor seiner Abreise noch einmal zu lesen versucht hatte. Wo war das Stählerne, Entschlossene, Energische im bieder-sympathischen Gesicht des alten revolutionären Sozialisten? Verrät es etwas von der Macht des Typs, der berufen ist, in der totalen Plan- und Arbeitswelt zu herrschen? Und dieser hochgestiegene Kleinbürger weckte ja noch mehr Vertrauen als der Erste Sekretär, dessen behände Pfiffigkeit schon gar nicht für „junge und rücksichtslose Führerschaft" stehen konnte. Durften die Führer eines sich in Sieben-Jahres-Plänen organisierenden Arbeiterstaates so alt wirken? – die wirkten ja älter als der alte Adenauer, der doch als Repräsentant der untergehenden kapitalistischen Welt getrost alt sein durfte. Kennedy, ja, dachte Pitt, das ist der Typ, der in die Führungsgarnitur der technischen Weltzivilisation passt, das ist der Wissensarbeiter, der zur Führung berufen sein kann, der erfahrene Weltkriegsoffizier und Bootsführer, dem die technischen Systeme an die Hand gewachsen sind wie dem Schaffner die Klingel. Der junge Mann kann die Weltbürger zusammenbinden in den stählernen Netzen (die elektronischen gab es noch nicht), die allem, Arbeit und Vergnügen, Fleiß und Phantasie, Intellekt und Temperament die kühle Glätte des weltbeherrschenden Typs gibt. (Was Pitt noch nicht wissen konnte: Ernst Jünger hatte in

Kennedy tatsächlich die Verkörperung des „Weltstils" gesehen, der sich in der globalen „Werkstättenlandschaft" ausprägt, und drei Jahre später hatte er geschrieben: „Bei Kennedys Tod war zum ersten Mal ein eruptiver Ausbruch von Weltsympathie zu beobachten".)

Über das Land, in das Pitt selbdritt reiste, hatte sich ein Firnis starrer Staatstrauer gelegt. Feierlicher Ernst lag auf den Gesichtern von Zehntausenden, die ihre Blumen niederlegten vor dem Bild am Leipziger Dimitroff-Museum, dem früheren Reichsgericht. Der unübersehbare Trauerzug, in den die drei Zaungäste aus dem Westen fest eingereiht waren, bewegte sich in pietätvoller Disziplin. Der Großvater ist gestorben. Menschen, die drei Jahre später nach der „Tagesschau", die Kennedys Tod gemeldet hatte, auf die Straßen liefen und sich tröstend umarmten, hat Pitt in Leipzig nicht gesehen.

Am nächsten Tag, einem Sonntag – als die Freunde vormittags an einer Kundgebung zum Kampf gegen Militaristen und Faschisten in „Westdeutschland" und an einer Veranstaltung des Klubs der Kulturschaffenden teilnahmen – , war der große Tote im aktionistischen Kalender schon abgehakt. Während der grotesken Statements einiger unbekannter Kulturschaffender aus der Bundesrepublik, die ihre Spesen verdienen mussten, las Pitt, unhöflich und neugierig, in der *Leipziger Volkszeitung* die „Erinnerungen bekannter Persönlichkeiten an Wilhelm Pieck". Sie standen unter dem Motto: „Als der Volkspräsident dem Volkserzähler zutrank." Hans Mayer schrieb über die Anteilnahme des Präsidenten am Theaterleben am Schiffbauerdamm. „Wer jemals Wilhelm Pieck im kleineren Kreise mit Kulturschaffenden über neue Bücher oder Fragen des klassischen Erbes, über neue kulturpolitische Aufgaben oder eine umstrittene Theateraufführung sprechen hörte, stand sogleich im Bann seiner gewaltigen Überzeugungskraft und geistigen Klarheit."

Zitate vor zeitgebundenem Hintergrund sind unfair, gewiss. Viele Jahre später hat Pitt ein Beispiel geistiger Klarheit erlebt. Der fast 90jährige Hans Mayer erzählte im Hamburger Thalia-Theater eine Stunde lang ohne Vortragsmanuskript („das lassen die alten Augen nicht zu") zauberhafte Brecht-Anekdoten. Sogar über den Doro-theenstädtischen Friedhof sprach er, auf dem er jetzt in Brechts und eines Bundespräsidenten Nachbarschaft ruht: der Dichter habe aus dem Fenster seiner Wohnung auf die Gräber in der Tiefe geschaut und gesagt, dort unten, in der Gemeinschaft starker Namen, sei ein Platz für ihn reserviert, dank des Faktors B. Wie gönnte jeder dem Redner seinen Triumph über den untergegangenen borniertden Sozialismus! Aber dennoch: musste denn in der Zeit seiner Herrschaft für einen Leipziger Professor, auch wenn der seine Pflichten im System hatte, alles gleich „gewaltig" sein? Ach, diese Kulturschaffenden. Man sollte es eben doch mit Benns „Kunstträgern" halten. Deren „klassisches Erbe", für die der tote Präsident so kompetent war, erwies sich tags darauf in Weimar, am Frauenplan, in Schillers Wohnhaus, in Fürstengruft und Gartenhaus als wahrhaft überwältigend, ja „gewaltig".

In Leipzig hatte die dreiköpfige „Jugenddelegation aus West-deutschland", wie sie bei Vorstellungen gelegentlich genannt wurde, Schlafplätze in der Bibliothek eines Lehrers. Auf der Suche nach einem zusätzlichen Kopfkissen fürs reichlich harte Notbett öffnete Pitt den Bettkasten, der sich als Büchertruhe erwies: alles Werke der staatstragen-den Solllektüre. Die Hausfrau, die das Kissen im Arm trug, ertappte den Schlafburschen, der am liebsten in den Dielenritzen versunken wäre, und rief: „Ach, meine unordentlichen Leseratten! Da gehören doch keine Bücher rein." Der Hausherr schien kein Vertrauen zu Thomas Manns Satz gehabt zu haben, das Politische und Soziale als Teil des Humanen sehen zu sollen. In den weitläufigen Regalen stand nichts Sozialistisches – mit Ausnahme der wunderschönen dreibändigen Autobiografie August Bebels (die Pitt jetzt auch besitzt und – wirklich nur aus Gründen der alphabetischen Ordnung! – zwischen Ingeborg Bachmann und Johannes R. Becher eingereiht hat). Ernst Jünger hatte in seinem französischen Okkupationsquartier zwischen dem Foto des „entflohenen" (nicht doch vertriebenen?) Hausherrn und der Zusammensetzung seiner Bibliothek eine physiognomische Übereinstimmung entdeckt: beide trügen das

Zeichen eines zerrissenen, unzufriedenen Geistes. Das Foto des sächsischen Hausherrn, den die einquartierten Freunde leider nicht kennenlernten, zeigte einen verschmitzt lächelnden Poeten: der war mit sich und seiner Bibliothek im Reinen.

In Weimar Übernachtung im „Elephanten"– ein „buchenswertes" Ereignis! Pitt hatte sich nicht getraut, den *Arbeiter* ins Gepäck zu legen (hätten die Grenzer sich vom Titel täuschen lassen?), aber *Lotte in Weimar* lag obenauf. Zwar wusste er, dass Charlotte Kestner, geb. Buff, auf ihrer späten Reise von Hannover ins Goetheweimar nicht in diesem Hotel gewohnt hatte und dass nationalsozialistische und sozialistische Repräsentationswut die historische Identität des Hotels gründlich zerstört hatten: doch in einem Bett des „Elephanten" über die Empfangsszene zu lesen, in der der Kellner Mager –„eine fühlende, von jung auf literärische Seele" – in fassungslosem Enthusiasmus das „Urbild" begrüßt und indiskret umlauert – welch ein elefantöses Vergnügen: „es übernimmt einen". Der Kellner schaut Werthers Lotte bei der Eintragung ins Gästebuch über die Schulter und spricht – „wohlbelesen und zitatenfest" – Goethes Verse von der ewigen Krankheit der Formalitäten. Im vorigen Jahrhundert konnte man das wohl nur in Frankreich erleben, wie Ernst Jünger es erfuhr, der vom Taxichauffeur nach dem Wohlergehen seines „taurillon" gefragt wurde, des Stierlein, wie er im Tagebuch seine Frau nennt. Pitt stellte sich vor, er schliefe in dem Zimmer, in dem die Hofrätin die Entourage Goethes empfangen hat, um sich über die fremd-vertraute Existenz des Jugendfreundes ins Bild setzen zu lassen. Schlaflosigkeit war der Preis.

Die Begleiter des Reisetrios, die Herren Wagner und Blüthmann, waren liebenswürdige Vertreter eines überaus großzügigen und bemühten Gastgebers, des Kulturbundes zur (volks-)demokratischen Erneuerung. Oder stand noch eine andere Organisation hinter ihnen? Sie legten sich ins Zeug, den „jungen westdeutschen Freunden" ein lebendiges Bild der Kultur „unserer Nation" zu zeigen. Zwar gab es ein Programmraster, aber persönliche Wünsche der Gäste hatten in ihm Platz, und nur wenn sie mit Pflichtterminen kollidierten, bedauerten die Ciceroni: Die Neugier auf Meißen wurde übergangen und auch Jans Frage nach Karl Mays Radebeul. Der Herr Blüthmann kannte den Fachbegriff „Fallschwertmaschine": durch sie waren über tausend Menschen gestorben im Hinrichtungshof der gerade geschaffenen Antifaschistischen Mahn- und Gedenkstätte an Dresdens Münchner Platz im früheren Gerichtsgebäude, das – zu Blüthmanns Kummer – seit kurzem auch Teile der TH Dresden beherbergte. Unwirsch reagierte der Herr Wagner auf Heinz' Frage, ob auch DDR-Bürger dort hingerichtet worden seien, „nach dem 17. Juni, hab' ich gelesen". Durch die Gemäldegalerie und das Grüne Gewölbe ging's hopphopp gegen Blüthmanns Protest, weil Wagner auf einem Besuch von Karl-Marx-Stadt bestand.

(Den berühmten „Nischel" des Namensgebers, die zweitgrößte Porträtbüste der Welt, konnte Pitt erst zehn Jahre später besichtigen, als er in der Kauffahrtei, dem großen Industrie- und Handelskomplex der früheren gesamtdeutschen Konsumgenossenschaften, jetzt des DDR-KONSUM, ein sehr neugieriger Gast war (dort hatte sein Freund Peter Lesser Jahre seiner Kindheit als Sohn eines Genossenschaftsleiters verbracht). Und fünfzig Jahre später wurde er noch einmal an den Münchner Platz erinnert. Ein Ehrendoktor der TU Dresden, der Schöpfer eines der größten Handelsunternehmen der Welt, zu dessen Mitarbeitern auch Pitt gehörte, sollte geehrt werden, indem ein Hörsaal der Wirtschaftswissenschaftler im Gebäude der früheren Haft- und Hinrichtungsstätte der Nazis nach ihm benannt wurde. Eine antifaschistische Gruppe an der Hochschule hatte erfolgreich gegen diese Ehrung protestiert, denn sie musste einen krassen Widerspruch in der seit langem bekannten Zugehörigkeit des Namengebers zur Panzergrenadier-Division Leibstandarte Adolf Hitler und der Tatsache erkennen, dass der Saal, um den es ging, früher die Kapelle des Schreckensortes gewesen war. Pitt war zerrissen: er war geneigt, die Leistung eines Unternehmers höher zu bewerten als die Entscheidung eines von der Hitlerjugend und einer unbarmherzigen Propaganda erzogenen 18jährigen, 1942 ohne Karriereehrgeiz ein patriotischer Elitesoldat werden zu wollen. Günter Grass, wie einige andere herausragende schreibende Hitlerjungen, hatte Glück gehabt: Er ist hundertfach und weltweit geehrt worden von Lesern, die er durch seine lebenslang verschwiegene, erst beim „Häuten der Zwiebel" als tiefliegende Hautschicht offenbarte Zugehörigkeit zur Waffen-SS gefoppt hat.)

Wagner, ein Mittfünfziger, erwies sich als Goethe-Kenner und Mann-Fan. Er hatte Thomas Manns Weimarer Vortrag im Goethejahr vor elf Jahren erlebt, hatte im Gefolge Johannes R. Bechers dem Dichter die Hand schütteln dürfen, „zum Abschied", und Pitt kannte Bechers Roman *Abschied*, was ihn entzückte. Es störte ihn überhaupt nicht, dass das Wort „Humanismus" girlandenhaft seine präzisen Vorträge durchwand. Wenn es um Antifaschistisches ging, schlug er gelegentlich mit der Rechten auf seinen linken schwarz-kunstledernen Unterarm und rief: „Nie wieder!"

Im Konzentrationslager Buchenwald verweilte Wagner lange – den ermordeten Ernst Thälmann hatte er Blüthmann überlassen – bei Goethes Gespräch mit Eckermann auf dem Ettersberg. Pitt hatte sein ernstes gequältes Gesicht wieder vor Augen, als er viele, viele Jahre später Jorge Sempruns *Was für ein schöner Sonntag* las, in dem der Häftling den Schöpfer des „klassischen Erbes" und seinen genialen Adlatus Eckermann durch das KZ-Gelände geistern lässt. Auch als er, mittlerweile ein alter Mann, Ernst Wiecherts *Totenwald* las, grauste ihm vor dem Gedanken, bei seinem Rundgang auf dem schauerlichen Totenwaldboden den deutschen Dichter als Steinträger in der Tiefe des Steinbruchs schuften sehen oder beim Strümpfestopfen – das galt als Hafterleichterung – beobachten zu müssen.

Blüthmann, früher Ingenieur, hatte ein paar Jahre in der Planbürokratie des Hauses der Ministerien in Berlin gearbeitet, was die Studenten und jüngsten Schüler Karl Schillers faszinierte. Das Körnersche Gartenhaus des „anderen, des Friedrich", wie der Karl immer sagte, hatten sie auch gesehen. Sie hatten sich eben mit der Godesberger Formel

„Soviel Planung wie nötig, soviel Wettbewerb wie möglich" vertraut gemacht, und so traktierten sie den Planfetischisten mit tausend Fragen nach dem praktischen Procedere, dessen rationale Perfektion und Superiorität er mit mild-spöttischen Apropos zur steinzeitlichen bürgerlichen Ökonomie der Eucken und Keynes brillant darlegte. Ja, da stand – jung, dynamisch, in federnder Energie, Siegesgewissheit im scharfgeschnittenen konzentrierten Gesicht – der Herold eines neuen technischen Zeitalters inmitten der Plan- und Werkstättenlandschaft, und der alte Stoßtruppführer hätte seine Freude an ihm gehabt. Seine Begrifflichkeit hätte geschmeidig wirken können, wäre sie nicht durch den sächsischen Tonfall so gemütlich breitgedrückt worden.

Wenn Pitt sich von der arbeitsteiligen Beredsamkeit der beiden Knabenführer erschlagen fühlte, sah er sich ein bisschen in der leidend-genussvollen Rolle des Hans Castorp zwischen Naphta und Settembrini, wobei der fröhliche Blüthmann den Part des sinistren Abbé und der schwerblütige Wagner die des springlebendigen Literaten übernommen hatte. Einmal gerieten die beiden aneinander, auf der Prager Straße, die durch weite Rasenflächen lief, auf einem Trampelpfad im Vergleich zum früheren Paradies der Flaneure, und stritten lautstark über den Wiederaufbau Dresdens, Wagner in erschütternd-restaurativer Gläubigkeit an die alte Seele der Stadt, Blüthmann forsch-radikal mit seinem Perspektivblick auf die Plan- und Werkstättenlandschaft: Handel sei Verteilung und die, dekretierte er, werde nicht in der Stadt, sondern in den Wohnquartieren organisiert. (Drei Jahrzehnte später war Pitt Mitglied einer Studiengruppe der Hauptgemeinschaft des Einzelhandels, die durch die ostdeutschen Mittelstädte reiste, um den frischgeschulten Marktwirtschaftlern Standorttipps zu geben).

Eine Reihe von älteren Männern, die Spaten in lustlosen Händen wie die Moorsoldaten, schaufelte einen Versorgungsgraben. Einige stützten sich auf die Stiele und verfolgten den Disput interessiert. „Bei uns macht das ein Bagger an einem Vormittag", sagte Jan, dessen Vater Bauunternehmer war. Blüthmann schwieg, Wagner lächelte bekümmert. Spaten oder Bagger, Mensch oder Maschine – das war die Frage jenseits von Plan und Programm, und weil es auf sie im Sieben-Jahres-Plan offenbar keine rechte Antwort gab, wuchs aus dem Graben schon die Mauer, die nur ein rasanter Produktivitätsfortschritt hätte verhindern können.

Am Abschiedsabend in einem Lokal am Weißen Hirsch mit Blick auf das Blaue Wunder – das war auch das erste Reiseziel des Pittpaars nach dem Fall der Mauer – kam Wagner aufgeregt vom Telefon an den Tisch gestürzt: das Zentralkomitee habe „einschneidende Maßnahmen" gegen die Republikflucht beschlossen. Bleierne Abschiedsstimmung nach spannenden Tagen: das war noch nicht die Mauer, aber schon ihr Schatten.

Auf dieser Reise wurde Pitt von Autoren besonders heftig heimgesucht. Der Konservative und der Revolutionär, nimmt Jünger an, stünden auf gemeinsamem Grunde, und im Schulterschluss setzten sie sich für ihre ewigen Gesetze ein. Die feindlichen Brüder reichen sich in ihrem antiliberalen, von Träumen gespeisten Tatendrang im Kampf gegen das Leben und seinen spontanen Geist die Hand und setzen das Leben in seiner Veränderlichkeit und seiner Konfusion, seiner Freiheit und seinen irritierenden Zufällen auf die Anklagebank. Im Riesendelta zwischen Soll und Ist, zwischen Idee und Leben können sich die fundamentalen Irrtümer offenbar lange verbergen.

Vor dem Start seiner Neugierreise hatte Pitt nicht nur im *Arbeiter* gelesen, sondern auch in den Heften des *Widerstand* aus dem Jahre 1932, die Arthur Ohlsen ihm geschenkt hatte. In einem der Hefte hatte Ernst Niekisch, der Nationalbolschewist, Jüngers *Arbeiter* besprochen. Die Rezension stand neben seiner Reisereportage aus der Sowjetunion – es sind ja viele hingereist in den dreißiger Jahren. Sie wurde von Pitt als Fallstudie zu Jüngers Vision des planetarischen Arbeitsstaats gelesen. Bei Niekisch wird der Arbeitsstaat zum Arbeiterstaat: Arbeit als Schlüssel zum Staatsbürgerrecht, „ja Lebensrecht überhaupt", der Arbeiter als die „fortschrittlichste und hoffnungsvollste Art Mensch zu sein". Was im Mittelalter der Pfarrer gewesen sei, im Deutschland des Jahres 1848 der Professor, sei im gegenwärtigen Russland der Techniker und Ingenieur. Hätte Ernst Jünger sein Buch nicht doch lieber „Der Techniker" nennen sollen, trotz des damit verbundenen Verzichts auf poetische Wucht? Der Plan: das ist bei Niekisch ein sozialethisches System, Planziffern sind „Moralsätze". Daran dachte Pitt, wenn er Blüthmann in seinem Element hörte.

Nur einen einzigen Gedanken aus seiner Lektüre hatte Pitt, sinngemäß, in die Diskussion eingebracht, als sich die kleine Kulturbundrunde an einem Abend beim Radeberger in Auerbachs Keller über den Lebensstandard der Arbeiter in Deutschland West und Ost unterhielt. Der Niekisch hatte vom „angespannten Heroismus" gesprochen, von der Kraft, die Spannung zwischen Wirklichkeit und Zielvorstellung in freier kollektiver Entscheidung auszuhalten. „Nicht zu türmen, sondern die Gegenwart der Zukunft aufzuopfern" – so hatte Pitt ihn übersetzt. Die schicken Kostüme und Kleider am Stand des VEB Treff Modelle Berlin auf der Leipziger Herbstmesse hatte Jan auf den Straßen nicht gesehen. Und Heinz fand es merkwürdig, dass der Sieben-Jahres-Plan eine Steigerung der Produktion von Wartburg und Trabant um exakt 281 Prozent vorsehe, wo doch alle, hüben und drüben, wild auf Autos seien.

Niekisch, dessen Name Wagner vertraut war, wäre sicher noch durchgegangen, denn seine Russlandreportage hätte ja auch im *Neuen Deutschland* stehen können, sinngemäß. Pitt war aber unvorsichtig genug, auch Jünger mit seinem asketischen Leistungsideal zu erwähnen. Wagner war erregt aufgesprungen, hatte mit der Rechten den schwarzen Kunstarm niedergedrückt und gerufen: „Ich dachte, Sie seien ein Verehrer von Thomas Mann. Jünger!" Der habe die Herrschaft des Arbeiters gewollt, verteidigte Pitt ihn schwach, er sei sogar Mitglied einer Gesellschaft zum Studium der russischen Planwirtschaft gewesen. „Ein Militarist!" rief Wagner, „unser Arbeiter- und Bauernstaat ist keine imperialistische preußische Armee." Jan goss Öl ins Feuer: und all die Brigaden, die Kampftruppen, die Uniformen? Blüthmann hatte etwas von Arbeitsdisziplin gemurmelt. Wagner hatte ihn unterbrochen: „Jünger! Den habe ich gekannt! Faschist. Von wegen Arbeiterstaat." Pitt hatte ihn leise korrigiert: „Arbeitsstaat", aber ihn dabei perplex fixiert: „Sie haben ihn gekannt?"

Er hatte noch nie einen Menschen getroffen, der Ernst Jünger gekannt hatte, selbst der Arthur Ohlsen hatte nie von einer Begegnung mit seinem Autor gesprochen. Aber einer, der Thomas Mann die Hand geschüttelt hatte, mochte auch Jünger getroffen haben. Am liebsten hätte er Wagner die Hand hingestreckt: nur durch zwei Handschläge mit zwei interessanten Autoren verbunden!

Bei seinem Freund Arnolt Bronnen habe er den Jünger einmal kennengelernt, in den frühen dreißiger Jahren. „Bronnen Ihr Freund? Aber der war doch ein Faschist!" Pitt war bei den Studien zu seinem Essay über die Vaterlosen auf das gräuliche *Vatermord*-Drama von Arnolt Bronnen gestoßen, und in Arthur Ohlsens Bibliothek hatte er ihn wiedergefunden als Autor eines Buchs über den Freiheitskämpfer Rossbach, den Jünger einen Monat lang in Sachsen vertreten hatte. Bronnen, sagte Wagner, habe später seine wahre Heimat im Sozialismus gefunden, „bei uns in der Deutschen Demokratischen Republik." Pitt biss sich auf die Zunge: fast hätte er Wagner nach seinen faschistischen Jugendträumen gefragt. Aber der berichtete ganz ruhig, sein Freund Bronnen habe ihm nach dem Krieg erzählt, wie er mit den Brüdern Jünger und ein paar anderen gemeinsame Sache mit SA-Leuten gemacht habe, in Berlin, um einen Vortrag von Thomas Mann zu stören. „Die deutsche Ansprache!", rief Pitt entgeistert. „Die große Rede, in der sich Thomas Mann zum Sozialismus bekannt hat!" Wagner winkte ab: das sei nur Sozialdemokratismus gewesen, dieses Gerede vom Bürgertum an der Seite der Sozialdemokratie, das sei eine sozialfaschistische Illusion gewesen, nein, nein, das habe Thomas Mann damals, in Weimar, selbst erkannt. „Die große Liebe, die hat er bei uns erlebt, der ist es doch leid gewesen, an dem ganzen faschistischen Mief noch einmal ersticken zu müssen."

Beim Blättern in den Heften des *Widerstand* hatte Pitt schon gelernt: am Ende der Weimarer Republik musste das Völkchen der Literaten verrückt gewesen sein: phantastische Schwärmereien, Heilslehren, Utopien, egomanische Trips, abstruse Theorien überall. Gottfried Benn musste wohl recht gehabt haben: „die einen sind von links dumm, die anderen sind von rechts dumm". Walter Jens hatte später in seiner Antwort auf Pitts Brief in Sachen Benn/Jünger wohl alle diese Autoren gemeint, als er schrieb von „jener Manier, die das erkennende Ich verabsolutiert, statt es, gebrochen, in den Erkenntnisprozeß hineinzuziehen".

Jetzt saß in Wagner ein Zeitzeuge leibhaftig vor ihm: der hatte Mann und Jünger gekannt. Und er fragte ihn provokativ: „Ich mag sehr den Benn. Den haben Sie wohl nicht gekannt?" Mit dem habe Johannes Becher abgerechnet, „unser Präsident" (er war der Präsident des Kulturbundes). „Ich muss schon sagen, Sie enttäuschen mich sehr." Heinz – er hatte schon einen Brecht-Vers beigesteuert – wollte die Missstimmung verscheuchen. „Das Jahrhundert der Expressionisten!", rief er (aber da hatte er sich geirrt, denn Hans Mayer hat viel, viel später erzählt, Brecht habe einem Studenten geantwortet: „Expressionismus, Surrealismus, Tiefenpsychologie gab's damals in Augsburg nicht"). Blüthmann, der die Diskussion mit gelangweilter Miene verfolgt hatte, lachte: „Wir in Dresden waren immer Barock."

Wagner sah sich nicht nur durch dieses Gespräch veranlasst, Pitt auf dem Weg zu einer Lesung von Schriftstellern aus der DDR und „Westdeutschland" dringend zu verwarnen: kein Wort über Jünger und Benn in der Diskussion über die fortschrittliche Literatur! Das war eine doppelt überflüssige Ermahnung: Leser wollen ja nicht diskutieren, sie wollen Dichter sehen, und: die drei Zaungäste aus dem Westen verfolgten sprachlos die Darbietungen der „jungen", alle etwas ältlich wirkenden Autoren. Wie langweilig kann das aufregende Abenteuer des Geistes, die Literatur, sein, wenn die Visionäre eines Arbeiterstaats das Schreiben auf zielführende Werte, auf die Rhythmisierung der *Leipziger Volkszeitung* reduzieren wollen. Wenn der Roman nicht mehr bürgerlich sein darf, sollte man wirklich, wie Jünger empfiehlt, das Kursbuch lesen.

Ein Spätankömmling trat beim Kalten Buffet in die Halle, in dem Pitt einen Schriftsteller erkannte: prägnant und herrscherlich hob sich seine Gestalt von den flächigen Typen an den Stehtischen ab, die sich konzentriert der Messer-und-Gabel-Frage widmeten. Das Gesicht faszinierte Pitt, der mächtig hängende Schnauzbart, das strähnig fallende, über der Stirn zurückweichende Haar, ein nervöses Zucken um die Mundwinkel, ein über die gefräßigen Cluster hinwegschweifender, wässerig schwimmender Blick über einem eindrucksvollen blau-grünen schottischen Shawl. „Ein Dichter?", flüsterte er; er hätte so gern einen gesehen. „Nein, nein", lachte Wagner und winkte dem Ankömmling zu, der in der Hand, die er zum nachlässigen Gruß hob, einen Stock und einen Hut trug, „das ist Herr Wuttke, der heute Abend einen Vortrag über Jenny Treibel hält, der ist unser Fontane-Spezialist, – übrigens Träger der Becher-Medaille, ein hochverdienter Aktivist in Sachen Literatur". Pitt hätte mit dem Spezialisten – „Fonty!" hörte er rufen – gern gesprochen. Aber der Mann stand so fremd verloren da wie ein Monument aus dem Zeitalter, in dem der Realismus nicht heroisch oder magisch oder expressionistisch oder sozialistisch oder satirisch war, sondern einfach literarisch. Gern hätte er auch den Vortrag des Herrn Wuttke gehört. Aber der alte Mercedes stand schon auf der Auffahrt: ein Kammerkonzert in Pillnitz war zu erleben.

Als die drei Freunde in ein unbekanntes Land reisten, dachte Ernst Jünger wieder über den Arbeiter nach. Wieder wollte er, wie schon vor dreißig Jahren, „dem Arbeiter über den Arbeiter" Kunde geben, wieder arbeitete er an einem Lebensthema: der Sinngebung der Arbeitswelt. „Auf irgendeinem trüben Bahnhof mußte man in den Zug einsteigen – als Nationalist oder als Bolschewist, als Revolutionär oder als Soldat, im Dienste obskurer Geister oder Theorien – es fragt sich nur, wie weit man mitfahren will." Er ist ausgestiegen – am Bodensee oder in Kirchhorst oder in Paris, wo er im Krieg seine Denkschrift zum *Frieden* in einer

Weltordnung jenseits aller Grenzen und Systeme verfasst. Oder in Wilflingen, vor der Oberförsterei der Stauffenbergs, wo der Arbeiter seltener auftaucht als in Leipzig oder Berlin. Hätte er den Koffer mit den Notizen nicht irgendwo stehen lassen sollen? Die kreative Muße des Alters, das nicht mehr kämpfen muss, formuliert die Lebensfrage neu: „Wie findet sich der musische Mensch mit dem Arbeiter ab?" Auch der christlichen Union hätte er das Bild seines Arbeiters – mit gewissen Einschränkungen – als ein Vorbild empfehlen können: hatte sie nicht in ihrem Gründungsaufruf nach dem Krieg als einzige soziale Schicht ausdrücklich die „Arbeiterschaft" umworben?

In Paris hatte Jünger Picasso besucht. Der malte den Arbeitern Friedenstauben. Wie friedlich kann die Welt sein, die für Milliarden von Menschen nach Arbeit schreit? Nicht Erlösung von der Arbeit, Erlösung in der Arbeit, ist der Kampfruf, den nicht die Musen formulieren. Der planetarische Drang des Arbeitsstils will eine Wertschöpfung, die in der „globalisierten" Ordnung für reiche, für wohlhabende und für unsäglich arme Menschen ein Leben in Zufriedenheit nach unterschiedlichen Kulturmaßstäben ermöglicht. Die stille Koalition der Weltkonzerne, diese geheime UNO der Staaten ohne Land, arbeitet an der Einen Welt, in der Grenzen nur noch Organisationslinien sind. Der Arbeiter als Techniker in der elektronischen „Erdvergeistigung", eingespannt in die Selbstbewegung des fortschreitenden Wissens: das ist die „Flamme, die durch Zerstörung wächst". Ernst Jünger geht es immer noch um die „Beherrschung der spezifischen Mittel durch geistige Macht", die keinen regionalen Ursprung hat. Schade, er kannte das Wort „Digitalisierung" noch nicht. Immerhin: Thea Dorn, die Kluge, hat das Literarische Quartett am 1. Mai 2020 (dem internationalen Tag der Arbeit, an dem Pitt zum ersten Mal nicht demonstrieren durfte) mit einem Zitat von Jünger eingeleitet, in dem es um die erdumspannende Macht der elektronischen Medien ging – aus dem Jahr 1951!

Jeder steigt immer wieder in den Zug ein, so Pitt dreißig Jahre später in den ICE, der dem „Kursbuch" gehorcht. Ja, auch ihm steckte der „Raum- und Zeithunger des Arbeiters" in den Eingeweiden. Da sitzt der „Typ": aus den Arbeitern sind Bürger geworden, aus den Bürgern Arbeiter. Einige sitzen gedankenverloren an ihren Laptops, einige dösen am Fernsehschirm, zwei nesteln an ihren Handys, einige blättern in Listen, einige lesen. Keine Herrscher, alles Diener, verfügbar an jedem Ort, zu jeder Zeit, alle „in den Zentralbau eingetreten". Herrschte der Arbeiter in der DDR tatsächlich, weil er nicht dem Dienstzwang des Wettbewerbs ausgesetzt war? Die hier im Zug sind Handlungsreisende, die an den kleinen Vorsprüngen rackern: jeder dient jedem, jedermann ist jedermanns Kunde und Arbeitgeber, und die Schnellen, Präzisen, Flexiblen fressen die Langsamen, Schlampigen, Sesshaften, die Rechte und Status im System, nicht in der Leistung verteidigen.

Der Typ: das ist das glatte, gespannte Gesicht, das Styling für Arbeit und Freizeit im Design der allseitigen horizontalen Anpassung, zu dem auch die originelle Abweichung gehört, die alle erstreben. Pitt liest in Jüngers *Minima–Maxima*, seinen Adnoten zum *Arbeiter*, in den siebzig Seiten des fast Siebzigjährigen. Die Endpunkte des Thermometers, kühle Skalenbeobachtung. Säße Jünger hier im ICE, würde er sein „ice" ins Notizbuch kritzeln. Im Zug ist alles glatt und kühl. „Meine Damen und Herren", gibt der Zugchef bekannt, „wir erreichen jetzt unsere Höchstgeschwindigkeit von 280 Kilometern." Keiner blickt auf. Der Zug rollt in den Göttinger Bahnhof, und drüben ein Bauschild vor der baufälligen Fabrikruine: „Hier entsteht das Otto-Hahn-Zentrum – Treffpunkt für Wissenschaft, Wirtschaft und Kultur." Pitt gefällt der Dreiklang, und Jünger hätte er auch gefallen.

Auch Goethe, den Pitt in Weimar besuchte, sitzt im Zug auf der Fahrt nach seiner Vaterstadt. Die Worte „Ordnung, Präzision, Geschwindigkeit" tippt er in seinen Brief an Lottes Mann Kestner. Er hat die Arbeitswelt, die noch gemütliche, wenn auch nicht sehr menschenfreundliche, in ihrer räuberisch-expansiven Tendenz, ihrer „Ordnung, Bestimmtheit, Konsequenz" verstanden, wie er alles verstanden hat. Ernst Jünger hat den Goethe-Preis der Stadt Frankfurt am

Main verdient. „Der Pfiff der ersten Sirene in *Wilhelm Meister* – da rührt mehr und Schwereres als die Heraufkunft eines neuen Jahrhunderts das Herz des einsamen Wanderers an." Am Horizont steht die „Gestalt" des Arbeiters. Der ICE mit seiner Pfeilgeschwindigkeit erschreckt nicht mal die Kühe auf den Weiden des Leinetals, über dem Heißluftballons schweben.

Der auf sein Selbstdenken so stolze Arthur Schopenhauer meinte, lesen heiße, mit einem fremden statt dem eigenen Kopf zu denken. Warum lese ich dieses Buch, fragt sich Pitt, hat doch der Ernst Jünger – sieht man von den kriegerischen Intermezzi ab – ein beschauliches Leben geführt; und selbst seine vielen Reisen waren ja nur eine kontemplative Tätigkeit. Kann ich seinem Satz trauen? – „Die einen sehen, ohne zu handeln, die anderen handeln, ohne zu sehen."

Ein Leser, der nicht professionell liest, ist in seinem Leben ein Handelnder. Ist er blind? Fehlt ihm der Durchblick? Wir wollen sehen und handeln. Wo gibt es in der belletristischen Literatur den Autor, der Seher und Handelnder ist? Viele sind es nicht nach Goethe. Ob sich die, die sehen, so leidenschaftlich danach sehnen zu handeln wie die Handelnden nach der Gabe zu sehen? Das macht uns die Autoren, die uns immer wieder überfallartig heimsuchen, so wichtig und so sympathisch, dass sie uns mitten in unserem Leben und Tun zwingen, die Dinge um uns herum schärfer zu sehen, sie entschiedener zu fassen, sie in der Bestimmtheit und Brillanz einer Formulierung auf Distanz zu uns selbst und unseren verworrenen Vorstellungen zu bringen. Wir wollen kein Wissen und keinen Glauben von ihnen, keine Tatsachen und keine Meinungen, brauchen keine Propheten: wir wollen des „Lebens Leben" sehen, und das ist der „Geist", der in einem Autor eine uns faszinierende Handschrift entwickelt.

Der Arbeiterbürger, der sich dem Gesetz der Akzeleration innerhalb der Arbeitswelt und der sozialen Ordnung unterwirft: im Kern hat Ernst Jünger die Gestalt der Moderne prägnant beschrieben. Die Organisationsmacht liegt nicht bei Parteien, schon gar nicht bei totalitären, nicht in der Nation, in einem regionalen Wirtschafts- und Politikraum, sondern in einer geistig-technischen Energie, die Weltbürger schafft. „Zwischen Untergang und Aufgang ist nur ein perspektivischer Unterschied." Im Intercity Express rast Pitts Bleistift wieder in Schraffuren der Zustimmung.

Pitt – gerade war sein traditionsreiches Unternehmen[5] unter- und in anderen aufgegangen – ist in die untergegangene DDR gefahren, nach Berlin, wo die Mauerspechte die Scherben der Mauer verhökerten, und nach Dresden. Er hoffte, Blüthmann wiederzusehen, der bald siebzig sein musste (könnte Wagner noch leben?). Er wollte ihm sagen, dass auch er, der progressive Ingenieur, gefangen in der „Dürftigkeit der Systeme", seine titanische Qualität gehabt habe, ein bisschen dem Jüngerschen Antaios, ein bisschen dem Prometheus, ein bisschen dem Atlas verwandt, der am Giebel des Frankfurter Hauptbahnhofs, assistiert von den Helfern Elektrizität und Dampfkraft, die Erdkugel stemmt. Hatte er sich auch hinter der Mauer verschanzt, so war er doch Mitwirkender am globalen Plan und der „Verzahnung des technischen Arsenals", die nicht Parteien und Regierungen bewirken, sondern die Artisten des „Mach was" auf ihrem versuchenden Erkenntnisweg, auf dem sie den Geist der Technik anrufen: „Alles, was eintritt, ist bewundernswert." Pitt hat Blüthmann nicht gefunden, jedoch einen, der ihn gekannt hat. Blüthmann hat Untergang und Aufgang nicht mehr erlebt.

Als Pitt an Gesprächen über das von der Politik verkannte Eigentumsmodell der Genossenschaften in der Treuhandanstalt teilnahm, hat er dort den Herrn Wuttke wiedergesehen. Der arbeitete als eine Art Öffentlichkeitsarbeiter an der Darstellung der wechselvollen Geschichte des Verwaltungsgebäudes Ecke Leipziger-, Otto-Grotewohl-Straße, in dem das Bundes-Finanzministerium arbeitet (sein Hausherr in diesem August 2020, dreißig Jahre später, ist Pitts damals

---

5 Pitt, Gemeinwirtschaft – Der Roman vom Soll und Ist, hg. von der Heinrich-Kaufmann-Stiftung, BoD 2014

junger Kollege aus dem Hamburger Genossenschaftsverband, der im Zeichen des Corona-Virus das größte staatliche Ausgaben- und Kreditprogramm aller Zeiten stemmen muss). Der freie Mitarbeiter, den sie immer noch „Fonty" nannten, sann darüber nach, das Wort „abwickeln" durch ein konstruktiveres zu ersetzen. Der Typ des „intelligenten Condottieri", den Jünger beschreibt, einer der PR-Berater im „Dienste der Machthaber und ihrer Sprachregelung", war Theo Wuttke nicht. Er erwies sich als ein nachdenklicher, belesener Mann, der in duldsamer Skepsis amüsant darüber plaudern konnte, wie sich Untergang und Aufgang nach dem Paternosterprinzip des Fortschritts wiederholen. Das ist Fontys „weites Feld".

# Heimsuchungen in der Fremde

Stundenlang wanderte Pitt über das Gelände der Moskauer Allunions-Ausstellung, mit der gleichen Neugier, mit der er als Zwölfjähriger über das Gelände der damals noch überschaubaren Hannover Messe gelaufen war. In mächtigen Pavillons präsentierte das Land mit dem angestaubten Fortschrittsimage seine Errungenschaften. Minima – maxima: der simple Traktor der Kolchosen stand in der Nachbarschaft des Sputniks, der einmal die freie Welt in Staunen und Erschrecken versetzt hatte. Die Skala des Fortschritts ist so weit wie das Ausdrucksspektrum seiner künstlerischen Darstellung: da schwingen in der Skulptur Vera Mukhinas das Kolchosemädchen die Sichel und der Arbeiter seinen Hammer in den Himmel, und eben dorthin weist die Startbahn der Rakete, die sich in Zvesdny Gorodok in einem schimmernden Titaniumobelisk materialisiert.

Der Fortschritt im Museum: das ist immer ein Widerspruch. Die Sowjetmenschen, die in geleiteten Trauben vor den Exponaten und Schautafeln standen, erblickten die Zukunft im Spiegel der Vergangenheit. Warum wirkten die Gesichter, die hineinschauten, zwischen den pelzigen Mützen und Kragen so alt, so müde? Der Fortschritt ist eine Warteschlange: ihre Avantgarde mag seine Früchte pflücken, der Tross der Aspiranten steht sich in Wind und Wetter die Beine in den Bauch in der Furcht, die Rollgitter vorm Tor zum Paradies könnten vor ihren Nasen rasselnd fallen.

Zwei Stunden stand Pitt in der Schlange vor dem grauslichsten Museum, dem Lenin-Mausoleum. Sie umwand ein Eck der Kreml-Mauer, entlang den glänzenden Granitquadern, die den Rasen des Alexandrowgartens am Grab des Unbekannten Soldaten einfrieden. Dort unterbrachen Brautpaare, die ihre Sträuße niederlegten, den Warte-stumpfsinn. Die Wachsmaske des fortschrittlichen Mannes im Schnee-wittchensarg – Sowjetmacht plus Elektrizität – wurde in wenigen Sekunden unter den gezischten Kommandos der Wachtposten umrundet.

Im Arbeitszimmer des Revolutionärs im Kreml dagegen kein museales Schrecknis: der Palmwedel vor der Karte des Sowjetimperiums, der Besprechungstisch mit roter Troddeldecke, zwischen der Bücherwand und dem kleinen Schreibtisch mit seinem kabelreichen Telefonungetüm der Sessel des terroristischen Diktators, und hinter ihm, die intellektuellen Hilfstruppen in Griffnähe versammelnd, ein schlankes, dreistufiges, quadratisches Büchergestell auf einem Drehfuß.

*Cosmos* hieß das Hotel, in dem der Weltkongress der Genossenschaften tagte, ein schwedisches Juwel der Modernität, an dem der sozialistische Wurmfraß sich zu schaffen machte, der nicht ausbleibt, wenn Kapital, das systematisch verkannte, nicht erneuert, sondern verzehrt wird. Das *Cosmos* lag in seinem Aluminiumglanz als schwebendes Halbrund über einem großen Teich vor dem Allunionsgelände, auf dem Kolchosbauern, die Arbeitskollektive und die Kosmonauten ihren Fortschritt feiern. Der Wind ging durch den Wald der Fahnen der neunzig Nationen, die Delegierte von neunhunderttausend genossenschaftlichen Organisationen mit neunhundert Millionen Mitgliedern entsandt hatten.

Um den sozialen Fortschritt ging es dem Internationalen Genossenschaftsbund: „Die Genossenschaften im Jahre 2000" war sein Thema. Bis dahin hatte er noch zwanzig Jahre Zeit, um dem menschlichen, auf solidarische Selbsthilfe und demokratische Selbstverwaltung gegründeten Fortschritt auf seinem Weg zwischen dem entfesselten Kapitalismus und der monolithischen Planbürokratie Beine zu machen.

Dank der Riesenzahl der sowjetischen Pseudogenossenschaften unterm Schirm des Staatsplans, die dem Weltbund angehörten, war Moskau in diesem Jahr zum Kongressort gewählt worden, zum Unbehagen der westlichen Genossenschafter. Mit der „Cooperativkrämerei" hatte Karl Marx nicht viel im Sinn gehabt. Einer der Präsidenten des

Allunions-Verbandes, den Orden eines Helden der Arbeit am Revers, saß auf der Kongressbühne und schien sein Desinteresse an der Wirtschaftsdemokratie der kleinen Leute durch ein intermittierendes Nickerchen zu demonstrieren.

*Cosmos* – immerhin ein passender Name für eine globale Bewegung. Doch die modernen Hotels, mag ihr Design faszinieren, sind beliebige Gehäuse der Weltzivilisation. Pitt zog es mächtig ins *Metropol* am damaligen Marx-Prospekt. Dort fanden sich abends Mitglieder des Ausschusses der Genossenschaftsbibliothekare ein, auch er als Gast. Hier konnten die Valuta-Delegierten frei von den rigiden Servicelimits des Plantourismus bis Mitternacht diskutieren – angeregt von der Fin de siècle-Atmosphäre unterm sanften Licht von Kronleuchtern zwischen Marmorsäulen. Hier saß die informell tagende compagnie des amis des livres auf einer Insel der Inspiration im Kongressbetrieb. So hoben sich die Metrostationen in ihrer glanzvollen Architektur im unterirdischen Verkehrsnetz hervor, in dem Pitt in den Kongresspausen zu den Häusern Dostojewskis und Tolstois, Puschkins und Tschechows, Gogols und Gorkis eilte.

Über manchen Schriftsteller haben die Bibliothekare im *Metropol* geredet. Den, über den Pitt am liebsten gesprochen hätte, kannte niemand in der kleinen internationalen Runde. Klaus Mann hatte in seinem fesselnden Lebensbericht *Der Wendepunkt*, den er im Reisegepäck hatte, spannend und kundig über einen Moskauer Schriftstellerkongress in Moskau erzählt, 1934, und hatte vierzehn Tage im *Metropol* gewohnt. Gern hätte auch er hier sein Zimmer gehabt. In Berlin war ihm einmal während eines Kongresses ein Zimmer im *Askanischen Hof* am Kurfürstendamm zugewiesen worden, und er dachte eine Nacht lang, er läge in dem Raum, in dem 1914 die surreale Verlobung Franz Kafkas mit Felice Bauer geplatzt war, in jenem „Gericht" mit Klägern, Zeugen und Verteidigern, das sich in den unsterblichen *Prozeß* verwandelte – und hatte erst am Morgen erfahren, dass die anheimelnde Künstlerpension nur den Namen des alten, am Anhalter Bahnhof gelegenen „Hofs" trug. In Paris hatte ihn einmal der Zufall in das kleine Hotel *Marsollier* an der Oper verschlagen, in dem der vereinsamte Exilant Oscar Wilde ein paar Wochen gelebt hat. Literarische Spuren zwingen den Fuß in ihre Konturen wie ein Trottoir die Füße von Kindern, die nicht auf die Fugen treten wollen, ins Fliesengeviert.

Klaus Mann, dem der dogmatische Marxismus fernlag, hatte am 1. Allunionskongress der Sowjetschriftsteller als „Delegierter" jener europäischen linksbürgerlichen Elemente teilgenommen, denen die Sowjetstrategen damals gerade die listig-tolerant geöffneten Arme entgegengestreckt hatten. Pitt nutzte in der Runde der Bibliothekare sein Frischwissen, um an die damals glanzvollen Namen der schreibenden Politstars zu erinnern, wie Louis Aragon und André Malraux, Ilja Ehrenburg und Karl Radek, an den jungen Pasternak oder den alten Gorki, den Arbeiterdichter und Pelle-Autor Martin Andersen-Nexö, den späteren DDR-Wahlbürger. Nein, Upton Sinclair mit seinem *CO-OP*, der in Genossenschaftsbibliotheken nie fehlt, war nicht dabei gewesen. Etwas überrascht musste Pitt feststellen, dass deutsche Namen, wie Klaus Mann, Ernst Toller und Egon Erwin Kisch, nicht geläufig waren, mit der Ausnahme von Johannes Becher, der einen gewissen Heimvorteil hatte.

Den Surrealisten Louis Aragon, der seinen Pariser Freundesbund verlassen hatte, sahen die Schriftsteller in Moskau jetzt als Exponenten eines sozialistischen Realismus. Er hatte in diesem Jahr mit seinem Roman *Die Glocken von Basel* den Weg in die „wirkliche Welt", wie er einen fünfteiligen Romanzyklus überschrieb, angetreten. Als Pitt diesen Roman kennenlernen wollte und ihn, vorurteilsvoll skeptisch, möglichst billig auf dem Amazon-Marktplatz bestellte, wurde er für 1,31 € ohne Porto als ein sehr zerfleddertes, wenn auch sauber geklebtes Exemplar geliefert, von einem Antiquariat, das zu den deutschen Marxisten-Leninisten gehört. Übersetzt worden ist er, 1946, von Alfred Kurella, einem führenden Literaturfunktionär und stalinistischen Linienrichter eines Regimes, dessen Wärter einen unbotmäßigen Autor wie Hans-Joachim Schädlich in ihren Giftdossiers als „Schädling" führten. Fritz J. Raddatz war es wenige Jahre später mit Mühe und List gelungen, sein Lieblings-gedicht vom Flieder und den Rosen unter allem sozialistisch Tolerablen beim Ostberliner Verlag Volk und Welt noch einzuschmuggeln („Surrea-lismus war ja fast wie Trotzkismus, ganz schlimm").

Und jetzt das konventionelle Werk, geschrieben in der Tradition des großen französischen Gesellschafts-Romans (was immer eine Tauto-logie ist), vollgestopft mit weltanschaulichen Disputen. Erst nach dem dritten Teil des Romans, in einem kurzen „Nachspiel", dröhnen die Glo-cken von Basel, denn der Bischof hat seinen Dom im Jahre 1912 den internationalen Sozialisten – wer nennet ihre klingenden Namen? – für ihren großen Friedenskongress geöffnet. Der „alte Bebel" dankt dem Bischof mit der gewiss freundlich gemeinten Bemerkung, dass Christus, käme er wieder, sich nicht den Christen, sondern den Sozialisten anschließen würde. Glanz und Pathos des mit einem Volksfest verbun-dene Kongress lassen den Autor aus der Rolle fallen und sich beim „lie-ben Leser" wortreich entschuldigen, die Epilog-Botschaft dem großen Roman so unorganisch dokumentarisch implantiert zu haben.

Klaus Mann staunte über den Autor des *Nachtasyl*, die nationale Figur, die in fürstlichem Luxus und „in asiatischer Üppigkeit" residierte und als präsidiale Ikone über dem Kongress der Schriftsteller thronte. Er fand die Begeisterung für den Volkshelden „rührend und ermutigend"; denn er nahm ein populäres Sensorium für Literatur wahr. Fabrik-arbeiter, Bauern, Soldaten und Matrosen waren – als „Delegierte" der Leser? – auf dem Kongress vertreten. Eine Bäuerin bestellte sich vater-ländische Balladen für ihre Kinder, ein Fabrikarbeiter monierte das Fehlen eines Romans über die Metallindustrie, und eine junge „Tram-bahnschaffnerin" (auch Ernst Jünger hätte seine helle Freude an ihr gehabt) wollte gar „etwas über die Liebe lesen, aber wie sie wirklich ist." Spontaneität? Kongressregie? – den jungen Schriftsteller, der sich „für ein paar tausend Eingeweihte" schreiben sah, kümmerte die Frage nicht.

In seinem globalen Zukunftsreport über die Genossenschaften im Jahre 2000 sah auch der Dr. Laidlaw seinen Weltbund vor einem

Wendepunkt. Immer noch schwebte den Anhängern der (heute 175 Jahre alten) Ideale der Redlichen Pioniere aus der Krötengasse in Rochdale, im Herzen des Manchester-Kapitalismus, das „Traumbild eines genossenschaftlichen Freistaates" vor den Augen. Aber könnten sie sich auf eine schlagkräftige Struktur, auf Ressourcen und Management-qualitäten stützen, um gestaltend auf den Fortschritt wirken zu können, damit seine Früchte von den „gemeinen" Menschen nicht nur als Fallobst geerntet werden? Pragmatische Bescheidenheit zählt, wenn wirtschaftlicher Fortschritt ein sozialer sein soll. Sollten die Genossen-schaften nicht immer wieder versuchen, „Inseln des gesunden Men-schenverstandes zu sein in einer Welt, die etwas verrückt geworden ist"? Sollten sie nicht arbeiten gegen eine exzentrische Profitwirtschaft, gegen den Planleerlauf der sozialistischen Dogmatiker, gegen den hilflosen und korrupten Paternalismus der Entwicklungsdiktatoren?

Der Pariser Kongress des Weltbundes hatte die zurückliegenden siebziger Jahre zum genossenschaftlichen Entwicklungsjahrzehnt ausge-rufen. Und mit Entzücken hörte Pitt den Dr. Laidlaw die ILO-Empfeh-lung Nr. 127, an der er in Genf mitgearbeitet hatte, als eine „Charta" des Genossenschaftswesens loben (im 21. Jahrhundert hat sie aber schon wieder ihre Geltung verloren). Auch die genossenschaftliche Molkerei im indischen Poona, die er als Beauftragter des Genossenschaftsbundes zu errichten geholfen hatte, wurde als Baustein des Fortschritts gelobt.

Und Pitts Entzücken steigerte sich noch, denn Dr. Laidlaw zitierte Goethe: „Man besitzt nur, was man versteht" – auch wenn er sich nur an den Satz „Man sieht nur, was man weiß" erinnern kann, und zwar als Titel einer Lithographie von HA Schult, des Bildes der Baustelle einer gemeinwirtschaftlichen Frankfurter Bank, die ihr kühnes Gebäude nach ihrem Untergang für die Europäische Zentralbank geräumt hat.

Der sowjetische Präsident auf dem Podium fuhr mit aufgerisse-nen Augen aus seinem Nickerchen, als der Dr. Laidlaw den russischen Anarchisten Kropotkin, den Fürsten, zitierte: „Die ungeselligen Gat-tungen sind dem Untergang geweiht." Ach, auch Pitts Heimat, den

Konsumgenossenschaften, drohe Ungemach, denn schon Martin Buber, der Philosoph des Ich und des Du, habe in seinen *Pfaden in Utopia* erkannt, dass der Erzeuger eher zu einer besonders aktiven Zusammenarbeit mit seinen Mitmenschen bereit sei als der Verbraucher (der ja immer nur, wie Stefan Heym nach der Wende traurig konstatierte, den „Bananen" nachläuft, zumal den billigen).

Die Kongressteilnehmer waren belesene Leute: unentwegt zitierten sie die geistigen Größen ihrer Nation. Der Präsident einer französischen trotzkistischen Konsumgenossenschaft, der den Ehrgeiz hatte, die Bücher- und Medienwelt mittels eines Discountprinzips zu revolutionieren, rief, mit seinen ausgestreckten Armen die Versammlung an die Brust ziehend, in einem prachtvoll ergriffenen Pathos die Worte des fortschrittsgläubigen Candide in den Saal: „Gut gesagt! Recht gut! Allein, wir müssen unseren Garten bearbeiten."

Pitt sah sich wieder auf dem Genfer Rasen liegen und im *Candide* schmökern, wenn ihm Jüngers *Arbeiter* zu anstrengend geworden war. Was hatte der alte Muselmann dem Candide gesagt? – „Arbeit verscheucht die drei schlimmsten Feinde von uns, Langeweile, das Laster und den Mangel." Ob auch die Literatur das zu leisten vermag? Lesend laufen wir Gefahr, die Arbeit im Garten zu vernachlässigen. Pitt hatte beschlossen, das Lesen zur Arbeit zu erklären (das hätte Marcel Reich-Ranicki gegenüber seiner Putzfrau tun sollen, die ihm weggelaufen war, weil sie es nicht ertragen konnte, dass der Mann lesend zu Hause saß und die Frau arbeiten ging). Goethe, der seinen *Candide* kannte, war, als sein Autor starb, Minister und ein junger merkantilistischer Manager, der notierte: „Indessen begießt man einen Garten da man dem Lande keinen Regen verschaffen kann". Das wäre ein gutes Zitat für Dr. Laidlaws Report gewesen – eine Warnung an die Adresse aller Regenmacher.

Ob Johannes R. Becher und Egon Erwin Kisch mit dem „ideologisch unzuverlässigen" Klaus Mann im *Metropol* gewohnt haben? Haben die drei an den Tischen, an denen die Genossenschaftsbibliothekare und Pitt oberflächlich, weil sprachlich behindert, Titel, Topoi, Thesen berührten, über die Fortschrittsfrage diskutiert? Dann hat auch Gottfried Benn mit ihnen am Tisch gesessen.

Du sollst dich auf den Kongress konzentrieren, du musst deine Spesen verdienen, ruft Pitt sich zur Ordnung. In alles drängen sich diese Dichter hinein; wo immer die Dinge nicht zusammenpassen, finden sie ihre Schlupfritzen, durch die sie ihren Wortpfeffer blasen! Immer wieder werfen sie uns durch ihre Präsenz in das Bennsche Doppelleben – reißen sie das tätige Sein und das brillant formulierte auseinander. „Uns beschäftigen Gedanken, die brennen." Während produktiver Tätigkeiten, kaufmännischer zum Beispiel, kommen sie über uns, Worte und Sätze, die uns überfallen wie Werbebotschaften auf den Internetseiten, die sich hartnäckig zurückmelden, wenn wir sie wegklicken. „Wir fahren aus dem Schlaf auf und sind sofort wieder da." Wie der russische Präsident auf dem Podium: vielleicht ist ihm ein Satz Puschkins aufgefallen, der in den Herzen aller Russen wohnen soll.

Der Geist Gottfried Benns wird am „deutschsprechenden Tisch" des Moskauer Schriftstellerkongresses gegenwärtig gewesen sein, an dem es nach dem Dessert die weltanschaulichen Diskussionen gab. Vielleicht hat Johannes Becher von seiner Begeisterung fürs Autofahren gesprochen und von seiner Scham, zu den wenigen Privilegierten zu gehören, die ein Automobil besitzen. Becher und Kisch hatten Gründe, den Dichterkollegen Benn anzuklagen. Der erblickte in der Idee des Fortschritts „die größte Vulgarität der menschlichen Geschichte". Hätte er, ein ewiger Nicht-Autofahrer, am Wendepunkt des Jahres 1989 – so alt wie Ernst Jünger – noch gelebt, hätte er sich darüber lustig machen können, dass sich der Fortschritt in der Dialektik der Automarken bewegt, und den Beweis führen können, dass es keineswegs, wie Becher meinte, eines sozialistischen Systems bedurft hatte, um allen Arbeitern ein komfortables Autofahren zu ermöglichen. Das war der Fundamentalirrtum der Utopie.

Klaus Mann wird an diesem Tisch in die Bennschelte nicht eingestimmt haben. Er wird an die Stunden in der Berliner Praxis des

Dr. med. Benn – „wir verstanden uns, in literarischen Fragen" – gedacht haben, bei Kaffee und Streuselkuchen „nach gutbürgerlichem Brauch", bei Gesprächen über die Literatur, die nur gelegentlich durch den Andrang der Wirklichkeit unterbrochen wurden („Verschleppter Tripper. Warum kommt sie nicht rechtzeitig, die hirnlose Person?"). Zwar ging ihm wie den beiden Tischgenossen die von Konservativen gern gezeigte Verachtung der Bildungs- und Fortschrittsgläubigkeit, die bei Benn in „bösartigen Nihilismus" umgeschlagen sei, auf die Nerven, doch er liebte den Dichter, von dessen Versen sich ihm viele eingeprägt hatten: „ihr Rhythmus bleibt mir im Blut wie das Echo früh gehörter, früh geliebter Zaubersprüche."

Im weltanschaulichen Geplauder beim russischen Dessert hätte Manns „inspirierter Doktor" aus dem Berliner Arbeiterviertel gewiss „grimassiert": das tat er stets, wenn es um die gerechte Verteilung der irdischen Güter, die Organisation des Friedens und die Mission des Völkerbundes ging. Becher und Kisch hatten schon 1929 mit Benn ihren Broiler gerupft. Sie waren ausgetreten aus dem Redaktionskomitee der *Neuen Bücherschau*, weil die Redaktion einen Aufsatz über Gottfried Benn veröffentlicht hatte. Sie hatten in den „Urgesichten" des Dichters die notorische Fortschrittsfeindlichkeit und Überheblichkeit gegenüber dem Leid der Welt ausgemacht. Und auch Pitt, der Dr. Laidlaws globaler Zustandsbeschreibung folgt, hört die Sirenenklänge einer poetischen Analyse des Weltelends: „Hier Kampf um Stundenlohnerhöhung von zwei Pfennigen, dort golfmatch des Carlton-Club im blütendurchfluteten Cannes, Fürsten im Rinnstein, Landstreicher als Diktatoren, Orgie der Vertikaltrusts, Fieber der Profite: die begrenzten Reichtümer der Erde ökonomisch, das heißt mit Aufschlag zu verwerten." Das wäre ein aktuelles Zitat für Dr. Laidlaws Referat gewesen, hochaktuell auch im Jahr 2000, dem zeitlichen Zielpunkt seiner Überlegungen. Hochaktuell auch 2020 (und das wird an einem ersten Sonnabend im Juli geschrieben, an dem seit 1992 weltweit gefeierten UN Internationalen Tag der Genossenschaften).

Hatte Benn tatsächlich, wie Egon Erwin Kisch unterstellte, den gewerkschaftlichen Pfennigkampf lächerlich gemacht? Nein, nein! Gottfried Benn ist erstaunt: er habe die Welt vorgeführt, wie sie sei, mit den Mitteln der „Kontrastierung". Er habe geglaubt, man würde den antikapitalistischen Sinn seiner Sätze, ja ihre dramatisch gesellschaftskritische Tendenz, erkennen. Aber müsse er, der expressive Diagnostiker, deshalb gleich Kommunist sein und „dem Aufstieg des Proletariats seine Kräfte leihen?" Bei einem englischen Nationalökonomen habe er gelesen (und auch diese Quelle war dem Dr. Laidlaw, dem Briten, entgangen), dass die Arbeiter heute wie die Reichen vor dreihundert Jahren lebten, ja komfortabler und mondäner als die Großgrundbesitzer und Schlossherrn. Das sei doch ein funktionaler Prozess, und in dreihundert Jahren werde wieder das gleiche Verhältnis sein.

Das geht viel, viel schneller, hatte Pitt gedacht, als er mit vielen anderen Touristen einmal die Billets für den Schlossbesuch beim Lord of Bath persönlich erstanden hatte. Wie stehe es denn mit Russland, fragte Benn, zehn Jahre nach dem „revolutionären Schock"? Darin könne er nur den „reinen Umschichtungscharakter der Machtlage" erkennen. Pitt gefror das Blut in den Adern, als er in der Dämmerung des Roten Platzes, fünfzig Jahre später, die schwarzen Limousinen mit den Gardinenfenstern auf den exklusiven Fahrspuren aus dem Kremltor preschen sah. „Wer Gewalt hat, schafft das Recht." Und im provinziell verkleinerten Maßstab kamen auch beim deutschen sozialistischen Zwangsexperiment nur ein paar Piecks heraus, die durchs Megaphon riefen: „Junkerland in Bauernhand" oder in die wenig produktiven Zwangsgenossenschaften.

Benn mag sie nicht, die „Herren", die Revolutionsbarden mit ihren Manifesten und Resolutionen: „die schreiben doch höchstens Gedichte und Feuilletons, die Visage hinhalten, wenn es losginge, das müssten doch die Trimmer, die Kumpels, die Proleten, während jene die Anfeuerung besorgten aus ihren Etagenwohnungen oder ihrem Luftkurort." Einem „Sozialismus der Tat" redete er das Wort, als er sich mit einer Kritik an seiner Rede zum 60. Geburtstag des bewunderten

Heinrich Mann auseinandersetzte. In Moskau, während der Rede des Dr. Laidlaw, fragte sich Pitt, ob der sozialpolitische Agnostiker Benn nicht vielleicht Sympathie gehabt hätte für das pfennigfuchserische trial-and-error der Genossenschaften – aber damals kannte er ja Benns kommunikative Komplizenschaft mit dem Gleichschalter Egmont Seyerlen noch nicht.

Der Dichter Benn hält sich für radikaler, für revolutionärer, wenn er dem Menschen sagt: „so bist du und du wirst nie anders sein." In der gesellschaftlichen Entwicklung sieht er zwei Konstanten. Die erste: „Die Armen wollen immer hoch und die Reichen nicht herunter." Die zweite: „Ich halte die Arbeit für einen Zwang der Schöpfung und Ausbeutung für eine Funktion des Lebendigen." Pitt, auf den Vortrag des Dr. Laidlaw trotz abirrender Gedankensprünge konzentriert, sinnt Benns statischer Erkenntnis nach und fragt sich, ob die im *Cosmos* tagenden Genossenschaften, die allesamt dem reformistischen Credo der kleinen, versuchenden Schritte verpflichtet sind, etwas Sinnvolles tun.

Hier in Moskau spielt der Roman *Anna Karenina*, den Thomas Mann für den größten Gesellschaftsroman der Weltliteratur hält. Was sollen wir tun? – die ewige Frage. In ihm diskutieren die Brüder Lewin, Konstantin und Nikolai, als säßen sie unter den Delegierten des Genossenschaftskongresses, über verschiedene Ansätze kooperativer Modelle auf dem Land. Der eine hat seine kommunistische Aversion gegen Eigentum, Kapital und Erbrecht, der andere – auf der Suche nach einem russischen Weg – denkt liberaler auf den Spuren Hermann Schulze-Delitzsch' und Ferdinand Lassalles. Lewin will sogar ein Buch darüber schreiben, wie Arbeit und Produktion auf genossenschaftlicher Grundlage neu organisiert werden können, mit mehr Nutzen für seine Arbeiter auf den Gütern und für sich selbst. Dass er mit einer Molkereigenossenschaft beginnen will, gefällt Pitt, der an seine indischen Erfahrungen denkt. Er kann den skeptischen Viehhüter Ivan überzeugen, seine Kühe in geheizten Ställen von Genossenschaften unterzubringen und süßen Rahm zu Butter zu verarbeiten. Doch der begreift nicht, dass sein Lohn nur noch ein Vorschuss auf seinen eigenen künftigen Gewinn ist. Lewin ist entschlossen, sich „in Zukunft als gleichberechtigter Genossenschafter mit den Arbeitern an der Wirtschaft zu beteiligen" – einer Wirtschaft, die ihm gehört: so machte es später der Schweizer Migros-Gründer Gottlieb Duttweiler, in dessen Park Thomas und Katja Mann in ihrem Kilchberg so gern spazieren gingen. Natürlich stößt Lewin auf große Widerstände: seine Bauern wittern hinter seinen Ideen eine aristokratische Gaunerei und verhalten sich eigensüchtig-destruktiv. Bei der Lösung der sozialen Frage gibt es nicht den Konsens der Herzen, der zwischen Lewin und Kitty herrscht.

Der junge Klaus Mann kann sich mit Benn wie mit dessen Kritikern Becher und Kisch verständigen; sein radikaler Kunstwille verträgt sich mit dem Fortschrittswillen. Er sieht das Tragisch-Humane und das Demokratisch-Soziale in einer selbstverständlichen Nachbarschaft, wie sie Deichgrafen und Feuerwehrmänner definieren. Als er aus dem *Metropol* abreist, sieht er sich wieder in der Nähe Benns, dieses „verwandten und bewunderungswürdigen Geistes". Er ist jünger und erfahrener, enthusiastischer und wissender als der. Die Beschäftigung mit den „Mysterien des irdischen Daseins" – mit Lust, Tod, Rausch, Einsamkeit – sei nicht „notwendiger- und unvermeidlicherweise Sabotage am sozialen Fortschritt". Doch in Moskau hat er sich vorsichtig ans Ritual der Heilsbeschwörung gehalten und sich gehütet, bei der versammelten Intelligenz mit seiner Meinung Dissonanzen zu säen.

Der russische Verbandspräsident auf dem Podium des Genossenschaftskongresses scheint vom Nickerchen in einen Tiefschlaf hinübergeglitten zu sein. Kein Ruck geht durch seinen massigen, auch im diskreten Schlummer Haltung bewahrenden Körper, als der Doktor Laidlaw in den *Cosmos*-Saal ruft: die Umarmung durch den Staat sei für die Genossenschaften ein „Todeskuss". Hier ist nicht die literarische Welt des *Metropol*. Hier geht es um das ABC der praktischen Ratio – wobei das A für administrators, das B für businessmen, das C für communicators steht. Pitt sieht sich in der C-Rolle: drittrangig, aber notwendig. Er ist kein Literat wie Klaus Mann, doch seine Tätigkeit ist der des jungen Schriftstellers affin, der sich als Mittler zwischen dem Geist und dem Leben sieht.

Dr. Laidlaw zitiert das Ehepaar Sidney und Beatrice Webb, die beiden führenden Mitglieder der famosen Fabian Society, die sich auf ihrem Reformweg in Opposition zum umstürzlerischen Karl Marx sah, auch Shaw gehörte ihr an, und wenn in den Assoziationen auch der Name H. G. Wells aufblitzte, war sogleich wieder Klaus Mann in seinem *Metropol* im Spiel. Er hatte den Autor des *Krieg der Welten* überredet, seine Zeitschrift *Decision* zu fördern, auch wenn der in einer neuen literary review eine „Kateridee" sah. Literatur entscheidet nichts. Aber sie kann Entscheidungen vorbereiten in den Köpfen von Menschen an Scheidewegen.

Erkennbare Spuren eines „kooperativen Gemeinwesens" im Jahr 2000? Davon lässt John Dos Passos in seiner *USA-Trilogie* junge Protagonisten träumen, die fasziniert sind von dem Reformsozialisten Edward Bellamy, der seine Leser aus dem Jahr 2000 zurückblicken lässt auf das Jahr 1887, in einem utopischen Roman, der so populär war wie *Uncle Toms Hütte* (und den Autor zu einem amerikanischen, allerdings sehr wirkungslosen Gegenstück von Karl Marx machte). Die kritische dystopische Pointe setzte H. G. Wells in seinem SF-Roman *Wenn der Schläfer erwacht*: der findet sich, von den vielen Katheder- Sozialisten des ausgehenden 19. Jahrhunderts in einen Tiefschlaf versetzt, im Jahr 2100 nicht in einem sozialen Paradies wieder, sondern als unermesslich Reicher in der Gegenwelt einer Trust-Oligarchie ohnegleichen, in der Genossenschaften höchstens die öffentlichen Toiletten führen dürfen.

„Nichts im Leben ist wertvoller als der Einzelmensch", ruft der Dr. Laidlaw, gewiss in provokatorischer Absicht, in den Saal, und der russische Präsident nickt, tatsächlich – oder ist es nur ein Reflex seines Schlummers? Klaus Mann hatte bei André Gide, seinem großen Meister, die humane Lebensformel des „individualisme serviable" gefunden, die Traum-, Zauber- und Leitformel für einen Individualismus, „der sich einordnet, aber nicht unterordnet". Gide hat seinen Begriff aus der dem

Tag und der Pflicht verbundenen Erscheinung Goethes entwickelt, von dem der knurrige H. G. Wells im Gespräch mit dem ungestümen Zeitungsgründer gesagt hatte, er sei wohl „doch nicht so ganz unbegabt".

Der Dichter könne nicht die Welt verändern, hatte Gottfried Benn für sich entschieden: das „decision"-Pathos war ihm fremd. Nur individuelle artistische Vollendung zähle. Gides Lebensformel würde er nie akzeptieren. „Ich oder Gemeinschaft, Hingabe an den sozialen Verband oder Selbstgestaltung, Politisierung oder Sublimierung" – das sind seine Ausschließlichkeiten. Aber 1933 hatte der Dichter die Fessel seines Ego-Programms gesprengt und sich in den kollektiven Strom geworfen. Ursprungsmythen hatten den Mann des Quartärs überwältigt. Er wollte zur verändernden Macht gehören, die sich eins mit der Gemeinschaft weiß: er empfing vom Bruderstaat den Todeskuss.

Der Brief Klaus Manns an den geliebten Dichter, in dem er den Verlust beklagte, den die geistige, die literarische Welt durch den Verrat erlitten habe, gehört zu den großen Zeugnissen der Literatur; er ist ein bewundernswürdig dienender Brief eines Lesers an seinen Autor. Benn hat ihn nach dem Krieg in seiner autobiografischen Rechtfertigung veröffentlicht. „Was konnte Sie dahin bringen, Ihren Namen, der uns der Inbegriff des höchsten Niveaus und einer geradezu fanatischen Reinheit gewesen ist, denen zur Verfügung zu stellen, deren Niveaulosigkeit absolut beispiellos in der europäischen Geschichte ist?" hatte der 27jährige Klaus Mann 1933 den „lieben und verehrten Herrn Doktor Benn" gefragt. Auch Kisch und Becher hatten Benn ja nicht nur eine Gleichgültigkeit gegenüber Lohnfragen vorgehalten, sondern sie hatten in der mythischen Attitüde des mondänen Dichters den langen Anlauf zum kurzen Sprung in die „politische Reaktion" gesehen, wie Klaus Mann. Benn hat den Brief seines begabten „klarer denkenden" Lesers nach seiner immer noch hochmütig-trotzigen Rückkehr in die literarische Welt nicht „ohne Rührung" gelesen. Er hätte heulen sollen.

1933 hat Gottfried Benn seinen artistischen Geist nicht der Gemeinschaftsideologie zum Opfer gebracht, sondern er hat die

Verlogenheit einer Idee, die er bewusst seiner Ich-Verfallenheit entgegengesetzt hat, nicht erkannt (in „ruchlos-infantiler Leichtgläubigkeit", wie Klaus Mann sagte). Hatte er Ernst Jüngers *Arbeiter* gelesen? Die Arbeit, befindet der Kassenarzt im Arbeiterviertel, habe ihren „Strafcharakter als proletarisches Leid" verloren, sie stehe da als Grundlage einer „neu sich bildenden, die Stände auflösenden Gemeinschaft". Ja, das könne er bezeugen, nicht als intellektueller Zeitzeuge, sondern als Mann der ärztlichen Praxis: die Arbeiter, für deren Rechte sich ein Thomas Mann so vehement und folgenlos eingesetzt habe, würden jetzt in ihren Betrieben tatsächlich besser behandelt, die Personalchefs seien höflicher, die Arbeiter hätten mehr Macht und seien besser geachtet, sie arbeiteten in besserer Stimmung. Die neue „typologische Variante" sei auf den Weltplan getreten, eine „vorwärtsgerichtete", eine „moderne" Staatsidee wollte den marxistischen Gegensatz von Arbeiternehmer und Arbeitgeber auflösen in einer „höheren Gemeinsamkeit": alle seien Arbeiter.

Aus dem Dienst an einer wie immer verstandenen Gemeinschaft, die den Geist in rauschhaftem Wahn verzehrt und verschlingt, kehrt Gottfried Benn sehr schnell zurück zu dem strengen Dienst „am Gegenglück, dem Geist". Als er, verkleidet als Konsularbeamter – in seinem hannoverschen Wohnhaus in der Arnswaldstraße residiert später tatsächlich ein Konsulat – , im Weinhaus Wolf sitzt, ist er längst wieder eingetaucht in die „Gestaltungssphäre" mit ihren menschenfernen Formgesetzen, ihren „Differenzierungsstürmen", in die Sphäre des Geistes, der nicht dem Leben dient.

In dem Dichter Benjamin Pelz, dem „kleinen gedrungenen Mann mit sanften blauen und kalten Augen, hängenden Wangen und einem dicken, grausam lüsternen Mund", den Klaus Mann in seinem Roman *Mephisto* in sublimer Bestrafung eines abgefallenen Geistes in den Hofstaat des Hermann Göring und des opportunistischen Theatergenies Hendrik Höfgen, ja schlimmer noch, in den „Kultur-Senat" versetzt hat, muss Benn sich nicht mehr erkennen. Er liest den Schlüsselroman, den sein Autor ihm mit einer melancholischen Widmung geschickt hat („die

Du verlassen, sie atmen noch"), als ein schon veraltetes Pamphlet. Es erfasse gar nicht „den Kulturhaß, das aufgeplusterte Mittelmäßige", das sein Verfasser in seinem Exil nicht erlebe. Die Verrücktheiten des Jahrhunderts hätten die Gehirne „durchgespült", und niemand solle sich wundern über das „dicke Fell", das dies alles ertrage. Ein moderner psychologischer Begriff war ihm noch fremd: die Resilienz, die im Milieu der Bücher ein Selbstschutz ist.

Dieser kleine Teufels-Roman hatte in den Hamburger Kammerspielen begonnen, am Besenbinderhof, an dem jetzt Pitts Genossenschaftszentrale stand. Wenn er mit dem Dr. Rehden in der weitläufigen Kantine unter den Fresken saß, die das Volk bei seiner Arbeit zeigten, haben sie auch über den seltsamen genius loci des Grundstücks Besenbinderhof Nr. 50 gesprochen. Die Worte großer und kleiner Autoren und Schauspieler hallten einst durch den Raum, in dem jetzt die Teller klapperten. Gustaf Gründgens hatte das Stück des blutjungen Mann uraufgeführt, *Anja und Ester*, mit ihm selbst, den Mann-Geschwistern Erika und Klaus und Pamela Wedekind als Darstellern. In der Nähe steht das Museum mit der Wolffschen Benn-Büste, und abermals wenige Schritte weiter das *Hotel Kronprinz*, in dem der alte Benn mit seiner letzten (?) Geliebten wohnte, die bald danach auf dem Dahlemer Waldfriedhof „auf sieben hölzernen Sprossen" in die für ihren Orpheus bestimmte Grube kletterte, um seine ewige Wohnung zu inspizieren.

Klaus Mann, der hell- und weitsichtige Kritiker seines „verruchten Lieblingsschriftstellers" (so der Martin im Roman *Vulkan*), ist einer aus der Klasse der Leser, die wegen ihrer als Gabe oder Passion empfundenen Berührbarkeit den Heimsuchungen in stärkstem Maße ausgesetzt sind, wie Gottfried Benn selbst: „Mir geht jedes geschriebene oder gedruckte Wort direkt mit einem Stich ins Gehirn."

Der Exilant wandert am 10. August 1941 durch das nächtliche New York, in einer Stunde der Heimsuchung. Eine Zeile von Gottfried Benn geht ihm – „trotz allem" – nicht aus dem Sinn, der Anfangsvers des Gedichts, dessen erste und dritte Strophe er in sein Tagebuch schreibt:

„Einsamer nie als im August …" Kennt er die Strophen by heart, hat er die *Ausgewählten Gedichte* im Gepäck, den letzten, in Hannover zusammengestellten Band, den Benn im Dritten Reich veröffentlichen kann? Es ist immer dieser Benn, der an der Seite seines so kritischen, so verständnisbereiten Lesers geht, jetzt in New York, dem stinkenden, glühenden, im aufgeweichten Asphalt. „Die Stadt gefällt mir. Ich mag Städte. Ich mag diese Stadt. Ich habe keine Sehnsucht nach den Bergen oder nach dem Meer." Der Autor an der Seite seines Lesers nickt, grimmig. Der denkt an seinen Sonntagsausflug zum Wittekindsberg an der Porta Westfalica, von dem er seinem Leser Oelze eine Karte mit dem Weserlied schicken wollte, die er aber zerriss. Der mythische Raptus nach Heimat, Ebenen und Erde lag, 1935, weit hinter ihm. „Heute wie noch nie sieht man ja, wie sehr dies Land die Großstadt, Riesenstadt, Metropole, verfaultesten Asphalt nötig hat: nur hier gebiert sich Verfeinerung."

In seinem *Wendepunkt* beschreibt Klaus Mann die Wendung des jungen Schriftstellers, dessen primäres Interesse in der ästhetischen Sphäre liegt, hin zu „einer politisch verantwortungsbewussten, sogar kämpferischen Position". Auch er erlebt das Augenwunder, das Arthur Ohlsen in seinem Aufsatz beschrieben hatte: nicht Stalin durfte er in die Augen blicken, denn der hatte sein Erscheinen auf dem Moskauer Schriftstellerkongress abgesagt, sondern dem demokratischen Weltführer. Ihm wurde er 1939 anlässlich eines internationalen Schriftstellerkongresses im Weißen Haus vorgestellt, gemeinsam mit Ernst Toller, dem letzten Besucher der verlorenen Bibliothek von Vater Mehring. „Wie blau sie sind! Und so hell …" – die Augen Franklin D. Roosevelts in der „lichten Intensität des Schauens". Ach, Schriftsteller sollten Politikern nie in die Augen schauen: der Augenblick ist zu kurz, um zu klugen politischen Anschauungen zu kommen.

Es sind die Augen einer Frau, in die Aragon in Basel schaut. „Clara" – der Titel des Epilogs. Vielleicht haben Claras Augen eine Konversion bewirkt. Als Clara Zetkin 1933 starb, trug Stalin ihre Urne zum Grab in der Nekropole an der Kremlmauer. Der „Autor dieses Buches" hat sie kurz vor ihrem Tod 1933 in Moskau gesehen – Ende 1932 hatte sie noch im Reichstag kurz vor Hitlers Machtergreifung auf dem Stuhl der Alterspräsidentin gesessen und von dort aus vom „Kommen Sowjetdeutschlands" gesprochen. Sie hatte „diese übergroßen und herrlichen Augen, die Augen des ganzen werktätigen Deutschland, blau und lebendig wie tiefes Strömen des Wassers. Etwas von Meeresleuchten lag darin, etwas von dem Ahnherrn der Sage, dem alten deutschen Rhein." Der Surrealist ist noch einmal in dem revolutionären Epiker aufgestanden.

Ein Paparazzo (hat Aragon sich den Fotoapparat umgehängt?), der Clara in Basel folgt, „an die schönsten Frauen von Paris gewöhnt", achtet nicht auf den „schmalen deutschen Mund mit den abwärtsgebogenen Winkeln, den Mund Goethes und Hegels, nein, er sieht nur den Blick, die klaren Augen Claras." Er sieht das Bild der Frau, die „im Mittelpunkt des Buches hätte stehen sollen". Ach ja! „Die Welt, lieber Leser, ist für manchen Geschmack schlecht gebaut, ebenso wie mein Buch für Deinen Geschmack." Der Roman hat sein Ziel verfehlt: das Bild der Frau von morgen, der in allen Dingen gleichgestellten, wird nur in Clara Zetkins Basler Worten zu den Müttern und Frauen gegen den kriegerischen Massenmord beschworen. Wenn es dem Autor gelungen sei, dem Leser nur „eine Ahnung" von diesen kommenden Dingen zu erwecken, dann spiele der Roman keine Rolle mehr: dann „kannst Du dies Buch meinetwegen voller Verachtung zerreißen."

Wahrscheinlich kannte Marcel Reich-Ranicki, der alles kannte, diese Passage, obwohl er andere Motive hatte, das *Weite Feld* von Günter Grass auf dem *Spiegel*-Titel spektakulär und in einer etwas lächerlichen Pose zu zerreißen. Als Aragon den wenig später ermordeten Jean Jaurès in Basel über das Symbol der Glocke, deren Klang das Weltgewissen wachrufe, und die lateinischen Einsetzungsworte des Liedes sprechen lässt, kann er sich's nicht verkneifen, Schiller einen „mittelmäßigen Dichter" zu nennen. Deutsche Kritiker hielten den Schriftsteller Günter Grass in seiner Auseinandersetzung mit dem Politiker in ihm für gescheitert. Pitt ist Leser und meint, Heimsuchungen in jeder Leselage akzeptieren zu müssen, dazu gehören auch die Gut- und Bösachten der Kenner.

Klaus Mann blickt in die Zukunft des Jahres 1965, in dem der junge Pitt in Genf, in der Mitte zwischen Moskau und New York, mit vielen Experten an den genossenschaftlichen Programmen für den dritten Weg bastelt. In diesem Jahr 1965, orakelt der junge Mann, würde es nur noch „die universale Ordnung oder das universale Chaos" geben. Seit Kierkegaard lieben die Autoren die Entweder-Oder-Frage: Geist oder Leben, Himmel oder Hölle, libre o muerte, Kapitalismus oder Sozialismus, alle diese Dichotomien des politischen Irrens und Scheiterns – „„Eau de Cologne ou la vie!' – eins von beiden, eine andere Wahl gibt es nicht", sagte Dostojewski, der sich selbst in phantastische politische Vorstellungen verrannt hat.

In diesem Jahr wird Pitt auf dem Genfer Rasen in den Dokumenten des ILO-Generaldirektors lesen und hinaufblicken in die Kronen der alten Bäume mit ihren knorrigen Ästen in markanten Gabelungen, dem Filigran der Zweige und dem Gewirr vorwitziger Triebe. Die Stämme stehen in den Stürmen der Zeit in lebendiger Festigkeit. „Die positive Entwicklung nimmt sich Zeit und bleibt unvollkommen." Aber diesen Satz liest Pitt bei Klaus Mann und nicht in den Texten des Generaldirektors. Auf einer Tafel an der behüteten und restaurierten 250jährigen Eiche im Berner Gutspark, in Hamburg, liest Pitt: „Auch ein alter langsam sterbender Baum hat noch viel zu bieten. Aber Vorsicht ist geboten." Doch hundert Jahre könne er noch weiterleben.

Klaus Mann ist nicht nach St. Petersburg gefahren. Warum hat es ihn nicht gereizt, die „kühle und bleiche Stadt" zu besuchen? Hätte er Tschaikowskys Künstler- und Leidenswelt in seinem Roman dann nicht besser beschreiben können als in den Klischees der „weißen Nächte", in denen die „tiefsinnigen, schwatzhaften, verzückten, närrisch-tragischen Dostojewski-Käuze" leben?

Dieser Helden wegen ist Pitt von Moskau nach Leningrad gefahren. Er wollte durch die Straßen laufen, in denen Dostojewskis Figuren in unaufhörlicher Bewegung von einem zum andern hetzen, als hätten sie nichts anderes zu tun im Leben, als sich zu peinigen und sich wechselseitig aus ihrer Verfallenheit an Gesellschaft und Gott, Reformen und Russland zu erlösen. Er wollte die Peter-und-Paul-Festung sehen und den langen Newski-Prospekt entlangwandern bis zum Friedhof des Alexander-Newski-Klosters, auf dem der Dichter 1881 in einer nationalen Demonstration ohnegleichen beigesetzt worden war.

Diese Fahrt hatte auch Gottfried Benn angetreten, in seinen *Statischen Gedichten*, im Gedicht „St. Petersburg – Mitte des Jahrhunderts", in die Welt des Mörders Raskolnikoff und der Prostituierten Sonja, der „mit dem gelben Billet". Pitt musste sein Bett auf der Bahn – anders als Tschaikowski in Manns Roman – selber machen, dafür kam aber die Bilderbuch-Matruschka mit einer riesigen Emailleteekanne – leider nicht mit dem Samowar, bei dem die „Käuze" ihr „unzusammenhängendes Zeug" schwatzen oder ihre tödlichen Ideengespinste in der Marter der Monologe und der Spannung der Dialoge aus sich herauspressen.

Mit dem Nachtzug war Pitt in Leningrad angekommen. Auf allen Bahnsteigen der urbanen Bahnhöfe drängt sich eine gesichtslose Menge, aber wenn man in St. Petersburg das „Coupé" verlässt, dann scheint es einem plötzlich, dass sich „ein seltsamer glühender Blick zweier Augen" aus der Schar der Wartenden und Eilenden auf einen richtet. Diese Augen lauern einem auf, wo immer man geht und steht in dieser Stadt. Es sind die Augen Rogoshins, die den Fürsten Lew Nikolajewitsch Myschkin verfolgen, im Bahnhof, am Schaufenster des Geschäfts, in dem Myschkin geistesabwesend auf ein Hirschhornmesser starrt, auf der schmalen, dunklen steinernen Wendeltreppe. Rogoshin wird sein Messer auf Myschkin richten, aber töten wird er ihn nicht, den Idioten, den Bruder, mit dem er das Kreuz getauscht hat. Er muss die Frau töten, die keine Liebe aus ihrem Stolz und ihrer Verzweiflung befreien kann.

Russland ist das Land der radikalen humanen und gesellschaftlichen Debatte – jedenfalls in der Sphäre der Literatur. *Was tun?* hatte

Nikolai G. Tschernyschewski 1863 im Titel seines utopischen Romans gefragt, mit dem er die Jugend begeisterte. In seinem Roman *Die Gabe*, in dem er diesem Schriftsteller ein vexatorisches Kapitel gewidmet hat, gibt Vladimir Nabokov die Antwort: „Leben, lesen, denken. An der eigenen Entwicklung arbeiten, um das Ziel des Lebens zu erreichen."

Wie der Dr. Laidlaw über 120 Jahre später hatte Tschernyschewski, der Literat und Volkswirt, sich kritisch mit den großen britischen Ökonomen auseinandergesetzt und den kleinen Leuten, „die hoch wollen", das Ideal der genossenschaftlichen Arbeit gemalt: der vernünftige Egoismus, der sich in Solidarität einbinde, könne die soziale Frage beantworten. (Der deutsche Gewerkschafter und Genossenschaftsgründer Adolph von Elm hatte vom „edlen Egoismus" gesprochen. Pitts Freund Burchard Bösche, 2019 verstorben, hat über seinen „geistigen Vater" A. von Elm eine Biografie geschrieben, und die bronzene Büste des Protagonisten steht im Hamburger Genossenschaftsmuseum, das Bösche gegründet hat und durch das der alte Pitt gelegentlich Gruppen junger und alter Genossenschaftsfreunde geführt hat).

In seiner frühen Zeit hatte Dostojewski in seinen *Winteraufzeichnungen über eine Sommerreise* – seiner ersten Reise in westeuropäische Länder nach der langen sibirischen Verbannung – das Resümee seiner enttäuschten Hoffnungen gezogen. In Frankreich hatte er nur den kleinen Bourgeois gefunden: tatsächlich sei der, der tiers-état, dem der Abbé Sièyes vor der Revolution versprochen habe, dass er „alles" sein würde, das gesellschaftliche Muster geworden. Die Arbeiter und Landleute seien in ihrer Seele gleichfalls Besitzer, die nur das eine Ideal hätten, Besitzer zu sein und sich möglichst viele Sachen anzuschaffen. Freiheit, das sei die Einsicht, dass ein Mensch ohne eine Million nicht jemand sei, der nicht alles mache, was er wolle, sondern jemand, mit dem man mache, was man wolle.

Und die „Brüderlichkeit" der Sozialisten? Könne man sie künstlich schaffen und organisieren, da sie doch nicht in der Natur liege? Westeuropa mit seinem „Prinzip der Einzelperson", in seinem „Selbstbetrieb", befindet der Dichter, habe sich ein Fraternisierungsverbot auferlegt. Und wenn schon von Brüderlichkeit geredet werde, dann berechne der vernünftige Egoist seine Vorteile immer noch im Saldo: „wie viel jeder davon verdiene und wie viel ein jeder freiwillig auf Kosten seiner Persönlichkeit der Genossenschaft abzutreten habe". Die genossenschaftliche Losung des „einer für alle und alle für einen" habe ja einen verbrüdernden Charme, aber bitte doch: für mich ein wenig mehr. Selbst diese Trickperspektive reiche nicht aus, um ein „winziges Körnchen" der persönlichen Freiheit zum Wohle der Allgemeinheit abzugeben. Wer gehe schon freiwillig ins Gefängnis einer solidarischen Gemeinschaft?

Dostojewski sieht das „allerfeinste Härchen", das, in die ideale soziale Maschinerie gefallen, sie immer wieder zum Stocken und Bocken bringt: die Reflexion auf den eigenen Vorteil. In der Corona-Pandemie des Frühjahrs 2020 rafften die Menschen Toilettenpapier und Nudeln in unsinnigen Mengen an sich. Gleichzeitig schlugen Abertausende von Ärztinnen und Ärzten, Schwestern, die Pflegerinnen und Pfleger, die Sanitäter ihre Gesundheit, ja ihr Leben, in die Schanze für das Überleben von unbekannten Menschen. „Brüderlichkeit" könne es nicht geben ohne das Liebesprinzip, das natürliches Verantwortungsgefühl geworden sei. Bis zum Kreuzestod, bis zum Scheiterhaufen müsse es seine Wahrheit in kategorischer Hingabe erweisen, im freiwilligen, vollkommen bewussten, „durch niemand und nichts erzwungenen Opfer seiner selbst zugunsten aller". Darin erreiche die Persönlichkeit ihre höchste Macht, der persönliche Wille seine größte Freiheit.

In Dostojewskis St. Petersburg kann man sie treffen: die verbohrten Sonderlinge, die Träumer, die „Käuze" und Winkelrevolutionäre, die wie der traurige Held der *Hellen Nächte*, wie die Raskolnikoffs, Schatoffs und Kiriloffs ihre vier Wände lieben – „die unfehlbar hellgrün angestrichen, öde, trübselig und in einem nahezu unstatthaften Maße verräuchert sind" – die vereinsamten Großstadtmenschen, deren Opfer niemand haben will, die Idioten, die sternschnuppengleich das Licht ihres reinen Liebesprinzips entfalten und in der Schwärze der geistigen

Umnachtung versinken. In der Kälte des vernünftigen Egoismus lässt der Dichter seine glühenden, aus der Unbedingtheit lebenden Figuren erfrieren. Alles ist rätselhaft in dieser Stadt der Heimsuchungen durch die Geschöpfe einer unvernünftigen Phantasie.

Rätselhaft überraschend Benns Gedicht „St. Petersburg – Mitte des Jahrhunderts", das Gedicht eines Dostojewski-Lesers. Sein Protagonist – „als Ganzes weltanschaulich stark bedrängt" – ist der Mörder Raskolnikow, den Sonja zu seinem öffentlichen Geständnis an den Kreuzweg führt. Der Dichter markiert am Beginn des Gedichts den Text eines Gesanges, der aus „ultratiefen" Bässen aus der Isaak-Kathedrale dringt. „Jedermann, der einem anderen hilft, / ist Gethsemane / jeder, der einen anderen tröstet / ist Christi Mund". Das Gedicht entfaltet seine Gedanken in einem langen lyrischen Essay in vielen Versen. Und der Dichter der künstlerischen Ich-Radikalität lässt es enden mit dem Zitat als eigenes Wort, das nicht mehr in Anführungszeichen steht: Jeder, der einen anderen tröstet, ist Christi Mund.

# Kriegskameraden

Wer einen Menschen mag, sollte versuchen, seinen Lieblingsautor zu lesen. Es ist jedoch schwierig, den Favoriten eines Viellesers zu ermitteln, weiß man doch kaum selber, welchem Autor man den goldenen Apfel reichen wird. Arthur Ohlsen war ein Vielleser gewesen, früher, doch in den Monaten des Mansardensommers las er schmalspurig Raymond Chandler. Er hatte viele Bücher empfohlen, nie jedoch den Chandler. Hatte Pitt nicht auch früh die Abneigung entwickelt, seine Lieblingsautoren den Freunden zu empfehlen? Die Hartnäckigkeit, mit der er dem alten Herrn Ohlsen Thomas Mann aufnötigte, war eine Ausnahme: das war Akquisition in pädagogischer Absicht.

Auf dem Fensterbrett und in den Korbsesseln der Veranda, im Badezimmer und in der Gartenlaube lagen die Ullstein-Bände herum: *Der tiefe Schlaf, Das hohe Fenster, Der lange Abschied, Lebewohl, mein Liebling.* Pitt war schon zur Heimfahrt in die ersten Semesterferien gerüstet – etliche karge Wochen der Aushilfe in der Giroabteilung der Stadtsparkasse lagen vor ihm –, als er den Chandler zu lesen begann, heimlich, das *Abendblatt* als Tarnnetz immer in Griffnähe, wenn Arthur Ohlsen im Lädchen stand oder oben in der Kammer auf seinem Bett lag. Rasch sah er, dass dieser Philip Marlowe ein literarischer Held war, der ein das Genre transzendierendes Interesse an den Menschen nahm, ein anarchischer Sonderling, der nicht dem Gesetz zu dienen schien, sondern den Figuren, die in einer unheilbar korrupten Welt in seine Netze hineingestoßen werden. Pitt dachte an Upton Sinclair, der Klaus Mann vor seinem letalen Entschluss sein „Don't do it!" zugerufen hatte. Das Bild der verlorenen Stadt im *Hohen Fenster*, bevölkert von alten Männern, deren Gesichter an „verlorene Schlachten" erinnern (sind sie jetzt auch eingegraben in Pitts Gesicht?), von Frauen mit Gesichtern wie „abgestandenes Bier", von ausgebrannten Intellektuellen mit Raucherhusten und ohne Geld auf der Bank – Pitt horchte erschrocken auf den mal bellenden, mal krächzenden Husten über ihm und drückte schnell die Zigarette aus.

In knappen Sätzen wurde der Drink aus Gangstertum, Politik, Wirtschaft gemixt, den eine entfesselte Welt gerade noch verträgt. Versunken in die Nächte der tausend Verbrechen im *Tiefen Schlaf*, sah Pitt sich vom Hausherrn gestellt: „Lesen Sie den nur, der weiß Bescheid, der war Manager im Ölgeschäft, bis sie ihn gefeuert haben. Das sind meine Buddenbrooks." Der Autor, ein erfolgreicher Vizepräsident, gefeuert in der Großen Depression, knüpfte mit Groschenkrimis an die Schriftstellerträume seiner Jugend an, arbeitete sich verbissen heran an den großen Roman, mit Hilfe von viel, viel Alkohol. „Den haben sie in die Psychiatrie gesteckt, wie mich. Wissen Sie, dass er im Frühjahr gestorben ist? Er war nur ein paar Jahre älter als ich." Das alles hatte Pitt nicht gewusst.

Ohlsens Freund, der Kaffeeröster und ehemalige Bankboss, hielt nichts von Chandler. „Lies doch nicht immer diesen Schund", hatte er geknurrt, als er an einem Juliabend plötzlich, vom Garten her kommend, in die Veranda getreten war. Pitt hatte ihm innerlich zugestimmt, denn er hatte noch nichts von Chandler gelesen. Arthur Ohlsen hatte schwach protestiert, immer noch in der flüchtigen Verschrecktheit eines Mitarbeiters gegenüber dem raunzenden Chef. „Du hast doch genug Leichen gesehen in deinem Leben." Das Gespräch pendelte noch eine Weile um die Frage, ob Leichen das Charakteristikum des Kriminalromans seien oder nicht vielmehr, wie Arthur Ohlsen meinte, die gesellschaftlichen Konstellationen, die sie produzierten.

Pitt sah die alten Kriegskameraden in den Korbsesseln. Sie rauchten und hielten die Teegläser in den fleckigen Händen, als müssten sie sie in der Sommernacht wärmen. Mit einer Neugier, die ein Synonym für Taktlosigkeit ist, hakte er sich in das Gespräch ein, ein großäugiger Candide in der verworren-blutrünstigen Welt: „Haben Sie eigentlich –

ich meine, im ersten Weltkrieg – Menschen getötet?" Der Kaffeeröster sah ihn lange forschend an und sagte: „Ich habe am MG gesessen, da war ich so alt wie Sie." Mit Entsetzen sah Pitt auf den schmalen gebeugten Rücken Ohlsens, der die Veranda verließ. „Das hättest du nicht fragen dürfen, min Jung!" sagte der Kaffeeröster. Doch Arthur Ohlsen war schnell zurück und blickte Pitt freundlich an. Er hielt ein schmales Buch in der Hand, ein Insel-Bändchen. Er hatte es schon aufgeschlagen. Er las, nein, er trug viele Verse des langen Gedichts nahezu frei vor, mit zuckenden Brauen, über denen die Stirnfalten tanzten.

„Nebel umfloren mit grauem Tuch
Das Hochgericht,
Und nur um die goldene Kirche streift
Der Morgen mit frostig blühendem Licht.
Schweigend treten sie alle an.
Ein Leutnant liest ihren Urteilsspruch:
Tod für Verrat durch Pulver und Blei.
Tod!
Das Wort fällt wie ein wuchtiger Stein
In den frostigen Spiegel der Stille hinein.

Dostojewski, Petersburg, Semenowskplatz, 22. Dezember 1849, von Stefan Zweig. Dieser Leutnant – der bin ich."

„Der Zweig liebt die starken Ausdrücke", sagte der Kaffeeröster, „vergiss ihn". Nach tiefen Atemzügen sagte der Rezitator: „Ich habe nicht getötet. Ich habe ein Erschießungskommando geführt." Mit einer breiten steilen Hand wischte der Kaffeeröster das Thema vom Tisch. „Russische Spione, das musste sein." Hatte Pitt nicht verstanden, dass Arthur Ohlsen aus dem fleckigen Büchlein mit dem zerfledderten Rücken – den *Sternstunden der Menschheit* – gerade ein Bekenntnis vorgetragen hatte? „Aber die sind doch gar nicht erschossen worden!", rief er aufgeregt, „der Zar hat sie doch begnadigt." Seine beiden Spione seien erschossen worden, sagte der Ex-Leutnant Ohlsen, und der Kaffeeröster: „Da gab's kein Pardon. Setz dich hin, Arthur."

Natürlich hatte Pitt gehofft, der alte Leutnant würde über die Hinrichtung, die er kommandiert hatte, sprechen. Aber der sprach plötzlich von seinem Brief an Thomas Mann, den Pitt – oh, er ärgert sich immer noch darüber, nach sechzig Jahren – zur Versteigerung gegeben hatte. Er habe Thomas Mann nicht nur Schmeichelhaftes über seine „Betrachtungen" geschrieben. Er habe auch Kritik geübt, an jener Passage, in der sich der Mann über die Erschießung einer englischen Spionin in Belgien ausgelassen habe, der berühmten Edith Cavell: da sei er einer Legende aufgesessen, als er geschrieben habe, der kommandierende deutsche Offizier habe die Spionin aus Menschlichkeit mit einem Revolverschuss getötet, nachdem sie vor der Erschießung ohnmächtig geworden sei. „Das ist ganz unmöglich!" rief er erregt, „das war ein eisernes Reglement. Da konnte doch ein Offizier nicht einfach hingehen und schießen."

Der Kaffeeröster hatte in eisern direktorialer Liebenswürdigkeit an Pitts morgendliche Vorlesungen erinnert. Die halbe Nacht haben die Veteranen in der Veranda gesessen; auch er hatte eine schlaflose Nacht. Er sah sich zurückversetzt in die Julinächte des vergangenen Jahres, in denen er in einer efeuüberhangenen Laube zwischen Bohnenstangen, Gartengeräten und rostigen Tonnen im Petroleumlicht Dostojewski gelesen hatte, alles, was die Stadtbibliothek zu bieten gehabt hatte, so alt, so jung wie Dostojewski, als der an seinen Bruder schrieb: „Lernen, was zugleich Mensch und Leben bedeutet, gelingt mir recht gut. Ich kann mir die Charaktere der Schriftsteller aneignen, mit denen ich den besten Teil meines Lebens frei und froh verbringe"; und: „Der Mensch ist ein Geheimnis. Man muss es enträtseln, und wenn Du es ein ganzes Leben lang enträtseln wirst, so sage nicht, Du hättest die Zeit verloren. Ich beschäftige mich mit diesem Geheimnis, denn ich will ein Mensch sein."
Um das „Menschenbild" war es Pitt in seiner Arbeit gegangen, die er für das Wirtschaftsabitur zu liefern hatte. In ihr las er in dieser Nacht, und

er hatte Stefan Zweigs Gedicht dazugelegt, denn Arthur Ohlsen hatte ihm das Bändchen in die Hand gedrückt, als er zaudernd wie ein Kind, das nicht ins Bett finden mag, die Veranda verlassen hatte.

Aus fachmännischen Studien hatte er erfahren, dass in jenen Minuten zwischen der Verlesung des Todesurteils und der plötzlichen Begnadigung, im Warten auf die Schüsse, der große Schriftsteller geboren worden sei (Literatur als post-traumatische Belastungsstörung?). Stefan Zweig sieht im Gesicht Dostojewskis, der mit den Mitverschworenen zurück in die Peter-und-Paul-Festung geführt wird, das „gelbe Lachen der Karamasoff" und vermutet einen epileptischen Anfall („weißer Schaum umspült seine Zähne"). Doch das gehört wohl in die Kategorie der starken Ausdrücke, von der der Kaffeeröster gesprochen hatte; auch Gottfried Benn hätte es besser gewusst, denn der hat die Goldene Medaille der Universität Berlin für eine Arbeit über Epilepsie errungen.

An jenem 22. Dezember 1849, am Tag der fingierten Hinrichtung, hat Dostojewski in einem Brief an den Bruder seine Empfindungen geschildert: in ihm wird das große Hurra auf das Leben gerufen, das später im Lachen Aljoscha Karamasoffs mit den Kindern am großen Stein wiedererklingen wird. Und vor dem Marsch in die Finsternis der Verbannung die dringende Bitte des gewissenhaften Lesers an den Bruder, ein Buch, das er sich geliehen hatte, an seine Eigentümerin zurückzugeben.

Pitt erinnerte sich, dass Ernst Jünger in den *Strahlungen* über eine Hinrichtung geschrieben hatte. Er blätterte und fand am Fundort ein Merkzeichen: auf dem 29. Mai 1941, im ersten Pariser Tagebuch. Der Leser hatte das Jahr 1917 an den Rand graviert.

Ernst Jünger war zur Leitung der Erschießung eines wegen Fahnenflucht zum Tode verurteilten Soldaten befohlen worden. Er hätte sich krankmelden können (hätte Ohlsen das auch gekonnt?), übernahm jedoch die „widrige" Aufgabe aus der „höheren Neugier" des Schriftstellers. Er hat viele Menschen sterben sehen, doch noch keinen in einem vorausbestimmten Todesaugenblick; er hatte diesen staatlichen Todeskuss noch nicht erlebt.

Jünger beschreibt das Reglement, die Vorbesichtigung der Hinrichtungsstätte, den Geistlichen und den Verurteilten und seine amtliche Entourage (mit der er es später in Wilhelmshaven zu tun haben wird, als er, den höchsten Orden am Hals, um das von einem Todesurteil bedrohte Leben seines Sohnes Ernst bittet). Er beschreibt den Lastwagen mit dem Sarg, der nach der Vorschrift von „üblicher Größe und billigster Ausfertigung" produziert ist (hatte Ilse Benn nach Jüngers Besuch in Berlin nicht gemeint, er sähe aus wie ein Tischlergeselle?). Der Hauptmann Jünger muss den Verurteilten fragen, ob er eine Augenbinde tragen wolle.

Muss ein Autor, muss ein Leser sich für seine Neugier entschuldigen? Warum hat Pitt den Leutnant Ohlsen nicht nach allen Einzelheiten seines Befehls über das Peloton befragt? Ist die Neugier, die sich auf das Grausame richtet, ein Zeichen von Grausamkeit? In seiner Genossenschaftszentrale am Besenbinderhof hat Pitt in einem Beirat jahrelang neben dem Domkapitular Anton Maier gesessen, von dem es hieß, er habe während des Zweiten Weltkrieges als Gefängnisseelsorger in Stadelheim die zum Tode Verurteilten zur Hinrichtung geleitet. Heute weiß er, dass Prälat Maier einen engen menschlichen Kontakt zu Kurt Huber gehabt hat und dass er, in Vertretung des evangelischen Pfarrers Alt, die Geschwister Scholl und ihre Freunde betreut hat. Der Prälat war ein liebenswürdiger Mann von verschmitzter Weisheit. Vielleicht hätte er Verständnis für Pitts Neugier gehabt; aber der hat nicht gewagt, ihn über seinen Dienst zu befragen. Brauchen wir die Autoren nicht auch deshalb, weil wir sie nicht fragen müssen? Sind die Autoren nicht neugierig, weil sie die Neugier ihrer Leser kennen? Auch Dostojewskis sanfter Fürst Myschkin hatte in Lyon eine Hinrichtung gesehen, eine Enthauptung: „Ich war nachher beinahe krank, aber ich muss gestehen, dass ich wie gebannt hinsah, ich konnte meinen Blick nicht abwenden."

Dem Deserteur wird an der Esche im Wäldchen von Robinson ein spielkartengroßer roter Karton über dem Herzen an das Hemd geheftet. Was hinter dieser Pappe geschieht, sagt das Petersburger Gedicht:

Sein ganzes Leben wird wieder wach
Und geistert in Bildern durch seine Brust;
Die Kindheit, bleich, verloren und grau,
Vater und Mutter, der Bruder, die Frau,
Drei Brocken Freundschaft, zwei Becher Lust,
Einen Traum von Ruhm, ein Bündel Schmach;
Und feurig rollt der bildernde Drang
Verlorene Jugend die Adern entlang.

Arthur Ohlsen hat noch lange genug gelebt, um durch Pitt erfahren zu können, dass seine Kritik an Thomas Manns Hinrichtungsszenario bestätigt worden war, durch einen Dichter, über den sie selten gesprochen hatten. Gottfried Benns Gesammelte Werke waren erschienen, und die autobiografischen Schriften enthielten den Zeitungsartikel „Wie Miss Cavell erschossen wurde" – den Bericht eines Zeugen. Dr. Benn hat an der Hinrichtung Edith Cavells, 1915 in Brüssel, teilgenommen, nachdem er schon den Prozess beobachtet hatte, in „dienstlicher Eigenschaft", um die Prozessbeteiligten ärztlich zu betreuen. Als Oberarzt zur Hinrichtung kommandiert, hat er den Tod der englischen Heldin – „die nun in London zwischen den Königen ruht und nach der in Amerika die Felsen heißen" – festgestellt und die Tote in den kleinen gelben Sarg gelegt. „Sie ist vollkommen und absolut momentan tot." Nichts von Ohnmacht oder Qual einer Verwundung und nichts von Gnaden- oder „Fangschuss".

Die Hinrichtung, ins Letzte und Grausamste gesteigerter Inbegriff exekutiver Gewalt, ist sich immer gleich, ist eine Tötung in der Maschinerie und daher unmenschlicher als ein Mord. Sie steht für die extreme Begegnung von Macht und Ohnmacht, wenn sie auch nur um ein Haarbreit extremer als die Begegnung von Mörder und Gemordeten ist. Kafka, den Elias Canetti den „größten Experten der Macht" nennt, lässt in der grausamen Hinrichtung des Josef K. zur Ohnmacht des Delinquenten die Scham über die demütigende Öffentlichkeit der Hinrichtung – „wie ein Hund!" – hinzutreten. Die „Herren", die Josef K.s Hinrichtung mit Messern vollziehen, beobachten die „Entscheidung", und Josef K. beobachtet „mit brechenden Augen", wie sie den Vollzug beobachten. Aus dem Mund des Gefängniskaplans musste er erfahren, dass der zum Gericht gehört.

Drei Autoren, die den Leser Pitt sehr interessieren, schreiben über eine Hinrichtung (klammern wir Zweigs Verse und Kafkas Albtraum aus), und alle drei agieren auf der Seite der exekutiven Gewalt. Pitt will die Autoren deshalb nicht kritisieren. Doch manchmal – und sein Herz schlägt dann schneller – fragt er sich: Wenn nun der desertierte Gefreite im Wäldchen von Robinson oder die Krankenpflegerin Edith Cavell in Brüssel Leser der beobachtenden Autoren gewesen wären? Wenn zum Beispiel Ernst Jünger, durch welchen Zufall auch immer, die Hinrichtung der Geschwister Scholl, die sein Buch *Auf den Marmorklippen* Freunden geschenkt haben, zu beaufsichtigen gehabt hätte. Muss der Autor nicht immer auf der Seite seiner Leser stehen? (Was Sophie Scholl für uns Deutsche ist, ist der 17jährige Guy Môquet für unsere französischen Nachbarn. Er wurde – auch er hatte Flugblätter gestreut, war aber eine Geisel – zusammen mit 48 kommunistischen und nationalistischen Kämpfern der Résistance erschossen, und sein nobler und mutiger Abschiedsbrief wird jedes Jahr im Oktober in den französischen Schulen verlesen. Der Hauptmann Ernst Jünger im Pariser Stab der Befehlshaber hatte ihn wenige Tage nach der Erschießung ins Deutsche übersetzt und ihn neben anderen Abschiedsbriefen seiner akribischen Dokumentation *Zur Geiselfrage* beigefügt, die 70 Jahre später aus seinem Nachlass im Marburger Literaturarchiv veröffentlicht wurde.)

Thomas Mann schreibt keck über die Hinrichtung, dabei ist er nur Zeuge vom Hörensagen. Er benutzt das Opfer der Hinrichtung, um die chauvinistischen Kriegsthesen seiner „Betr.", dieses großen ergriffen-polemischen Essays, zu untermauern. Wie könne die Ententewelt die standesrechtliche Erschießung einer englischen Frau „beplärren", habe sie doch ihr Pflegerinnenkleid missbraucht, um feindliche Soldaten aus Belgien herauszuschaffen. Nichts von Standrecht, nebenbei. Wir wissen von Benn: es war ein langer Prozess mit zwanzig Angeklagten, darunter eine belgische Prinzessin, eine französische Gräfin, Intellektuelle, Rechtsanwälte, Apotheker, Kohlenarbeiter, mit „glänzenden Plädoyers" der belgischen Anwälte, die sich auf den Geist der preußischen Geschichte beriefen. Thomas Mann erweist der Edith Cavell seinen ironischen Respekt: man habe sie geehrt, indem man „sie vor die Flinten stellte", denn sie habe ja gewusst, was sie tat.

Natürlich ist Thomas Mann in seinem Antwortbrief für Arthur Ohlsen auf seinen Irrtum nicht eingegangen. Der ganze Groß-Essay war ihm mittlerweile peinlich geworden. Und sollte er einräumen, dass er Miss Cavells Ohnmacht für eine grandiose Pointe brauchte? – wer schon soviel riskiere wie Miss Cavell, sollte sicher sein, vor den Flintenläufen nicht ohnmächtig zu werden. Sollte er seinen Leser auf das Beispiel Turgenjews hinweisen, der mit „grotesken Akzenten" von der Exekution einer Spionin erzählt habe und über die "Unmenschlichkeit des Vorgangs" keine Miene verzogen habe? „Es ist nicht wahr, ich leugne es, daß ein geistiger oder musischer Mensch verpflichtet wäre, sich von allem, was über das Alltagsmaß selbstverständlicher Menschlichkeit ernsthaft hinausgeht, humanitär verhüllten Hauptes wegzukehren." Da würde der Fürst Myschkin ihm zustimmen.

Hätte Thomas Mann sich nur bei anderer Gelegenheit „weggekehrt"! Als er 1933 von einer Hinrichtung aus dem Hinterhalt erfährt, nämlich von der Ermordung des Philosophen Theodor Lessing durch die Nazis in Marienbad, notiert er: „Mir graut vor einem solchen Ende, nicht weil es das Ende, sondern weil es so elend ist und einem Lessing anstehen mag, aber nicht mir." Seit einer hässlichen literaturbetrieblichen Kontroverse in der Vorkriegszeit, die ihn unter dem Titel *Der Doktor Lessing* ein zornbebendes Pamphlet gegen eine in der Tat unappetitliche Verunglimpfung eines Literaturkritikers schreiben ließ, war das Naziopfer Lessing ihm „widerwärtig". Der immer noch empört-wütende Autor setzt noch eins drauf: er wundere sich darüber, dass die Nazis gerade den Lessing ermordet hätten, denn der „habe ein Buch gegen den Geist geschrieben", sei also wohl einer Gesinnung mit seinen Mördern gewesen. Theodor Lessing hat eine späte Genugtuung erfahren. Sein Widerstandsgeist ist von Winston Churchill in seinem grandiosen, mit dem Nobelpreis ausgezeichneten *Zweiten Weltkrieg* gewürdigt worden, nicht der des Nobelpreisträgers Mann.

Ernst Jünger gehört zwar zur hinrichtenden Gewalt, sieht sich aber als Beobachter und als der nach dem Erleben trachtende Dichter, treu seiner „Minima"-Maxime: „Wo eine Realität geschildert werden soll, muß die Absicht zurücktreten." Er sieht die Augen des Verurteilten, die dem Vorgang mit „höchster angespannter Aufmerksamkeit" folgen: sie sind „saugend, groß, als ob der Körper an ihnen hinge". Er sieht den Mund, der sich bewegt, „als buchstabiere er". Auch nach den Schüssen öffnet und schließt sich der Mund, „als wollte er Vokale formulieren und mit großer Mühe noch etwas aussprechen". Der Delinquent beobachtet den Beobachter sekundenlang „mit durchringender forschender Spannung". In den Zügen des Toten, der noch am Baum steht und „jetzt sehr gefährlich" zu werden scheint, „drückt sich eine ungeheure Überraschung aus". Der Stabsarzt, der im Todesmoment nur leere Reflexe auf dem Gesicht zu erkennen vermochte, habe nicht gesehen, was ihm, dem Dichter, „in grauenhafter Weise deutlich geworden ist".

Was? Ernst Jünger sagt es seinen Lesern nicht. Werden es wenigstens die „begabten Leser" wissen, von denen Jünger am Tag nach der Hinrichtung im Tagebuch spricht? Weiß es der Fürst Myschkin, der Adelaida rät, das Gesicht eines zum Tode Verurteilten zu malen, „etwa eine Minute vor der Hinrichtung"? Der Todeskandidat in Lyon habe zufällig nach der Seite geblickt, wo er, der Zuschauer, stand: „Ich sah sein Gesicht und begriff alles … Aber wie soll man das in Worten wiedergeben!" In seinem Interview mit Alberto Moravia sah Ernst Jünger, der zu physischer Unsterblichkeit Neigende, die Unsterblichkeit als gewiss an, den Tod als „geistigen Übergang" im Schopenhauerschen Sinn, als Wandlung in den Typus in seiner Unzerstörbarkeit an sich. Hatte er in den Augen des Sterbenden die Überraschung gesehen, die er im eigenen Todesmoment gewärtigt? Will der Autor uns die „Verbannung der Todesfurcht" als Aufgabe der Kunst vor Augen stellen?

Wie hätte Pitt den altgewordenen Leutnant Ohlsen entzücken können, wenn er ihm hätte erzählen können, dass die Hinrichtung der Edith Cavell, die ihn ein Leben lang beschäftigt hat, auch ein Gesprächsgegenstand zwischen Jünger und Benn während ihres einzigen Treffens in Berlin gewesen ist.

„Ich melde mich zu Wort in Sachen der Miß Edith Cavell." Für Benn ist die Hinrichtungsstätte ein Ort an dem viertausendjährigen Weg „von Ur bis Champs Elysées". Der Beobachter, der immer Lyriker ist, berichtet „exact" („ein Wort, das ich unendlich liebe"); er erzählt als Zeuge vom Sterben der „kühnen Tochter eines großen Volkes". Er erinnert sich an Edith Cavell, an ihre Kleidung, ihr Haar, ihr Gesicht, an ihren Gang – „schwere muskuläre Hemmungen, aber ohne Zaudern, ohne Stocken geht sie abwärts, wo die Pfähle stehen". Er schildert den politischen Hintergrund der Hinrichtung: ein Lagebericht im „Erkenne die Lage"-Stakkato, er stellt die Spionageorganisation dar, ihre „unerklärliche Präzision" bewundernd, den Prozess, die Urteile, er erörtert die Frage einer Begnadigung, die im Kriege wie in den folgenden Jahren in der Öffentlichkeit lebhaft diskutiert worden ist. Nein, die Weltgeschichte sei nicht der Boden des Glücks, „und die Pforten des Pantheon sind mit Blut bestrichen derer, die handeln und dann leiden, wie das Gesetz des Lebens es befiehlt." Ob die Leser des *8-Uhr-Abendblatts der Nationalzeitung*, 1928, mit Sätzen in dieser spartanischen Wucht etwas anfangen konnten?

Als Ahnungsloser hatte Thomas Mann über eine Hinrichtung geschrieben und sich damit gegenüber zwei Kundigen in ein literarisches Unrecht gesetzt. Drei Wochen vor seinem Tod, einen Tag vor der „einfallenden Krankheit", die zu ihm führen wird, schreibt er in Noordwijk aan Zee über das Werk eines Autors, dessen „sichere Kundigkeit" er bewundert. Er schreibt – es ist seine allerletzte Arbeit – an einem Geleitwort zu den „schönsten Erzählungen der Welt", nennt alle großen Namen der „Weltliteratur", die nach Goethes berühmtem Wort weit über dem „bloß Nationalen" stehe – doch eine Erzählung wird von ihm privilegiert beschrieben, *Billy Budd* von Herman Melville, „wirklich eine der schönsten Erzählungen der Welt", geschrieben von einem Mann, der viele Jahre zur See fuhr: und der „weiß Bescheid auf einem Segeldreidecker der britischen Kriegsmarine zur Zeit der französischen Revolution" , die stets auf ängstlicher Hut vor der Meuterei der vielen „gepressten" Männer der Crews war. Billy Budd ist so einer, aber aller Meuterei zutiefst abhold, ein „Engel Gottes", wie Melville sagt, der einen Schurken unabsichtlich tötet und „doch musste dieser Engel gehängt werden" (da ist es wieder, Benns „Gesetz des Lebens").

Melville schildert die Hinrichtung des von der Crew geliebten „hübschen Matrosen", dieser im Wort Manns „männlichen-reinen" Erscheinung, so „exact" wie Benn die der Edith Cavell, einschließlich der physiologischen Merkwürdigkeit, dass der am Strick zur Rah emporgezogene Billy Budd keine Konvulsionen des Körpers zeigt. In höchster Ergriffenheit schildert Thomas Mann die „unvergessliche Szene", in der Billy vor versammelter Crew gehängt wird, eine Szene „nicht roh, nicht grausam, sondern die Seele mit dem Gefühl versöhnter Gerechtigkeit und mit Zuversicht erfüllend". Er kniet vor dem Meister Melville und seinem Satz „ … und steigend empfing er das volle Licht der Morgenröte" und ruft, am Ende eines 80jährigen hochproduktiven Lebens: „Oh, hätte ich das geschrieben." (Den Satz des Surrealisten André Breton, die „Schönheit wird KONVULSIV sein oder nicht sein", hätte er gewiss nicht unterschrieben.)

Radiergummi fürs Gehirn waren Gottfried Benn die Kriminalromane, zu deren zeitweilig wohl exzessivem Konsum er sich dem Leserfreund Oelze gegenüber bekannte. Chandlers Bücher waren das für Arthur Ohlsen nicht. Oder wollte er wirklich das bunte Bild seiner Bücherwand in seinem Kopf auslöschen? Musste es für einen alten Mann, der zeitlebens ein Leser war, nicht ein dankbar erlebtes Privileg sein, souverän zu wählen, ohne von literarischen Tagessensationen behelligt zu werden, hineinzugreifen in den in Tausenden von Lesestunden angehäuften Schatz wie die Witwe eines Milliardärs in die Schatullen? Kann sich ein Mensch so klang- und klaglos aus seiner inneren Laufbahn als Leser verabschieden? Pitt steht immer noch ratlos vor dieser Frage, jetzt, da er schon ein Dutzend Jahre älter ist als der alte Herr Ohlsen damals.

Pitt war gescheitert in seinem Bemühen, Ohlsens Kontakt zur Bücherwand zu erneuern – der Zugriff auf Zweigs Exekutionsverse blieb punktuell. Und er war wirklich hartnäckig gewesen! Er hatte, den ewig jungen Leser darstellend, literarische Diskussionen angestiftet, er hatte angeregt, die Quellen der Erinnerung aus den Regalen sprudeln zu lassen. Wie hatte er gehofft, es möge in der Berührung der Buchrücken die elektrische Entladung in den Fingerspitzen geben, das andächtige Lächeln beim Wiederfinden eines Titels oder ein aufblitzendes Entzücken, wenn das literarische Langzeitgedächtnis mit der Sicherheit des Wünschelrutengängers die Adern mit den Wassern des Lebens aufspürte. Hatte die Desillusionierung eines Lebens, sein Scheitern, seine Sucht- und Schuldbeladenheit, hatte die Enttäuschung im existentiellen Soll-Ist-Vergleich den alten Leser die Bibliothek verbrennen lassen, wie den Büchermenschen die seine in der *Blendung*, die Elias Canetti in einem Zimmer mit Blick auf Steinhof, die Stadt der sechstausend Irren, entworfen hatte?

# Vor der Bücherwand: Faszination und Distanz

Das Pittpaar musste nicht nach Prag reisen. Der „zauberhafte Zirkus"
ist, nach dem Fall der Mauern, zu ihm in seine Stadt gekommen, die
„Laterna Magica". Da ist es wieder: das zwischen den Illusionen der
Leinwand und den realen Aktionen auf der Bühne hin- und her-
springende Lebensspiel, das irritierende Ineinander von Fiktion und
Wirklichkeit. Die Show ist perfekter geworden, figuren- und ereignis-
reicher; in der Konkurrenz zur Multimediawelt haben sich die Effekte
vervielfältigt. Ein symbolischer Roman wird in Szene gesetzt: im Licht
der Leinwand ziehen die Clowns an dem Tau, das auf der Bühne den
Vorhang hebt.

Das ganze Leben ist zum Thema geworden. Zwei Clowns –
„Klone" heißen sie im Programmheft – schlüpfen aus Eiern und werden
von den Meereswellen ans Land, auf die Bretter der Bühne, getragen.
Kaum stehen sie, verwundert, leicht verstört, auf dem harten Boden der
humanen Realität, naht schon der Verführer in Frack und Zylinder,
Zigarre schmauchend, der unzuverlässige Führer durch das Labyrinth der
Sackgassen, Fallen und vermauerten Querwege, der Trompe-l'œils und
aller Säle der verlorenen Schritte. Aber schon entsteigt Venus dem
Schaum und wird in einer Muschel aus dem mythischen Glanz der Bild-
wand auf die Bühne getragen, wo die Pilgerfahrt der Clowns beginnt. Das
Bild der unberührbaren Schönheit tanzt ihnen voran, ist Ziel, Wegweiser,
Verheißung und Trost auf der Irrfahrt, die in Beglückung und Schrecken
zu keiner anderen Erfahrung führt, als dass die Clowns mit jungen Herzen alt werden. (Oh, wenig überraschende Erfahrung der 80 Jahre!)

„Farbig glitzerts in der Ferne, irrend leuchten bunte Sterne, wie
von magischer Laterne", sagt Goethes Herold in der Kaiserpfalz zum

Knaben Lenker, der das von Flügelpferden gezogene Viergespann des Plutus durch die Menge führt. Es schwebt über ihren Köpfen, so wie sich die Prager Clowns und die Venusfee in ihrem Ballon in die Wolken erheben. Der Knabe Lenker ist Euphorion, den Himmelsmächte das „A.B.C." der Verführung gelehrt haben: „bin die Verschwendung, bin die Poesie, bin der Poet, der sich vollendet, wenn er sein eigenst Gut verschwendet". Der Poet sieht sich dem Plutus gleich, dem alle Schätze der Erde zu Gebote stehen: er ist aber freigebiger: er teilt aus, denn „seine reine Lust zu geben ist größer als Besitz und Glück". In der Pluto-Maske steckt, wie Eckermann erfuhr, Faust selber, der Reichtumsbringer, der das korrupte und verkrachte Land des Kaisers sanieren soll.

Der Poet, der Funken und Flammen schlägt, „erwartend wo es zünden kann", wird von Goethe dem Propheten gleichgestellt: „Beyde sind von Einem Gott ergriffen und befeuert, der Poet aber vergeudet die ihm verliehene Gabe im Genuß, um Genuß hervorzubringen, Ehre durch das Hervorgebrachte zu erlangen, allenfalls ein bequemes Leben." Hat er, der Poet, „der sich vollendet", wirklich nichts anderes im Sinn? – seit den Tagen Byrons, dem Goethe im Euphorion sein Denkmal setzte, bis hin zu Benns Mystifikation des „Erlebnisses", seinen Schwärmereien vom „glorreichen Tag" der Büchner-Preisverleihung und dem aufblinkenden Traum vom Haus auf der Darmstädter Rosenhöhe, das der Stadtkämmerer offerierte.

Wie die Prager Magier und Märchenerzähler zum Staunen der Clowns (und der Klone im Publikum) die Venus auf die Leinwand projizieren, zaubert Faust, der Magier in der Rolle des Dichters, die dorischen Mythen Helena und Paris zum Ergötzen der Hofgesellschaft in der „dämmernden Beleuchtung" des Rittersaals mit aller „Lust am Trug" und der Scheinkraft der laterna magica auf den „dunstigen Nebel", der aus der Kohlenpfanne auf dem Dreifuß steigt, auf eine schwebend-zerfließende Leinwand. Für den *Faust* war die Laterna Magica, durch die sich das Publikum schon seit dem medial kargen 17. Jahrhundert bezaubern ließ, ein unentbehrliches Requisit: Wie sonst sollte der Geist erscheinen oder

der Pudel, dessen körperliche Präsenz auf der Weimarer Bühne der Theaterdirektor Goethe doch strikt verboten hatte? Goethe, der an der Rittersaal-Szene arbeitet, lässt sich ausweislich des Tagebuchs aus dem physikalischen Museum die Laterna Magica kommen, „mit der dazugehörigen Linse und Lampe" und den „bemalten Gläsern".

Der im Rittersaal erscheinende Faust kommt geradewegs „von den Müttern" und „großartig" kündet er den Zuschauern und Lesern:

> „Die einen faßt des Lebens holder Lauf,
> Die andern sucht der kühne Magier auf."

Heimsuchung der Magier. Wir Leser stehen im Leben und lassen uns vom Geist verzaubern. Der aber braucht ein bisschen Trick, Zauber und Manipulation. Das Leben ist nicht Geist an sich, er ruht als ein Funken in ihm, der geschickt angeblasen werden muss, mit den Mitteln der Illusion und Überwältigung. Beim Versuch des Zündens darf der Teufel nicht fehlen: Mephisto hockt im „Souffleurloche". Als Paris die Helena kraftvoll um die Taille fasst, als wollte er sie entführen, wird Faust von seiner eigenen trickreichen Imagination überwältigt und ruft in grimmiger Eifersucht: „das ist zuviel!" Der eingeweihte Mephisto in seinem Kasten knurrt verächtlich: „Machst du's doch selbst das Fratzengeisterspiel." Ihr Urheber verirrt sich im „Doppelreich" von Sein und Schein, und wir Leser mit ihm. Er greift nach dem Bild, will es fassen, berührt die imaginäre Gestalt, und der Rest ist fatale Regieanweisung: Explosion, Faust liegt am Boden, die Geister gehen in Dunst auf.

In der amazing family of Mann gab es einen Dissens: Klaus Mann meinte, sie habe ihr Oberhaupt Zauberer genannt, weil es einmal tatsächlich durch persönlichen Einsatz das Gespenst eines Albtraums, den „enthaupteten Gast", ein für allemal in die Flucht geschlagen habe. Wer sogar in der Gespenstersphäre herrsche, könne nur ein Zauberer sein. Dagegen erinnert sich Erika Mann, der Name sei ganz natürlich entstanden: sie habe den Vater, der am *Zauberberg* arbeitete, in einem improvisierten Kostüm zu einem Maskenfest dirigiert: „du gehst als Zauberer". Wie immer das hübsche Klischee seinen Weg gemacht hat: die literary twins müssen ihre Namenswahl nicht begründen. In ihrer natürlichen Begabung haben sie erkannt: Literatur meint die Tatsächlichkeit, die im Zauber liegt.

Zur Zeit des Nürnberger Kriegsverbrecher-Prozesses, 1946, zitierte der britische Ankläger, Sir Hartley Shawcross, Goethes warnende Worte über die Deutschen: sie sollten „durch Mittlertum und Geist" in der Welt wirken und sich davor hüten, „als Originalnatur sich zu verstocken, in abgeschmackter Selbstbetrachtung und Selbstverherrlichung sich zu verdummen oder gar in Dummheit zu herrschen über die Welt". Die *Times* hatte Auszüge seines Plädoyers veröffentlicht und kundige Leser auf die Fährte gelockt: Der Ankläger hatte nicht Goethe, sondern den Goethe in Thomas Manns *Lotte in Weimar* zitiert. Der Autor bekundete angesichts eines kritisch nachfragenden Botschafters und Außenministeriums in seinem Tagebuch „Verlegenheit". Musste ihm die Mystifikation peinlich sein? Er hatte Goethe in der laterna magica seines Siebenten Kapitels beschworen und in eine sinnliche, berührbare Gegenwart gestellt. Er hatte Goethe Worte sprechen lassen, die wahr sind. Das war ja Goethes Regel für alles, was „Dichtung und Wahrheit" ist: das zu verwirklichen, „was von der Vergangenheit noch herauszuzaubern wäre", der Weg, das Vergangene „sogar zu einem höheren Leben" emporzusteigern. Sir Hartley hatte recht, als er Goethe in seinen idealen Zeugenstand rief. „Geistverstärkt", sagt dieser Goethe in *Lotte in Weimar*, müssten wir das Leben noch einmal leben, das Leben sei „Steigerung".

Die Zauberbilder aus der Trickkiste der Laterna magica gehören ins Reich der Metaphorik, sagt Albrecht Schöne in seinem Faust-Kommentar: sie stehen für die „Projektion der dichterischen Einbildungskraft". Sie gehören zum Phänomen des Regenbogens über Benns „Brückenwehr": „formen, bis die Hülle die ganze Tiefe trägt". Die Zauberlaterne, in ihrer simplen Form das „visuelle Massenmedium der Goethezeit" (Schöne), steht nicht am Ende einer Epoche, sondern sie ist

Trailer und Präludium der neuen literarischen Großepoche, die auf die täuschenden Bilder der Zauberlaterne setzt. „Nicht Goethes, Byrons Welt" – so bringt Big Benn (so die Werbefloskel seines Verlags) die Zäsur auf eine Formel.

Es ist der in großen Zeiträumen denkende Astrologe – vielleicht einer der Jüngerschen Wassermann-Propheten mit einem Programm der „Erdvergeistigung" –, der im Rittersaal der Kaiserlichen Pfalz Faust ankündigt, den „Wundermann" im „Priesterkleid". Er ist aber nicht nur der Laternenkünstler, der „herrliche verwegene Phantasterei" bietet, er ist auch der Urheber des Gebots „Durch magisch Wort sei die Vernunft gebunden", dem alle Meister der Illusion lustvoll gehorchen. Es ist das Gebot, das alle unsere Widerstandskraft aufruft, weil es uns fesselt. Dem Zauber erliegend, müssen wir den Zauber zerstören.

Was suchen wir vor der Bücherwand, im Schein der Leselampe, in unserer kleinen privaten Bibliothek? Gottfried Benn hat uns in seinem Gedicht „Staatsbibliothek" ein paar Stichworte gegeben. Suchen wir im „Resultatverlies" das Archiv des nützlichen Wissens? Trachten wir in der „Kaschemme" danach – wie ein Held Paul Austers es versucht – die „Leere durch Lektüre auszufüllen"? Finden wir im „Satzbordell" die paradierenden Objekte käuflicher Lust? Versumpfen wir tatenlos in der „Maremme" wie eine der verlorenen Figuren Dostojewskis, die Tag und Nacht „trotz ihres an sich prächtigen Charakters" liest (oder in Dos Passos' *USA-Trilogie*: „interessiere dich für Literatur aber bleibe ein Gentleman")? Verlassen wir mit roten Ohren und brennenden Augen ein „Fieberparadies"? Fühlen wir das „Wortvibrier" auf der Erkenntnissuche in der Wirrnis von Stilen, Systemen und Begriffen? Suchen wir die Antwort auf die Frage, die Benn in seinem letzten vollendeten Gedicht im Anblick der Totenbetten der Drostes, Hölderlins, Rilkes, Georges, Nietzsches stellt: „wer trennte sie, die Worte und die Dinge"?

Wir wissen, dass wir immer wieder in die farbige Aura der Bücherwand eintreten und in den Schein der Zauberlaterne eintauchen müssen, „wenn die Stunde stockt, weil im Satz der Seiten eine Silbe lockt". Wir suchen nichts vor der Bücherwand: wir werden von denen, die sie schufen, heimgesucht.

Im Sprachgebrauch des modernen Menschen sind die heimsuchenden oft die übelwollenden Mächte. Unglück und Krankheit nennt der Duden als Beispiele für die treffende Wortwahl. In der *Pest* von Albert Camus glauben die Optimisten nicht an die Heimsuchung, weil die Plage das Maß des Menschlichen übersteige, doch der Pater Paneloux sieht die Strafe Gottes: „darum lässt er die Geißel euch heimsuchen, wie er alle sündigen Städte heimgesucht hat, seitdem die Menschen eine Geschichte haben". Auch die *Frankfurter Allgemeine* beschreibt im April 2020 einen großen Artikel über die Corona-Folgen mit der Überschrift „Die Heimsuchung".

In den Romanen Dostojewskis wird oft von Heimsuchungen gesprochen: „Gott hat Sie heimgesucht und Sie dem Teufel überantwortet", ruft das entsetzte Mädchen Sonja, dem der Mörder Raskolnikoff seine fadenscheinig begründete Untat beichtet. Wenn Klaus Mann die intellektuell-moralische Katastrophe des Jahrhunderts beschreibt, spricht er von der „Heimsuchung des europäischen Geistes". Als bedrohlich empfindet er auch die „Heimsuchung des Eros". Sein Vater dagegen hat in seiner letzten Erzählung davon sprechen lassen, dass seine „Betrogene" das „beglückte Opfer" einer erotischen Heimsuchung sei – allerdings aus der Sicht ihrer in Liebesdingen höchst skeptischen Tochter. Heimsuchungen sind eben von höchster Ambiguität, um eines der von Thomas Mann nicht selten benutzten Fremdwörter zu benutzen. Von harmloseren „Martern des Knabenalters" – an die sich auch Pitt erinnern kann – spricht der junge Lyriker in Nabokovs *Gabe*, nämlich von den „Heimsuchungen des Winters in der Stadt, wenn, zum Beispiel, gerippte Strümpfe in den Kniekehlen scheuern" – die hat er zum Thema eines zwölfzeiligen Gedichts gemacht.

Literarische Beispiele für einen positiven Gebrauch des vieldeutigen Worts gibt Günter Grass. Oskar Matzerath, der „Zauberer, Gesundbeter", ja „Messias" schickt sich an, mit seiner Trommel-Tournee „die

Städte im Ruhrgebiet heimzusuchen" – unter anderem mit dem für „alte Leutchen" komponierten Trommel-Thema „Lange wollene Strümpfe kratzen": und der andere berühmte Musiker, Satchmo, der sich im *Czikos* (dem berühmten „Zwiebelkeller") unverhofft mit seiner Trompete zu Flöte, Banjo und des Dichters Waschbrett gesellt, evoziert in der Lebensgeschichte *Beim Häuten der Zwiebel* den Ausruf: „Welch bedeutsame Heimsuchung!"

Die Bibel – die Nr. 1 der Liste der Bücher, die nach John Carter und Percy H. Muir die Welt verändern – kennt die segnende Heimsuchung. Naht der heilige Gott einem guten Menschen – sucht er zum Beispiel Sarah heim (1. Mose 21,1) –, so wird dieser gesegnet; naht er einem Frevler, so wird dieser untergehen. Im Neuen Testament ist Gottes Heimsuchung die Offenbarung seiner helfenden Nähe in Christus. „Gott hat sein Volk heimgesucht", heißt es bei Lukas, und das bedeutet, er habe es in seinem Heim und seiner Heimat aufgesucht oder besucht: „durch die herzliche Barmherzigkeit unseres Gottes, durch welche uns besucht hat der Aufgang aus der Höhe, auf dass er erscheine denen, die da sitzen in Finsternis und Schatten des Todes". Joseph, Thomas Manns größter Held, sprach vor seinem Tod zu seinen Brüdern: „Ich sterbe, und Gott wird euch heimsuchen und aus diesem Land führen in das Land, das er Abraham, Isaak und Jakob geschworen hat" (1. Mose 49,24). Von der Apostelversammlung wird erzählt, wie Gott ein Volk heimgesucht und angenommen hat „aus den Heiden zu seinem Namen".

Einerseits also die Gerichtsheimsuchungen Gottes, andererseits ein gnädiges Sichannehmen, eine helfende Zuwendung – das ist der Doppelsinn eines schönen alten Wortes, dass wir pejorativ zu benutzen geneigt sind. Auch der Mörder, der dem Staretz Sosima in Dostojewskis *Brüder Karamassoff* sein viele Jahre verborgenes Verbrechen bekennt, sagt: „Gott hat mich heimgesucht, ich will es sühnen". Jenseits aller Interpretationen eines geheimnisvollen Wortes steht die spirituelle Durchdringung, die „Transverberation", durch den Flammenpfeil, der auf das Herz zielt, im Gedicht der großen Mystikerin und Kirchenlehrerin Theresa von Ávila: „Ach, wann geruhst du, / mich heimzusuchen". Friedrich Dürrenmatt hätte sein fabelhaftes Stück auch die „Heimsuchung der alten Dame" nennen können, denn die Güllener werden von der reichen Claire Zachanassian, die in ihr Städtchen wie ein Fatum einbricht, aufs schwerste geprüft. Er hat es beim „Besuch" belassen, wohl nicht nur aus stilistischen Gründen.

Oft – nicht nur im Wort von der „Heimsuchung des Lesers" – irritiert in dieser Genitivbildung die vertrackte Austauschbarkeit von Subjekt und Objekt. „Mariä Heimsuchung" meint ja nicht, dass Maria heimgesucht wird, sondern Maria besucht die Elisabeth, wohingegen „Mariä Verkündigung" nicht ein aktives Handeln Marias, sondern den Empfang der Engelsbotschaft meint. Oder im Beispiel von der „Furcht des Herrn" im Psalm 111,10, die der Weisheit Anfang sei. Schon der Schüler Hans Blumenberg hatte den Spruch an der Stirnseite der Aula im Katharineum so verstanden, dass nicht, wie als selbstverständlich angenommen, der Mensch um seiner Weisheit willen Gott fürchten solle, sondern dass Gott allen Anlass habe, sein Geschöpf, den Menschen in seiner angemaßten Allwissenheit und Eigenmacht, ja späteren Gottesempörung (auch in diesem Wort Verwechslungsgefahr!), zu fürchten – wie der Philosoph als „alter Mann" in seiner *Matthäuspassion* ausgeführt hat.

Pitt beutet die grammatikalische Offenheit des Genetivs aus, wenn er von der Heimsuchung des Lesers spricht. Ob der Leser in seiner Heimsuchung nun als Genitivus obiectivus oder als Genitivus subiectivus erscheine: ans „Heim" wollen wir vor allem denken, wenn wir von Heimsuchungen sprechen, nicht an das bösartige oder spöttische Präfix der Heimtücke, des Heimleuchtens oder des Heimzahlens.

Den negativen, ja bedrohlichen Akzent hat das alte heimelige Wort dadurch erhalten, dass jeder Heimsuchung etwas Überraschendes und Überfallartiges eigen ist, etwas Unerwartetes. Wenn Gott sich seinem Volke oder den Menschen näherte, kündigte er sein Kommen nicht an. Heimgesucht werden wir auch von willkommenen Gästen zu einem Zeitpunkt, in dem der Besuch als Störung empfunden wird.

„Der Besuch der schönen Götter dauert fort", schrieb Goethe einmal in sein Tagebuch; natürlich hätte er nicht von einer Heimsuchung gesprochen. Oft sind Heimsuchungen mit Botschaften verbunden, die tief ins Leben eingreifen: wenn Dostojewskis Figuren eine andere heimsuchen, meist in Aufgeregtheit und voll hintersinnigen Aplombs, ahnt der Leser Lebenswenden.

Die Heimsuchung bleibt etwas Quälendes, selbst wenn das Heimsuchende ein Eindringling ist, der erwünscht ist. Die Heimsuchung bedeutet Reiz, Spannung, Berührung. Den „Menschen, der am meisten heimgesucht war von all den wunderbaren Ängsten und allen Geheimnissen des Geistes" sieht Paul Valéry in Rilke. Salonfiguren und „Gesellschaftsmenschen" bei Proust sind heimgesucht von der „Hinneigung zum Neuen und Neugiererweckenden", und der Erzähler wird durch ein zweideutiges Wort seiner Geliebten heimgesucht, das sich, da nicht entschlüsselt, seinem Gedächtnis eingräbt. Freundliche Erinnerungen können stören wie helle Sonnenstrahlen ein Auge, das in problematische Tiefen blickt, und dann schüttelt Adalbert von Chamisso das „greise Haupt" (und ist nicht einmal sechzig geworden): „Wie sucht ihr mich heim, ihr Bilder, die lang ich vergessen geglaubt?" (Verse aus einem Dichterquartett der 50er Jahre, die Pitt mächtig beeindruckt haben).

Heimsuchung: das ist die Situation des in seinem Heim Besuchten zwischen Überraschung und Abwehr, Aufgeschlossenheit und Widerstand, Neugier und Verstockung.

Lasst uns noch einmal an die von James Joyce beschworenen Heimsuchungen durch die „Ziegelbücher" des Mondgottes Thot erinnern. Es sind die Bücher, die wir nur lesen können, wenn wir, am besten am Tisch sitzend, die Stirn der Leselampe zuwenden, damit die Schatten der gelesenen oder ungelesenen Stapel nicht auf die Seite fallen können, die wir gerade lesen. Was sagt Thots Befehl? Den Ziegelbüchern ihren Willen zu tun, nämlich sie zu lesen.

*Unendlicher Spaß* auf 1400 Seiten – als einen weißen Stein hat der Verlag den Roman von David Foster Wallace gestaltet. Doch macht er

Spaß? Ist er nicht, wie ein zitierter gleichnamiger Film, „tödlich unterhaltsam"? Er liegt als ein Schwergewicht auf unserer Leseseele, die sich immer fragt: ja, musst du alles lesen? Musst du etwas erfahren über den 17. November im „Jahr der Inkontinenz-Unterwäsche"? Gut, in einem kleinen, in eine vielbändige Reihe verpackten Roman widmet auch Andreas Maier etliche Seiten der Unterhose seines pubertären Protagonisten. Dagegen beschreibt die Inspektion einer Unterhose durch die unvergleichliche Alterspoetin Elizabeth Strout an ihren *Langen Abenden* (zu denen uns das Literarische Quartett einlud) ein ernstes Altmännerproblem. Diese allwissenden Autoren, die zu Alleswissern mutieren und nicht aufhören können, von ihrem schier verstörenden Wissen zu erzählen! („Dein Lied ist drehend wie das Sterngewölbe, / Anfang und Ende immer fort dasselbe"). Aber wir lesen alles. Wie unter einem Zwang.

Oder noch so ein Ziegelkaliber: Roberto Bolaño mit *2666,* aber Gottseidank nur 1100 Seiten, berichtet sachlich über unzählbare, nicht aufgeklärte Frauenmorde. Warum lesen wir das? Immerhin kann Pitt der Auftritt eines deutschen Dichters versöhnen. Die Beziehungen des aus dem Hannoverschen stammenden Benno von Archimboldi zu seinem Hamburger Verleger Jacob Bubis, der seinen Autor trotz enttäuschender Verkaufszahlen hingebungsvoll betreut hat (seine Asche wurde über der Alster verstreut), auch der intimeren zu seiner Witwe, der Baroness von Zumpe, vermitteln immerhin interessante Einblicke in den doch recht mühsamen Literaturbetrieb, und amüsant ist das Spiel mit den großen Namen der deutschen Literatur – ein junger Spanier, der eine Dissertation über den wenig bekannten Archimboldi schrieb, war in Madrid von Ernst Jünger mit deutscher Literatur bekannt gemacht worden.

Und erst einmal Thomas Pynchon, *Die Enden der Parabel* (Gravity's Rainbow), schlappe 1200 Seiten vollgestopft mit Beispielen für die Paranoia und den Masochismus eines irren Jahrhunderts. Die Parabel gehorcht der Schwerkraft im Steigen und Fallen der Raketenbahn der V 2, die sich regenbogengleich über den idyllischen Landschaften des Harzes, der Lüneburger Heide und der Bodden- und Marschenlandschaft der Ostsee und über dem britischen Kanal wölbt. Das finstere Ende der ballistischen Bahn, die den Autor, der auch Physiker ist, fasziniert, steckt im unterirdischen Mittelbau Dora von Nordhausen. So erzählt Pynchon auch eine deutsche Geschichte mit seinem universalen Allwissen, dass sich in überwältigender Präsenz auf seinen Seiten drängt, und wir folgen ihm wie der Pawlowsche Hund – er spielt eine Rolle im Roman – im simplen Reiz-Reaktions-Schema: wir schnappen in unserem endlosen Leseturn nach jeder Belohnung, die uns der Autor in überreichem Maße durch seine hochdifferenziert prägnanten und präzisen Beschreibungen aus seinem Riesengedächtnis, in dem „alles untereinander verknüpft ist", vor die vom Lesen längst ermüdeten Augen hält. Und können nicht aufhören (und Pitt begleitet den Protagonisten auf seiner Jagd durch die „Zone", den Raum der eigenen Kindheit). Wir unterwerfen uns dem Zwang der literarischen Logik und folgen gequält und lustvoll (nennt man das „masochistisch"?) der „deutschen Leidenschaft für das Benennen" im permanenten „Wörterneubau aus bekannten Einzelheiten" wie im Spiel des Chemikers, „dessen Moleküle Wörter sind". Und sind wir bis zur Seite 999 vorgedrungen, werden wir, wie eine der wohl vierhundert Figuren des Romans, von der „Heimsuchung" gequält, uns selbst mit der Schwerkraft „im buchstäblichen Sinne des Wortes" identifizieren und gegen die Rakete ankämpfen zu müssen, in jedem Punkt ihrer Bahn, die Leibniz berechnet hat in seinem Infinitesimalkalkül, das er aus den Treppengiebeln der norddeutschen Backsteingotik abgelesen haben soll.

Aber nicht unter Pynchons Regenbogen las Pitt, sondern am Pool des Hotels Rainbow auf der karibischen Insel St. Lucia, im Schatten der breitblättrigen Palmen und der in den sieben Farben gestrichenen Blechmarkisen, immer wieder unterbrochen vom Staunen darüber, dass diese kleine Insel über dem Wind in ihrer Hauptstadt Castries zur gleichen Zeit zwei Nobelpreisträger geboren hat, den „Omeros"-Dichter Derek Walcott, der auf der Insel ein Theater hat, und den Wirtschaftswissenschaftler W. Arthur Lewis, der den armen Ländern mit seiner

Arbeitstheorie half, ihr Wachstum zu stimulieren (und hatte doch Ernst Jünger nicht gelesen).

Oder auch einmal ein barockes Riesenkonvolut von tausend Gedichten und abertausend Reimen und moralischen Pointen, *Irdisches Vergnügen in Gott* von Barthold Heinrich Brockes, das der Wallstein-Verlag in einem unglaublich innovativen Akt jetzt wieder in acht Teilen in vier dicken Bänden, herausgegeben von Jürgen Rathje, auf den Markt gebracht hat. Dem poetischen Zauberwerk mit seinen Langstrecken kann man nur mit Hilfe der Pinzette und Ausschnitten von DNA-Sequenzen beikommen, und Pitt hat sich nur hineingelesen, weil seine Freunde Burchard Bösche und Anne Moderegger dem Hamburger Patrioten, Senator und Amtmann von Ritzebüttel ein bronzenes Porträt-Relief an der Wand des Gewerkschaftshauses gestiftet haben, dort, wo er vor 250 Jahren seinen weltwunderhaften Barockgarten gehabt hat. Ja, Blumen, Blumen mit all den sie umschwirrenden Tierchen haben es dem Dichter angetan, und jeder Augenblick seines späteren Lebens wird in eine lyrische Preziose verwandelt. Doch es stellt sich Übersättigung ein. Und dann lesen im Literaturhaus am Schwanenwik Angelika Thomas und Jan Philipp Reemtsma in der zauberhaften Choreographie eines Worttanzes aus dem Werk, und wenn sie die hundert Namen der Tulpen und Rosen und die unendliche Vielfalt der Nachtigallen- und Amselschluchzer und -kickser vorgetragen (und interpretiert!) haben, erscheint das barocke Werk frisch wie am ersten Tag – „schlank und leicht wie aus dem Nichts gesprungen" (aber das ist Schiller, der geboren wurde, als Brockes ein Dutzend Jahre tot und als Bestseller-Poet schon fast vergessen war, wenn ihn nicht Arno Schmidt und Peter Rühmkorf zu einer Wiederauferstehung verholfen hätten). Der lyrische Frühaufklärer mit seinen „Kunststücken", wie mancher Zeitgenosse gesagt hat, vermag noch aus den Regalen zu springen, er darf, wie Reemtsma sagt, noch „betören und strapazieren".

Der Leser hat seine Autoren eingeladen, ihn in seinem Haus zu besuchen. Oft haben die Gäste Empfehlungen von Autoritäten oder kundigen Geschwistern im Geist, auf die man willig hört. Ist die Sperr-kette einmal vor ihnen gefallen, verlassen sie das Haus nie wieder. Sie ziehen sich wie der Gast in einem 100-Zimmer-Schloss diskret in die Bücherwand zurück. Aber dort stehen sie nicht draußen vor der Tür. Sie haben die Schlüsselgewalt, jederzeit die Tür von innen zu öffnen. Sie sind in der Verheißung und der Drohung einer Heimsuchung präsent.

Sie sind fern von uns, aber sie werben um Nähe, permanent. Sie verfügen über tausend Tricks, uns ständig an ihre Gegenwart zu erin-nern. In den osmotischen Nachbarschaften der Bücherwand transportie-ren sie ihre Namen und Gedanken durch alle Wartezellen, und so sind sie im Gespräch mit jedem Gast gegenwärtig, immer bereit, vom Regal hinab in unser Leben zu springen. Sie stören jede Ordnung und alle Folgerichtigkeit, warten nicht auf ihren Aufruf am Standort ihrer syste-matischen Reihung, rufen immer laut, keck und verführerisch ihr „Hier" und „Hallo". Die Dingwelt unseres Lebens wird von der Wortwelt der Bücherwand belagert. „Wer trennte sie, die Worte und die Dinge" – sie wollen wieder zusammenkommen, und die Autoren senden die Lockrufe ihrer Silben aus, um die Spannung der Trennung aufzuheben.

Oft geschieht das in den Stunden, in denen wir gut beraten wären, die Sachwelt und die Wortwelt in lebensökonomischer Klugheit auseinanderzuhalten. Dass sie ineinanderstürzen, erleben wir häufig gerade dann, wenn die Zwänge unseres Lebens uns eigentlich nahe-legten, in Fausts Verdikt gegen die „hohe Wand aus hundert Fächern" einzustimmen: „Hier soll ich finden, was mir fehlt? Soll ich vielleicht in tausend Büchern lesen, daß überall die Menschen sich gequält, dass hier und da ein Glücklicher gewesen?" Doch Rauchs Goethe-Büste vor Pitts Bücherwand ist nicht gemeint in Fausts Fluch: „Was grinsest du mir, hohler Schädel, her …"

Wo Ambivalenz ist, ist Faszination. Die uns heimsuchenden Gäste sind uns die liebsten, weil sie Spannendes zu erzählen haben und von Neuigkeiten übersprudeln. Sie wollen etwas von uns, das uns wider-strebt, und nötigen uns zu Aufbrüchen. Sie haben diesen Überwältigungscharme, dieses Überfalltemperament, den Ingrimm der Überredung, alle diese Eindringlinge ohne Voranmeldung. Wir sind ihnen dankbar, selbst wenn wir sie verdammen. Sie reißen uns heraus aus uns selbst und unserer Welt, überlisten uns dazu, uns auf andere und anderes einzulassen, jene „Zaubergränze" zum Schloss der „Halbwirklichkeiten" zu überschreiten, von der Goethe in einem Bericht zu *Dichtung und Wahrheit* spricht. In der Sachwelt, in der unser Leben heimisch ist, ist die Bücherwand das bunte Transparent, hinter der die Wortwelt in der höheren Tatsächlichkeit der Literatur aufleuchtet und in die Ferne lockt.

Von allem lässt sich eine dämonisch-wahrhafte Karikatur zeichnen. Thomas Mann hat den Zauberer und Heimsucher in *Mario und der Zauberer* porträtiert. (Welch ein Kurzschluss von Germanisten, in der Novelle die Faschismus-Kritik zu sehen). Es ist gleichgültig, warum die Mannkinder den Paterfamilias den Zauberer nannten: der verstand sich eben auf die Herren der Scheinwelt, die, nicht „ohne einige Eigenliebe", sich des schwierigen Berufs rühmen, „allein mit den Kräften meiner Seele und meines Geistes" andere ihrem Willen zu unterwerfen und damit sogar die „achtungsvolle Anteilnahme der gebildeten Öffentlichkeit" zu erregen.

Cipolla, der Mann mit den „stechenden Augen", kommt mit jenem „Geschwindschritt" in den Saal, der die „Fiktion des Von-außenher-Eintreffens" erzeugt. Das Publikum lässt sich von den Erlebnissen des Zauberabends faszinieren, aber „eine gewisse Abneigung und Aufsässigkeit war durchzufühlen". Die begegnen dem Heimsucher stets, weil er unsere Autonomie in Frage stellt. Tochter Erika, die sich ebenfalls auf Zauberer versteht, hat dem Vater das Ende der fatalen Erzählung nahegelegt: Mario, der hypnotisch Entmündigte, erwacht aus dem Bann und erschießt den Zauberer. Immer wieder muss die Magie des Scheins zerstört werden, muss sich der „Traum des Gedichts" (Benn) im Erwachen verflüchtigen, muss das „Vergessen der Spaltung zwischen ich und du" (Benn) kritisch verhindert werden. Der reale Mario, der Kellner in Forte dei Marmi, hat am nächsten Morgen den Manns fröhlich den Tee serviert und dem „ziehenden Verführer" fröhlich seinen Respekt vor der professionellen Leistung bekundet.

Welche Kämpfe toben in den Regalen! Unaufhörlich: der Zauber und der Kampf gegen den Zauber, den die Autoren untereinander und die Autoren mit dem Leser führen. Da stehen zum Beispiel in Pitts Regal Platon und Karl Popper in der gleichgültigen Nachbarschaft, die das alphabetische Ordnungsprinzip stiftet. Doch die beiden reiben sich in knisternder Spannung, und es würden blendende, die Bibliothek verzehrende Flammen hochschlagen, stünde nicht zwischen ihnen der langmütige Leser Plinius (der Jüngere, der Marcel Proust in dem berühmten Fragebogen gern gewesen wäre). Karl Popper schießt auf Platon: er will den „Zauber Platons" treffen. Er will den Genius der Philosophie, den „größten Philosophen aller Zeiten (denn das war Platon)", in jenem Herzstück seiner Lehre treffen, das große und kleinere Geister aller Zeiten bestrickt hat, ohne sie merken zu lassen, dass sie gefesselt sind.

In Platon – oh, wie liebt er ihn! – bekämpft Popper, geleitet von der redlichen Erkenntnismoral des Sokrates und seiner listig-überlistenden Erkenntnistechnik der kleinen, sich über Versuch und Irrtum an vorläufige Wahrheiten herantastenden Schritte, die königliche Attitüde des Dichterphilosophen, dem es gegeben ist, die göttlichen und ewigen Ideen zu sehen. In ihm bekämpfte er alle, deren Mund aus dem „Urgesicht" spricht, alle „magischen" und „zauberkräftigen" Dialektiker, die ihre lesenden Jünger in eine runde, bergende, geschlossene Welt des Goldenen Zeitalters führen – sogar Dostojewskis verkorkster Intellektueller Stawrogin verliert sich vor einem Gemälde Claude Lorrains in diesem Traum. Popper bekämpft jede Form totalitärer Führungsarroganz in der „natürlichen Klassenherrschaft der weisen Wenigen über die unwissenden Vielen".

Der Kampf tobt auf den Borden. Die Bücherwand ist das Spiegelbild der „offenen Gesellschaft" in der Widersprüchlichkeit ihres Denkens, Wollens und Gestaltens. Sie ist ein Mahnmal für die Mehrdeutigkeit alles Gesagten in seiner kakophonischen Unbestimmtheit. Natürlich haben sich auch die Feinde der offenen Gesellschaft in ihr eingenistet, ja sie haben sich Fundamente, Ecksteine und Säulen in der Architektur des Geschriebenen geschaffen. Sogar Goethe, dem Pitt das ausstrahlende Mittelregal in seiner Bücherwand unkündbar eingeräumt hat, bildet schwankende Koalitionen mal mit den Feinden, mal mit den Verteidigern der offenen Gesellschaft. Auch er meint ja, nur die Augen auftun zu müssen, „um das wahre Verhältnis zu erblicken", nicht nur, wenn es um seine genial irrtümliche Farbenlehre geht.

Wie traurig wäre es aber um den „farbigen Abglanz" der Bücherwand bestellt, herrschten in ihr nur die Vorsicht und pädagogische Umsicht des diskursiven Intellekts und die Gesetzlichkeit der Physiko-Mathematiker, in denen Goethe seine Widersacher sah. Die Strahlungen, die von der Bücherwand ausgehen, müssen ihre unterschiedliche Wellenlänge haben. Nur die kompakte, Vielfalt verbürgende Quelle von Strahlungen bildet eine Schutzwand gegen die versengende Kraft eines einzelnen Strahls. Jeder Strahl ist ein Gegenstrahl: und die Wahrheit widersetzt sich ständig ihrer selbst in Inhalten und Formen. Die Bücherwand ist ein Gesicht mit tausend Augen. Es mag mit jedem einzelnen bezaubern, hat jedoch nicht die zwingende Kraft des „Urgesichts", auf das der Leser schießen müsste.

Allerdings: unsere sokratischen Humanisten und redlichen Rationalisten werden Platon und seinen Zauber nie besiegen, weil dieser Philosoph der Ahnherr der Künstler ist. Ohne Platon, den der alphabetische Zufall aufs unterste Bord knapp über dem Boden verwiesen hat, würde mit Pitts Bücherwand jede andere einstürzen. Das geniale Kind Otto Weininger, das auf Arthur Ohlsens Borden und in der Liste der literarischen Lebensbegleiter Gottfried Benns seinen Platz hatte, hat sich von seinen platonischen Typen, die es an jeder Ecke herumstehen sah, abstruse Meinungen soufflieren lassen, hatte aber Recht, wenn es Wilhelm Dilthey zitierte: „Kein wissenschaftlicher Kopf kann je erschöpfen, kein Fortschritt der Wissenschaft kann erreichen, was der

Künstler über den Inhalt des Lebens zu sagen hat. Die Kunst ist das Organ des Weltverständnisses."

Die Goethe-Werke im Mitteregal seiner Bücherwand hat Pitt zwischen die Steine gestellt, die aus den Trümmern des Hauses am Hirschgraben entwendet wurden; und auf eine der irdenen Bücherstützen hat er die weiße Statuette des Sokrates – ein Kitschsouvenir aus der Plaka am Fuße der Akropolis – gesetzt. Sie warnt ihn nicht nur aus Poppers Mund, sondern auch aus Prousts vor dem „Magiergeschick der idealistischen Philosophie" und den autoritären Imperativen des Schönen. Lasst euch nicht vom Glanz der hellsten Himmel blenden und nicht vom „Substantiell-Dunklen" (Benn) betören, ruft es aus der Pluralität der Bücherwand den Lesern zu. Aller Geist ist menschlicher Geist, und der ist ein gesellig streitbares Wesen, das in Wahl und Wechsel unablässig in sich zerfällt, Fraktionen bildet und Bündnisse auf Zeit schmiedet. Glücklich – und manchmal selig – ist der einzelne Geist im Strahlungsdruck vor der Bücherwand, in dem sich Energien aus der Vielfalt und Kraft des Strahlengitters durchkreuzen und bündeln. Das ist der Druck, der Freiheit erzeugt. „Lesen ist eine freye Operation", sagt Novalis. Der Leser ist ein Individualist. Platon, der „stolze Besitzer der Wahrheit", meint Popper, habe in tragischer Selbstverführung seinen Lehrer Sokrates, den „bescheidenen Sucher", verraten, indem er dessen individuellen Weg zum Wissen missachtet habe.

In der materiellen Welt, die immer auch eine geistige ist, lässt Thomas Mann seinen „Ernährer", den Volkswirt Joseph, der „die Heimsuchung voraussagt", seine um Getreide bettelnden Brüder herzerfrischend ausschimpfen: „Keine Vorsorge, keine Gewärtigung und kein Vorbauen gegen die Heimsuchung, die doch in der Welt ist und immer Gegenwart annehmen kann!" Er hat gut reden: die Brüder wurden nicht wie er von wahrseherischen Träumen heimgesucht. „Habt ihr denn keine Bildung und keine Geschichten!" Wir haben sie, vor der Bücherwand.

Die bunte Bücherwand als Depot unserer Geschichten und Arsenal zugänglicher geistiger Erfahrung bietet die „zauberhaften

Schutzmaßnahmen", die der gewitzte Joseph fordert. Wenn sich nicht die Katastrophe ereignet, dass unsere Ratgeber selber Führer in Katastrophen werden. Der geistige Katastrophenschutz zwischen Verführung und Widerstand, Sorge und Leichtsinn kann ein spannendes Erlebnis sein. Der Leser ruft dem Urheber seiner Einsicht, seiner Beunruhigung, seiner Emotionen, seien sie schmerzhaft oder lustvoll – wie Hiob seinem Gott – zu: „Dein Name, o Herr, sei gelobt, auch wenn du mich heimsuchst."

Einer wie der Aljoscha Karamasoff, der die „Worte lieb hat", wirft sich nach dem Tod seines Lehrmeisters, des Staretz Sosima, der diesen verstörend unheiligen Leichengeruch verströmt, zur Erde nieder und erhebt sich als „ein für's ganze Leben gewappneter Kämpfer". Diesen Augenblick, sagt der Dichter, werde er sein ganzes Leben nicht verges-sen: „Jemand hat in dieser Stunde meine Seele heimgesucht". Dieser Revolutionär, dessen Leben mit einer Hinrichtung enden sollte, wäre der Held einer Fortsetzung der *Brüder Karamasoff* gewesen. Wir sollten für ungeschriebene Bücher eine symbolische Lücke im Regal lassen, denn auch von ihr gehen Strahlen aus.

Der Staretz Sosima fordert Aljoscha auf, den Menschen, die nach der „Empfängnis des Schönen" dürsteten, die alten Geschichten vorzulesen, von Isaak und Rebekka, den Abenteuern des Jakob und der Sendung des Joseph. Er tut das mit der gleichen Begeisterung, mit der Goethe in *Dichtung und Wahrheit* vom ehrgeizigen literarischen Projekt seiner Jugend spricht: die Geschichte Josephs zu erzählen, den kurzen biblischen Familienroman „ins einzelne auszumalen". In diesen alten Geschichten hat Thomas Mann den echten Mythos gefunden, den, der aller literarischen Produktivität zugrunde liegt und den natürlichen Feind des politisch produzierten, der sich in einem Titel wie *Mythus des XX. Jahrhunderts* ausdrückt. Der echte Mythos „kommt aus der Tiefe, die unten liegt, und ist, was uns bindet", doch die Tiefe liegt nicht im Dunkeln, sondern wird von Helligkeit und Heiterkeit bestrahlt in Josephs Erkenntnis, die er dem Sonnenkönig vermittelt: „Aber das Ich ist von Gott und ist des Geistes, der ist frei. Dies aber ist gesittetes

Leben, daß sich das Bindend-Musterhafte des Grundes mit der Gottesfreiheit des Ich erfülle, und ist keine Menschengesittung ohne das eine und ohne das andere."

1951, von einer jener Stationen „auf dem sinnlosen Kalvarienweg des Ausdruckslebens", schickt Gottfried Benn seinem Leser F. W. Oelze eine Sammlung von zwanzig Gedichten für das Archiv, das der Treue hüten soll, „für den Fall, daß ich unversehens umkomme". Die „Fragmente" hätten nur einen Sinn, wenn sie alle zugleich publiziert würden, denn „sie ergänzen einander und heben sich gegenseitig auf". An diesen Satz denkt Pitt, wenn er vor der Bücherwand steht. Auch eine Bücherwand von der Massivität der Chinesischen Mauer ist eine Schichtung von Fragmenten, die einander stützen, doch sie bleibt auch stehen, bricht man einzelne heraus. Jeder Stein hat einen konstruktiven Sinn, könnte aber auch fehlen.

„Es hebt sich eben eigentlich alles gegeneinander auf" – ein Benn-Satz aus einem Brief an den Leser als Inschrift über der Bücherwand. Der erste Brief des Autors an seinen Leser Oelze – genauer: der zweite, denn der erste war ja ein noli-me-tangere – galt der „perspectivischen Erkenntnis" mit dem Blick auf den Aufsatz *Fazit der Perspektiven* aus dem Jahre 1930. Was sei Wahrheit und Realität gegen die „Perspective"? Sei diese „existentiell glaubhaft, überzeugend als Ausdruck eines Sehens, einer Vision", sei ihr Zweck erfüllt. Zehn Jahre vor diesem Aufsatz hatte Gottfried Benn in einer Rede vor Marburger Studenten über das „moderne Ich" gesprochen. Gegen alles Historische, Theoretische, Empirische und Soziale ließ er das lyrische Ich triumphieren. „Wenn wir aber lehrten den Reigen sehen und das Leben formend zu überwinden, würde da nicht sein der Schatten, blau, in dem die Glücke stehen?" Pitt mustert seine Bücherwand. Liegt nicht ein blauer Schatten über ihr? Nein, sie ist bunt. Das Perspektivische ist ein Kaleidoskop.

Die Leselampe am Sessel vor der Bücherwand hat drei Kugelschirme von chromblitzender Helle, die auf schwenkbaren Bogen in den Raum hineinragen. Die konvexen Spiegel liefern Rundbilder des bunten

Regals in perspektivischen Variationen. Im zauberischen Widerschein – etwa im Morgenrotglanz, im gesprenkelten Licht der durchs Blätterwerk fallenden Strahlen der sinkenden Sonne oder im Halogenglanz der Deckenleuchten – gewinnen sie alle diese räumliche Unendlichkeit, in der sich die Bücher im Vordergrund zu vergrößern und am runden Rand in der fortschreitenden Verkleinerung zu vervielfältigen scheinen. Die Bücherwand gewinnt im Raster der Regalbretter und -wände die Gittergestalt eines an den Polen abgeplatteten Globusses.

Er regt an, die sphärische Position eines Autors im seemännischen Besteck an den Kreuzungspunkten der Breiten und Längen zu bestimmen. Der Nullmeridian und die Linie des Hohen Mittags liegen fest: in den Werken Goethes und Thomas Manns, wobei diese links oberhalb jener weinroten Goethe-Mauer stehen, denn Pitt hat das Gefühl, dass der Autor des 20. Jahrhunderts ein wenig auf den des 18. und 19. Jahrhunderts herabschauen dürfe. Hat die kluge Lotte, wie Mann sie beschreibt, nicht Recht, wenn sie in Goethes Menschenferne ein „Verhängnis" sah? Beide haben die deutsche Literatur in die „Weltliteratur" geführt. Und Thomas Mann war sogar gezwungen, sie zu verkörpern in der Welt, in die er hinausgetrieben wurde. Sein Exil, schreibt Thomas Mann 1945 an Karl Kerényi, spiele schon „auf eine Auflösung der Nationen an und auf die Vereinheitlichung der Welt". Weltliteratur sei eine Literatur, die der „Welt-Verfassung" vorarbeite.

Auf der Zierleiste über dem Regal flimmern in einer Laufschrift die Anfangsworte des Benn-Aufsatzes: „Umbau des Ich, Fazit der Perspektiven, Saldo der Zeit". Pitt überschlägt den Saldo der Zeit und des Stoffs. Ein Saldo ist eine Resultante von verzehrten und geschöpften Substanzen. Was hat er vor der Bücherwand gewonnen, was ist ihm zerronnen? Er will nicht mit Joseph von Eichendorff antworten: „Wir alle sind, was wir gelesen, / und das ist unser größtes Leid." Der Autor kennt das Fazit der von ihm beschriebenen Perspektiven. Und der Leser? Was ist dem Leser Summe, Ergebnis, Erfolg, Schlussfolgerung aus der Perspektivenvielfalt, die ihn umstellt?

In jeder Neugruppierung der Bücher auf den Borden, im Hineinstellen und Herausnehmen, im impulsiven Ordnungszwang gegen das Sammelsurium oder im Versuch, Linien zu finden, verrät sich ein Umbau des Ich. Die Organisation im Reich der perspektivischen Beliebigkeit ist Management des Ich. Nicht das Fazit sucht der Leser, sondern das Faszinosum aus Wort und Widerwort, Bild und Gegenbild, den fesselnden Zauber, der immer wieder befreit. Da der „Saldo" ein rechnerischer Begriff ist, können wir auf die „schönste Erfindung des menschlichen Geistes" schauen, auf die von Goethe (im *Wilhelm Meister*) gepriesene doppelte Buchführung: der Leser, von seinen Büchern geführt, kann „alle Tage das Fazit seines wachsenden Glückes ziehen."

„Der Buchstab ist der echte Zauberstab": das wissen – wie Friedrich Schlegel und Novalis in ihrem Briefwechsel – die Romantiker, die als Abenteurer des Geistes mit dem rückwärtsgewandten Sinn in die Moderne aufgebrochen sind. Sie wollten das Unmögliche, zum Beispiel „Funken aus Wasser locken", so Schlegel, oder einen Funken „als Lebenstätigkeit fixieren", so Novalis. Dem Mohammed gleich, schickten sie sich in ihren Weltentwürfen an, „mit dem feurigen Schwert des Wortes das Reich der Geister welterobernd zu überziehen", so wieder Schlegel. „Spell" sagen die Engländer: das bedeutet als Verb das Buchstabieren, als Substantiv den Zauberspruch.

In seinen endlosen Dialogen mit dem Leser (wie gern lässt Pitt sich mit „lieber Leser" ansprechen!) legt Nikolai Gogol den Zauberstab jedem Dichter in die Hand, gleichgültig, auf welchem Wege er ins Herz der Dinge vorstößt, ob er die „durch ihre traurige Wahrhaftigkeit niederdrückenden Charaktere links liegen" oder vor den Augen der Leser „einen sinnbetäubenden Rauchschleier" fallen lässt, ob er sich auf das konzentriert, was „wir minütlich vor Augen haben" oder „im süßen Zauber von ihm selbst geschaffener Töne" versinkt. Wir Leser sind aus dem Geschlecht der Diener wie sein Petruschka, dem weniger das Stoffliche gefiel als das Lesen selbst, der „Prozess des Lesens": dass „nämlich aus diesen Buchstaben immerfort irgendein Wort entstand, von dem manchmal der Teufel selbst nicht wusste, was es bedeutete".

Lasst euch, liebe Leser, vom letzten, vom unwesentlichsten Buchstaben verzaubern, dem 27., dem ß. Er wurde von leichtfertigen autoritären Reformern in eine Randexistenz gedrängt. Pitt hat als Knabe in Hannover über die Anna Blume – „du bist von vorne wie von hinten" – des Laut-Komponisten und Dada-Künstlers Kurt Schwitters gestaunt, die Geliebte seiner „27 Sinne", dieses „ungezählte Frauenzimmer". Da dem Dichter das heimatliche spitze S wichtig ist, musste er dem landläufigen Alphabet das „ß", diese köstliche Ligatur, hinzufügen. Jeder Buchstabe ist ein eigener Sinn, 27 Sinne treten zu den fünf Sinnesorganen, und die zusammen sind die Zähne, mit denen wir die Welt fressen.

Das ß wird von den Sprachreformern mehr und mehr als Appendix betrachtet – wahrscheinlich ist die in seiner zephirhaften Lautgestalt verborgene Spannung ohnehin das Merkmal einer vergangenen Literaturepoche. Oder wird das S und das Z in der äußersten Spannung unzerreißbar bleiben wie Sein und Zeit, Sinn und Zweifel, System und Zufall, Seele und Zerebrum, Spiel und Zwang, Salz und Zucker? Dieser zweieinige, aus dem S-Zeichen und dem Zett der Fraktur gebildete Zentaurlaut, dieser Ginkgo-biloba-Laut, mag als Symbol dafür stehen, dass Getrenntes sich durchdringt: Geist und Leben, Idee und Realität, Abstraktion und Sinnlichkeit, das Fiktive und das Faktische, die Sphäre des Worts und die Sphäre der Tat. Verbringen wir Leser nicht ein Lektüreleben in dem Bestreben, das zusammenzulesen, was Autoren trennen wollen? Für das Glückswort Faszination hätte unsere Sprachphilosophie des Alltags unbedingt ein ß erfinden müssen; im dazugehörenden Wort Distanz wird das S und Z zerrissen.

Im Regenbogen, der das einmalige optische Produkt unseres je eigenen Standorts und Schauwinkels ist, binden wir alle Farben unserer Bücherwand zusammen, ohne dass er zersplittert. Stiften wir Leser nicht den Frieden unter unseren Autoren, die sich oft so spinnefeind sind? Organisieren wir nicht Bündnisse, zu denen sie nicht fähig sind? Sind wir vor der Bücherwand nicht Moderator einer Talkshow, der ein verborgenes Verknüpfungsprinzip zu finden hofft? Lichter blinken auf, Lichter verlöschen: der Leser steht im Licht.

Kierkegaards Entweder-Oder gibt es vor der Bücherwand nicht, keine Entscheidung zwischen Spiel und Ernst, keine Wahl zwischen der ästhetischen oder ethischen Betrachtung. Sören Kierkegaard hat in einem seiner *Versuche im fragmentarischen Streben* auch dem Leser etwas Beruhigendes gesagt: der Reichtum einer Individualität bestehe in ihrer Kraft, sich im Fragmentarischen zu verschwenden, schreibend wie lesend. Das schaffende und das empfangende Individuum fasziniere das Gleiche: nämlich das „Erzeugen und Genießen der funkelnden Flüchtigkeit". Es gibt Proteste gegen diesen Satz, doch Pitt hört sie nicht. Der sieht die Brücke über dem Graben zwischen Autor und Leser. Auf ihr, in ihrer Mitte, wird der „Anruf der Muse" laut. Da haben wir sie wieder, die grammatikalische Irreführung des foppenden Genitivs: ich, der Leser, ich, der Autor, kann die Muse anrufen, sie kann mich anrufen.

Alles ist Sprache, alles um uns herum spricht. Jeder Satz ist aufgeladen von der Spannung zwischen Leben und Geist. Der Leser hat seinen Platz zwischen den Polen, er steht in der Spannung, die sie in ihrer Gegensätzlichkeit erzeugen. Alle Geschichten sind fade ohne diese Spannung. Pitt könnte sich eine Literaturgeschichte vorstellen, die jedem Autor eine Position auf dem Spannungsbogen zuweist. Wie herrlich ließe sich über die Markierungen streiten! Wo steht Gottfried Benn mit seinem Geistbegriff? Er wütet gegen das Leben und ist doch so sinnlich. Die kategorische Strenge Ernst Jüngers wurzelt in Vitalität. Die leidende Geistigkeit Thomas Manns erhebt sich über der Sympathie für das Leben. Die drei haben viel Unfreundliches übereinander gesagt (und der Leser F. W. Oelze hat in seinen Briefen mitgemischt). In der Nachbarschaft der Bücherwand grüßen sie einen Leser gemeinsam: „Spannendes haben wir gemacht".

Das grimmige Lächeln, das Rauch Goethes Büste gegeben hat, ist selbst in der kitschigen Kopie über Pitts Regal sichtbar. Ja, er lächelt, er hat sie alle um sich, er hat sie alle in sich. Er nimmt sogar den Leser, den Hörer mit hinein in sein Werk. Eine Leserin, natürlich. Die Gedichte um Hatem und Suleika haben in einer „Empfangenden", Marianne von Willemer, eine „eigene Schaffenskraft entzündet", haben zwischen Autor und Leserin eine Wechselrede hervorgerufen wie zwischen Faust und Helena. In seinen *West-Östlichen Divan* nimmt Goethe zwei Gedichte Marianne von Willemers auf, die Lieder an den Ostwind und den Westwind, gleichsam Titelgedichte, und ein drittes dazu, zu dessen Urheberschaft die greise Suleika sich nicht bekannt hat. Der lyrische Dialog greift in das Leben, das Leben drängt sich – „rein verkörpert Liebesklarheit im Gewand der Poesie" – ins Gedicht. Auch der Dichter antwortet der ersten Leserin seiner Verse. Und er lässt Suleika, die Hörerin, die mit dem Ohr Lesende, in den Hauptwörtern und den Reimpaaren seiner Verse die Essenz des Literarischen ausdrücken:

Ach! wie schmeichelt's meinem Triebe,
Wenn man meinen Dichter preist,
Denn das Leben ist die Liebe,
Und des Lebens Leben Geist.

# Leserdank an die Lektoren

Ist nicht der/die Lektor*in der/die erste Leser*in des auf Brot und Resonanz hoffenden Autors? Wenn Pitt vorn das Selbstverständliche sagte, Bücher gewönnen im Kopf des Lesers ihre letzte Gestalt, würden also von ihm „gemacht", so ist hinzuzufügen: vor dem Leser steht der Lektor. Oder der Verleger – sofern er seinem Unternehmen noch den persönlichen Stempel aufdrückt. Als Pitt mit dem Verleger über sein Sachbuchdebüt[6] sprach, sah er an der Wand des Büros drei ziemlich hohe Säulen von Papierbündeln unterschiedlichen Formats. „Meine Quälgeister", sagte Hans F. Erb. „Ich habe Ihren Text herausgefischt und gelesen, weil ich früher selbst einmal in Ihrem Metier gearbeitet habe." In einem literaturfremden Metier.

Der Lektor als professioneller Leser, als Leser in seiner kreativsten Form, ist von einem Strom des Ungedruckten heimgesucht. Viele Autoren, die einmal Lektor waren, erinnern sich mit unfreundlichen Gefühlen an ihre Tätigkeit als Gatekeeper der Literatur, so Peter Rühmkorf, wenn er an die vielen „Mindermanuskripte", wohl die überwältigende Mehrheit des Getippten, zurückdenkt, die ihm sein Chef Fritz Raddatz immer aufs Auge drückte.

Es entsteht eine Konfusion, wenn der geborene Leser wähnt, auch ein geborener Schriftsteller zu sein. Wenn er Mumm und Glück hat, kann er ein gutes akademisches Schreibseminar unter der Leitung erfahrener Literaten besuchen, in dem auf dem Rüttelsieb der Kritik frühzeitig die Spreu des Wahns vom Weizen der Begabung getrennt werden

---

6  Pitt, Für den Redner schreiben – Ghostwriter's Guide für die redselige Gesellschaft, Düsseldorf 1984

kann (was aber offenbar nicht immer geschieht, denn auch Akademien müssen irgendwie von ihren Kunden leben). Viele literarisch talentierte junge Menschen sagen sich mit Friedrich Hebbel in seinem Tagebuch, sie seien nicht begabt genug, ihre Neigung zum Schreiben zum bürgerlichen Beruf zu machen, aber zu begabt, um sie zu unterdrücken.

Als der Primaner Pitt meinte, ein Buch schreiben zu müssen, startete er sein Vorhaben nicht mit der Absicht, ein Schriftsteller zu werden (er traute sich auch nicht den ihn faszinierenden Beruf des Journalisten zu, trotz seiner gelegentlich erfolgreich an Zeitungen eingesandten Minitexte, die ihm immer schwer gefallen waren). Er schrieb einen Betroffenheitstext zur Lebensbewältigung, übte sich sozusagen in literarisch nicht unüblicher Selbsttherapie, und er hatte das Glück, in Peter Rühmkorf einen Lektor zu finden, der ihn lobte, aber ihm sein Vorhaben liebenswürdig ausredete (weil allerdings der Dichter-Lektor in der Sache nicht recht hatte, kam der Greis auf sie zurück[7]).

Nicht nur als mittlerweile erfahrener Leser, sondern auch als unwillkommener Autor hat Pitt den unendlich großen Respekt vor der Arbeit der Verleger und Lektoren gewonnen. Den Text eines Autors – zumal eines unbekannten – zu einem Produkt zu machen, das Gnade vor den Augen der Leser*innen findet und eine Kaufwilligkeit weckt, die das Gesamtunternehmen Literatur (etwas abwertend auch „Betrieb" genannt) wie auch das Leben eines Verlages sichert – welch eine unternehmerische und geistige Leistung! Verleger (wenn sie noch selbst lesen) und Lektoren beschäftigen sich (wenn sie es noch tun) mit dem Text eines anderen (und nicht selten haben sie ihre eigenen Texte im Kopf), arbeiten hart daran, ihn zu würdigen und ihm durch den sprachlichen, logischen und fachlichen Schliff Glanz, Stimmigkeit und Verkäuflichkeit zu geben. Sie horchen in einen Markt hinein, in dem Millionen von Leserinnen und Lesern vor Bücherwänden sitzen, die immer weniger Lücken haben. Andreas Maier hat unter dem schönen Titel „Eigenes im Fremden" zum

---

7   Pitt, Vier erfinden ihren Vater, Roman-Essay, BoD 2018

Tode des legendären Suhrkamp-Cheflektors und Literaten Raimund Fellinger im April 2020 in der *Frankfurter Allgemeinen* erzählt, sein literarischer Schutzengel habe ihn davor bewahrt, 150mal das Verb „stehen" stehenzulassen (und seine Texte sind ja nicht sehr lang).

Pitt hat nicht nur Autoren gelegentlich heimgesucht, sondern einmal auch einen Verleger. So hörte er einen Jubiläumsvortrag Siegfried Unselds bei seinem Nomos-Verlag, der auch Bücher über das von Pitt geliebte Gemeinwirtschaftliche publiziert hat, in dem Goethe und der Ginkgo eine wichtige Rolle spielten (daraus hat der Autor Unseld später einen fabelhaften Insel-Band gemacht). Pitt konnte ihm nachweisen, dass Goethe das berühmte Blatt weder im Frankfurter Brentano-Park noch in Heidelberg gepflückt habe, sondern im Park des Holzhausenschlösschens „auf der Öde" in Frankfurts Nordend. Leider ist der Verleger als Autor der Intuition eines Hörers nicht gefolgt, sondern hat sich auf die akademisch als gesichert geglaubte Herkunft verlassen. (Schöner Nebennutzen: Als Martin Walser in diesem Schlösschen aus seinem Goethe-Buch *Ein liebender Mann* las, war er für Pitts Hinweis dankbar, er habe bei seiner Lesung an der Stelle gesessen, an der Goethe die Gemäldesammlung des Schlossherrn bewundert hat).

Vor langer Zeit hat ein Text Pitts auf dem Schreibtisch einer Lektorin gelegen, die mit ihrem Bleistift den unfertigen Text, mit allen seinen Tücken vertraut (oh, es ist ein sperriger Text![8]), einfühlend bearbeitet, Hinweise gegeben, Zweifel formuliert, Alternativen entwickelt hat und schließlich doch bedauernd den Stempel „unverkäuflich" darauf drücken musste. Sie hat den Mut vermittelt, über Jahrzehnte an dem Text und dem in ihm verkörperten Ziel weiterzuarbeiten. Dankbar ihren Namen zu nennen, hat sie nicht erlaubt. (Pitt hätte sich aber keinesfalls dafür bedanken müssen, „mit Engelsgeduld meine Sturheit und mein Rumgezicke

---

8   Pitt, Wir ungläubigen Christen – Eine Bittschrift an die Leitenden der Christenheit und die Gemeinden, BoD 2019

ertragen" zu haben, wie es die Inselpastorin Pamela Hansen in ihrem schönen Helgoland-Buch gegenüber ihren Lektorinnen getan hat.)

Als Pitt sich jenseits der Mitte seines Lebens entschloss, Peter Rühmkorfs Empfehlung, Leser zu bleiben, zu missachten, hatte er Parabeln geschrieben. Diese Gattung trägt ja den Stempel „unverkäuflich" in sich. Er dachte an Nathans einfache Parabel, in der es um den Ring „von lieber Hand" geht, und so beschloss er, sein kleines Werk als Geschenk zu konzipieren. Einem Verlag, so dachte er, würde er die Kosten für das Geschenk erstatten. Der Handelsmanager hatte gehört, dass mancher Autor seinem Verlag die Käuferschaft mitbringt (wenn auch nicht unbedingt die Leser) – durch originelle und manchmal nicht ganz transparente Beteiligungen an Druck- und Verlagskosten oder Absatzgarantien, aus PR-Gründen übernommenen oder durch TV-Popularität oder Examenszwänge vermittelten, oder gleich den Selbstkauf in Bausch und Bogen. Die fabelhafte Chance des Selfpublishing mit elektronischer Hilfe, die den Autor zu einem die Verlagswelt schonenden Risikoträger macht, gab es noch nicht.

Von einem Frankfurter Verleger, dem Inhaber eines profilierten Kleinverlages, hörte er, das Parabel-Projekt, das ihm am Herzen lag, klinge „verheißungsvoll", und er sei eingeladen, zwei Stücke einzusenden. Der Verleger war von einem namhaften Buchmagazin als ein kreativer Kopf gefeiert worden, ein Magazin hatte die Wiederauferstehung des stets ideenreichen Verlages gemeldet, nachdem er von einer Bank, die ein Herz für Literatur hatte, nach einer insolvenzbedingten Sendepause einen frischen Kredit erhalten hatte. Der Verlag hatte den ebenfalls verheißungsvollen Namen „Nokturn". Der Nachtautor Pitt gehörte in einem stressigen Managerumfeld zu den von Ernst Jünger beschriebenen Nokturnen, die erst in der Dämmerung zu leben beginnen, er hatte schon mit extravaganten Themen jongliert wie die Romantiker, sah in jedem seiner kleinen Werke eine „Hymne an die Nacht" (Novalis) und im Namen des Verlages einen Fingerzeig auf eine positive Resonanz: hier könnten seine Geschichten eine Plattform finden.

Meistens senden namenlose Autoren ihre Warenproben ja ins verlegerische Nirwana, und manchmal kommt ein netter bedauernder Brief einer Verlagsmitarbeiterin zurück. Auch der „Nokturn"-Chef, der Pitts Offerte doch in einem persönlichen Brief interessiert begrüßt hatte, meldete sich nicht. In der monatelangen Wartezeit hatte Pitt einige Bücher des Verlages gelesen, die seine Hoffnung stärkten, er könnte in einen erlesenen Autorenkreis eintreten. Das für einen Manager des Handels unproblematische Anerbieten, sich an Risiko und Produktionskosten zu beteiligten, hatte der Verleger schon entrüstet abgelehnt. (Der Unternehmer-Schriftsteller Friedrich-Wilhelm Händler hat in einem seiner Romane, in einem umgekehrten Fall, über einen von ihm abgelehnten Vorschlag eines berühmten Verlegers berichtet und ihn veröffentlicht, und so mag Pitt es auch tun).

Doch der Anruf kam! Aber hatte sich denn der Verleger die Parabeln ganz und gar aus dem Kopf geschlagen? Er wende sich in einer heiklen Situation an Pitt (ja, er nannte ihn so, was er ja durfte). Ob er ihn mit einer Bitte in einer existentiell wichtigen Sache behelligen dürfe („Also doch das leidige Geld"!). Er sei in Sachsenhausen in der Filiale am Schweizer Platz bei einem – „ja, ich muss es so nennen" – Ladendiebstahl ertappt worden. Und in selbstquälerischer Offenheit wies er Pitts Insinuation zurück, er habe wohl aus Gedankenlosigkeit – man kennt sie doch, die zerstreuten Professoren! – das Zahlen unterlassen. Nein, er habe eine Flasche Wein und ein Paket Kleingebäck, die er für ein Gespräch mit einem Autor von verlagswichtigem Renommee besorgen wolle, nicht bezahlt, weil es ihm schlicht an Liquidität gemangelt habe. Nein, „aushelfen" solle Pitt ihm nicht. Als Manager des Unternehmens habe er doch die Möglichkeit, die Anzeige bei der Polizei oder beim Staatsanwalt, die der Marktleiter angekündigt habe, zurückzurufen. Vielleicht noch zu verhindern? Es wäre diese Anzeige schon die zweite in kurzer Zeit – „und bei mir steht so manches auf der Kippe."

In den wenigen Minuten, die das peinliche Gespräch dauerte, war Pitt unaufrichtig. Er konfrontierte den Bittenden nicht mit der selbstverständlichen Tatsache, dass gemäß den Regeln, die ein Manager des Handels in mechanischer Unerbittlichkeit verteidigen muss, der Marktleiter die Anzeige längst auf den amtlichen Weg gebracht haben würde. Er sagte dem unglücklichen Verleger, er werde mit dem Filialchef und seinem Vorgesetzten (denn das war Pitt nicht) sprechen, um zu versuchen, eine Sperre gegen die Strafverfolgung einer bedauerlichen Unterlassung einzubauen.

Als der Hörer schweißnass auf der Gabel lag, hat Pitt ihn nicht wieder aufgenommen. Er hat nicht die dürftige Option geprüft, mit dem Marktleiter darüber zu sprechen, ob sich in einem tragischen Einzelfall eine Auswegslösung böte, hat sich nicht ein zu entwickelndes Szenario vorgestellt, in dem schwankende Zeugenaussagen oder eine schlampige Beweislage – Wein und Keks könnten in hitziger Diskussion mysteriös verschwunden sein – eine eingestandene Tat in einen Verdacht und in eine Verwarnung wegen Unachtsamkeit verwandeln könnten, so dass eine Rücknahme der Anzeige zu rechtfertigen sei – ohne dass der pflichtbewusste Marktleiter und auch eine aufmerksame Mitarbeiterin ihr Gesicht verlören.

Womöglich hätte er den irreparablen Vertrauens- und Motivationsschaden, der durch seine alle Führungsgrundsätze missachtende Intervention in das operative Geschäft entstanden wäre, in Kauf genommen, aus Sympathie zu einem Verleger, der sich für die Bücherliebe ruiniert, auch wegen des Taktes, mit dem der Verleger schweigend darüber hinweggegangen war, dass ein Text seinen literarischen Anforderungen nicht genüge. Hätte er nicht die heilige Pflicht empfinden müssen, den „Nokturn"-Enthusiasten durch praktische Solidarität zu ermutigen, auch in Zukunft diese fabelhaften Nokturnen seines Verlages als Brillantfäden in das große literarische Gesamtkunstwerk der Epoche hineinzuwirken? Hat der Kleinverleger mit seinem Mini-Sortiment des Exzellenten nicht ein unvergleichlich höheres Klumpenrisiko als der Händler mit seinen vielen Me-Too-Produkten? Der Autor Pitt verlangt ein Risiko von ihm, das der Händler nie eingehen würde.

Nichts von dem. Er sah sich in einer Falle. Hätte er den Diebstahl gegen alle Gebote seines Geschäfts toleriert, ja begünstigt, hätte er sich selbst begünstigt. Er war kein Schiedsrichter in einem Dilemma. Er war an die Leimrute seines Publizitätswunsches gefesselt, und wenn er seinem potentiellen Verleger aus der Patsche geholfen hätte, wäre das nicht nur im Fall der Annahme und des Erfolges seines Titels der doppelte Fall einer klaren Selbstbereicherung und einer gleichermaßen aktiven wie passiven Bestechung gewesen. Der moralische Schaden wöge schwerer als der Verlust der Chance auf einen denkbaren kanonischen Ruhm (denn das Feld der Parabel wird heutzutage unzulänglich beackert – wenn man davonabsieht, dass jeder große Roman als Parabel gelesen werden kann).

Doch er kann sich bis heute nicht von dem Gedanken befreien, die Traumwelt der Literatur zugunsten der brutalen Realität verraten zu haben. In dieser Scham hatte er dem Bittsteller nicht mehr mit einem floskelhaften Telefonat kommen wollen. Er war auch froh, nicht den enttäuschten Blick des Verlegers an den Stätten, an denen sich der Literaturbetrieb feiert, fürchten zu müssen. Er hätte mit ihm das Los der Unredlichkeit und die Toleranz einer „brauchbaren Illegalität" (Stefan Kühl) in schicksalhafter Situation teilen müssen! Es gibt ein metaphysisches Abwägen von Rechtsgütern, in dem der Göpelschritt der Geschäfte getrost einmal stolpern darf. Geschriebene Wörter sind wohlfeil, ihre Materialisierung in einem Gut ist eine schwierige Kunst.

Die Prüfarbeit der Lektorate ex ante ist ein bisschen vergleichbar der literarischen Kritik, die ex post operieren muss. Die Leser delegieren gleichsam ihr kritisches Empfinden an die kundigen Kritiker, die in einem ausgegliederten Betrieb als Einzelne kostengünstig etwas für viele tun. Doch die Leser reagieren auch auf Kritik wie ein Kunde, der die Leistung eines Werkvertrages moniert, vor allem wenn sie einem enttäuschenden Lesetipp gefolgt sind. Auch Pitt hat manchen sachlich zornigen, doch hoffentlich konzilianten Protestbrief an Kritiker geschrieben.

Ein Vierteljahrhundert lang traf er sich zweimal im Jahr mit seinem Freund Peter Lesser, einem Benn-Enthusiasten, der die schwierigsten Gedichte rezitieren konnte, zu einem literarischen Gespräch. Der hatte nicht nur eine vitale Freude an der Literatur, sondern hatte in seiner Jugend schon einmal eine Kurzgeschichte sportlichen Inhalts in der legendären Tiefdruckbeilage der *Frankfurter Allgemeinen*[9] veröffentlichen dürfen, und er war der Gründer des *Sportspaß*, des größten Hamburger Freizeitsportvereins. Nicht nur um Bücher ging es bei diesen Treffen – Leselisten waren mitzubringen –, sondern auch um die Kritik und die Kritiker. Zu einer oft besprochenen Reise ans Grab Gottfried Benns auf dem Dahlemer Friedhof ist es nie gekommen. Als es im Gespräch wieder einmal um diesen Wunschtermin ging, erwähnte Lesser, er habe den Stein über seinem Familiengrab auf dem Ohlsdorfer Friedhof schon mit seinem Namen versehen lassen. Und beide erfuhren erstaunt, dass ihre Plangräber[10] auf dem größten Parkfriedhof Europas nur etwa fünfzig Meter voneinander getrennt seien. Da der Ältere sein finales Datum schon eingravieren lassen musste, besucht Pitt sein Grab mit der tröstlichen Absicht, das metakritische Gespräch einst „auf Friedhofsdauer" geisterhaft fortsetzen zu wollen.

---

9   Peter Lesser, „An einem Abend im Stadion", FAZ Bilder und Zeiten, vom 6. Mai 1961. Der Hochbelesene konnte „Das aktuelle Zitatenbuch von A bis Z" als langjähriger Herausgeber aus seiner Bücherwand bestücken.

10   Auf der Grabstätte des Pittpaars das Denkmal für den Kadetten Klaus-Diedrich Thorborg, der sein Leben 1957 auf dem Segelschulschiff „Pamir" verlor. Siehe dazu Pitt, Die Pamir, der Kapitän und der Kadett, Roman, BoD 2017.

# Der Autor siegt immer

Zum Ende des Lesesommers im Ohlsenschen Hause wurde Pitt die Mansarde gekündigt. Frau Ohlsen hatte sie gegen den Widerspruch ihres Mannes an eine Verwandte vermietet. Die neue Bude lag weit entfernt von der grünen Siedlung und, wie Arthur Ohlsen befürchtete, vom Magneten seiner Bibliothek. Doch Pitt hat ihn oft besucht, nicht selten auch im Krankenhaus, das den von Sucht und Frust gemarterten Körper in den letzten Jahren seines Lebens immer häufiger beherbergen musste.

Den letzten Besuch machte er dem alten Mann im Wandsbeker Krankenhaus. Er kam – nicht mehr Student, sondern seit zwei Jahren praktizierender Volkswirt in seinem Verband – aus einem Vortrag des Bundeswirtschaftsministers Karl Schiller, den dieser an der Stätte seines akademischen Wirkens, im Hörsaal A der Universität (der jetzt den Namen Ernst Cassirers trägt), gehalten hatte. Er erschrak, als er Arthur Ohlsen sah, ja, er ahnte, dass er seinen letzten Besuch machte. In der frischfröhlichen Aufgeräumtheit, mit der wir manchmal das erlebte Leiden eines anderen überspielen, erzählte er dem alten Volkswirt vom Auftritt des Professors und von seinen programmatischen Vorstellungen für die Wirtschaftspolitik der Großen Koalition.

„Gibt es im Hörsaal A noch die Empore?", fragte der Kranke. Das sei sein Lieblingsplatz, erwiderte Pitt, erstaunt.

„Dort habe ich 1953 gesessen, mit meiner Tochter, als sie noch Lehrerin werden wollte, die hat mich mitgenommen."

„Zu einer Vorlesung?"

„Nein. Ja. Zu einer Vorlesung von Thomas Mann. Einer Lesung." Hatte sich der Geist des Hinfälligen verwirrt?

„Eine Lesung aus dem Felix Krull, ein kleiner Vortrag vorweg – und am nächsten Tag war ich mit meiner Tochter in der Musikhalle, da hat er wieder aus dem Krull gelesen, aus dem Manuskript, das Buch kam später heraus. Ja."

Arthur Ohlsen lag in einem Drei-Bett-Zimmer, im mittleren Bett. Neben ihm lagen ein am Vortag operierter Mann, der im Schlummer die schwarze Stoppelmaske seines Gesichts auf dem Kissen wiegte, und ein Greis, der mit jedem ziepend tiefen Atemzug sein Leben zurückzukämpfen schien. Arthur Ohlsen ließ seine Augen zwischen den beiden Betten hin- und hergehen, seine Stimme hatte er zu einem verschwörerischen Flüstern gesenkt. Seine Tochter habe ihn nicht überreden müssen, zu Thomas Mann in die Uni und in die Musikhalle zu gehen. Was habe die schon von dem gewusst! Er habe ihn sehen wollen, habe ihn hören wollen, habe ihn wiedersehen wollen, nach dreißig Jahren noch einmal, zum letzten Mal, denn der sei schon bald achtzig gewesen damals – „und ist dann ja auch bald gestorben." Der Greis zur Linken schien durch das letzte Wort beunruhigt worden zu sein, denn das Ziepen verstummte.

„Da wundern Sie sich?" Pitt schüttelte den Kopf. Doch er war sprachlos in seiner Verwunderung.

„Doch. Sie wundern sich. Sie haben das nie verstanden, warum ich den Thomas Mann ablehne. Sie werden auch nicht verstehen, warum ich hinter ihm hergelaufen bin wie meine Tochter hinter den Stars vom Schauspielhaus. Ich habe dem Mann weiß Gott was vorzuwerfen. Aber da kam er nach Hamburg, und ich musste ihn sehen. Es war wie ein Zwang. Ich wäre unglücklich gewesen, wenn ich nicht gegangen wäre. Er ist der Größte, das ist nun mal so. Gegen dieses Wissen können Sie sich sträuben, aber Sie gehen hin, Sie ärgern sich über ihn, aber Sie gehen hin." Natürlich! hatte Pitt gerufen und angstvoll gelauscht, ob das Atmen des Greises im Nachbarbett wieder einsetzte. „Natürlich", wiederholte er flüsternd, als das Ziepen wieder vernehmbar war.

„Sie wären natürlich hingegangen. Die Studenten waren auch begeistert in der Uni, als er von seinem europäischen Deutschland redete. Ich war ja der Mann des deutschen Europa, und die jungen Leute haben auf mich geguckt, als habe er mich gemeint – ich weiß gar nicht, wie meine Tochter mich da hineingeschmuggelt hat. Wiedervereinigung! Deutschland wiedervereint in einem vereinigten Europa – da hat er jahrelang mit den Amerikanern und den Stalinisten paktiert, und jetzt glaubt er, dass seine Bundesgenossen die Wiedervereinigung zuließen. Die kommt nie! Und die EWG ist doch auch nur so ein Trick von de Gaulle, dem der Adenauer aus der Hand gefressen hat. Von Gnade hat er geredet, Gnade sei mit euch, wie der Pastor in der Lübecker Marienkirche. Aber begnadet ist der Thomas Mann. Er ist ein großer, ein sehr großer Künstler. Wenn so ein Großer seinem deutschen Volk im nationalen Geist gedient hätte, damals, als wir jung waren, glauben Sie mir, wir wären nie dem Hitler nachgelaufen." Bei diesem Namen hatte das Ziepen im Nachbarbett aufgehört, und auch das stoppelbärtige Gesicht war zur Ruhe gekommen.

Pitt nahm an diesem Nachmittag nicht nur Abschied von seinem Hausherrn, sondern auch von seinen lächerlichen Versuchen, ihn zum Werk Thomas Manns zurückzulisten. Er hatte es ja leichter gehabt mit dem Thomas Mann als der alte Mann. Er war in eine Welt hineingewachsen, die sich nicht von der Last der Träume befreien musste. Der millionenfache Tod Unschuldiger und Schuldiger hatte alle Träume besiegt. Er hat den Thomas Mann gelesen, dessen Ruhm die zweite Hälfte des Jahrhunderts überstrahlen würde, nicht den, dessen Leben zerrissen war zwischen dem Heimweh nach dem romantischen Deutschland und dem Kampf, sein Deutschland in die Welt und die zivilisierte Wertegesellschaft zurückzubringen.

Irgendwo in der Abseite, bei den abgelegten Schulsachen seiner Tochter, hatte Arthur Ohlsen gesagt, müsse noch das *Nebelhorn* liegen, in dem die Hamburger Rede veröffentlicht worden sei. Pitt wollte nicht noch einmal zurück in das Haus mit den Bücherschätzen und zu den misstrauischen Blicken der Hausfrau. Aber er wünscht sich noch heute, er hätte sein Studium ein paar Jahre früher beginnen können, am

Schauplatz dieser großen kleinen Rede vor den Hamburger Studenten, die ihre Rente in Euro verzehren. Manchmal gibt es auch die Ungunst der späten Geburt.

In Hamburg hatte Thomas Mann der Jugend Ernsteres bieten wollen als seine Pinzettenarbeit am Lebensbild des jungen Felix. Dabei ist kein besserer, kein ernsterer Ratschlag für junge Menschen vorstellbar als der, ihrer Glückskindhaftigkeit zu vertrauen und in Krulls Lebensleichtsinn ein Muster für die eigene Lebensbahn zu erkennen. Die Biographie des Felix Krull hätte, vollendet, ja doch irgendwo in die repräsentative Welt der hanseatischen Großkaufleute und Senatoren geführt, – nach erfolgreichen Operationen in Südamerika, versteht sich.

Thomas Mann ist die Konzeption seiner staatsmännischen Hamburger Ansprache sauer geworden. Die altgewordenen Hamburger Studenten können im Tagebuch lesen: „Depression, unnötige Quälerei" und „Zwangsversuche". Er beginnt von vorn; „lächerlich und wohl traurig", am Ende „ohne Sicherheit, ob sie das Rechte ist". Doch Frau Katia und Tochter Erika billigen die Rede.

Als er wenige Tage nach seinen Hamburger Lesungen in seinem Tagebuch über die „Arbeiter-Revolte in Ost-Berlin" schreibt, die von russischen Truppen „schonend niedergehalten" worden sei, bringt Tochter Erika das Radio, in dem die Hamburger Lesungen in der Universität und der Musikhalle gesendet werden, „einschließlich der Heiterkeit des Publikums". Auch die Beifallsbezeugung seines Altlesers Arthur Ohlsen dringt an sein Ohr: wieder ist eine Botschaft, von fernher, von dem einst Getreuen, lange Abgefallenen gekommen. Die Wirkung tröstet nicht. Das Meisterwerk und das letzte politische Wort – „e i n Deutschland als selbstbewusst dienendes Glied eines in Selbstbewusstsein geeinten Europas" – sind nicht das Eigentliche. Genierte er sich, den jungen Leuten ein prophetisches Testament vorzutragen, das doch wieder eine „Velleität" sein würde in einer Welt, die im kalten Krieg erstarrt war? Vielleicht hätten seine Hörer ihm doch Briefe –

„teils hübsch, teils dämlich" – schreiben sollen. Pitt, durch eine frühere Geburt begünstigt, hätte es wohl getan.

Ja, er hat noch einmal einen Brief geschrieben: an den kranken Arthur Ohlsen. Er hatte die Rede gefunden, die Thomas Mann in der Library of Congress, an die ihn ein Ehrenposten band, gehalten hatte, über „Deutschland und die Deutschen". Er hätte die zwanzig Seiten kopieren können, um sie dem Kranken auf die Bettdecke zu legen. Doch als er sich hinsetzte, um einen Brief an ihn zu schreiben, wusste er schon, dass er mogeln und hochstaplerisch wie Felix verfahren würde.

Thomas Mann erzählt den Amerikanern, seinen Mitbürgern, die Geschichte der deutschen Innerlichkeit und der politisch-apolitischen Romantik, eine melancholische Geschichte: „Ich nenne sie so und spreche nicht von ‚Tragik', weil das Unglück nicht prahlen soll". Pitt wollte dem traurigen alten Arthur Ohlsen etwas Nettes, Versöhnliches, etwas Tröstendes sagen (er wusste noch nicht, dass literarische Götter, wie der biblische Gott des Hildesheimer Bischofs Wilmer, „nicht nett" sind).

Und so schrieb er Thomas Manns Worte ab, diese brüderlichen, diese „Arthur-Ohlsen-in-mir"-Sätze: „Eines mag diese Geschichte uns zu Gemüte führen: dass es nicht zwei Deutschland gibt, ein böses und ein gutes, sondern nur eines, dem sein Bestes durch Teufelslist zum Bösen ausschlug. Das böse Deutschland, das ist das fehlgegangene gute, das gute im Unglück, in Schuld und Untergang. Darum ist es für einen deutsch geborenen Geist auch so unmöglich, das böse, schuldbeladene Deutschland ganz zu verleugnen und zu erklären: ‚Ich bin das gute, das edle, das gerechte Deutschland im weißen Kleid, das böse überlasse ich euch zur Ausrottung.' Nichts von dem, was ich Ihnen über Deutschland zu sagen oder flüchtig anzudeuten versuchte, kam aus fremdem, kühlen, unbeteiligten Wissen; ich habe es auch in mir, ich habe alles am eigenen Leib erfahren." Die Leute, die Pitt in seinem bisherigen bewussten Leben getroffen hatte, waren alle das „gute" Deutschland.

Nichts hatte Pitt geschrieben von jener „Altertümlichkeit der Seele, welche sich den chthonischen, irrationalen und dämonischen

Kräften des Lebens, das will sagen: den eigentlichen Quellen des Lebens nahe fühlt", nichts vom „Volk der romantischen Gegenrevolution gegen den philosophischen Intellektualismus der Aufklärung", kein Wort zur Klage darüber, dass sich der romantische Geist in seiner Selbstverliebtheit und Eigen-Sucht gegen die Politik und die Hingabe ans Gesellschaftliche verschlossen und den deutschen Bildungsbegriff gegen das politische Element abgeriegelt habe, so dass in Deutschland alle demokratischen Ansätze zur „völkischen Rüpel-Demokratie" missraten waren.

Doch die letzten Sätze der großen Rede hat Pitt, obwohl er ihnen misstraute, in seinen Brief an Arthur Ohlsen hineingeschrieben: „Zuletzt ist das deutsche Unglück nur das Paradigma der Tragik des Menschseins überhaupt. Der Gnade, deren Deutschland so dringend bedarf, bedürfen wir alle". Pitts Brief hat seinen Adressaten nicht mehr erreicht. Den ungeöffneten Brief, den Frau Ohlsen ihm gab, hat Pitt in Ludwig Klages' *Kosmogonischen Eros* gelegt, den Arthur Ohlsen ihm geschenkt hatte.

In der Hamburger Musikhalle, der Laeisz-Halle (mit diesem herrlichen unverbundenen ß!), hatte Thomas Mann das noch nicht veröffentlichte Kuckucks-Kapitel gelesen. „Hinreißend", sagte Arthur Ohlsen, und da er sich gerade mit einem Schnitz der Apfelsine, die Pitt mitgebracht hatte, mühte, hatte es wie „hin-reizend" geklungen. Sind nicht die Abtrünnigen die wahrhaft Liebenden, die Kritiker leidende Kenner?

Arthur Ohlsen sitzt in der Musikhalle hinten. Er schaut über die Köpfe der zweitausend Untertanen, die gekommen sind, dem König der Literatur zu huldigen; der König der Bonner Republik ist er ja nicht geworden, wie er an der Zurückhaltung ihrer repräsentativen Organe an seinem Geburtstag spürte. Auf der Bühne zerbrechlich und straff der Autor, das schmale Gesicht geprägt von Korrektheit, Disziplin, Energie. Die tief erfahrene oratorische Gewitztheit und schalkhafte Dignität, die werbende, in Ergriffenheit perforierte Stimme, alles liegt schon in dem einen Wort: Kuckuck. Diese Szene – das Gespräch zwischen Professor Antonio José Kuckuck, Direktor des Lissaboner Naturhistorischen Museums, und dem zwanzigjährigen Felix Krull, der als Marquis de

Venosta in die Welt reist, im Speisewagen auf der Fahrt von Paris nach Lissabon – hat der Dichter geschrieben, um sie vortragen zu können. (Oh, wie ärgerte sich Pitt über den Benn-Leser F. W. Oelze, als der in dieser „Speisewagenunterhaltung" nur ein „Exzerpt aus Konversationslexika", das „gewaltsam in das Ganze hineingepresst" sei, sehen wollte).

Gebannt schaut der Hochstapler dem Gelehrten in die „Sternenaugen", und das „Sternenäugige" überglänzt das Geplauder des Wissenden über die Entstehungsgeschichte des Sterns Erde und des Lebens auf ihm, den Weg der Jahrmilliarden, der ein Ziel erreicht hat in der Erschaffung eines so exquisiten Geschöpfs wie des mondänen Taugenichts Felix, des Geschöpfs des Sonntags, an dem alles „gut" war und in ewiger Unschuld gut zu bleiben verspricht. Aus der Enzyklopädie steigt die Dithyrambe. Der Hörer, der Phänotyp des leid- und schulderfahrenen Menschen in der Mitte des Jahrhunderts, erlebt in der Musikhalle Mozart, der die Genese in Töne setzt. Alle Hörer werden jung: sie hören die Geschichte zum ersten Mal. Hermes, dessen Statue an dem Haus stand, in das Arthur Ohlsen seinen Brief geschickt hatte, schwebt durch den Saal, die „elegante Gottheit", der Erfinder der Musik und der Schrift, dessen Gehirngewebe besonders „pfiffige Formen" angenommen hat, und in den Händen könnte er Leier und Pfeil tragen, die der Autor zum Logo seines schriftstellerischen Berufs gewählt hat: die Melodie, die gewinnt, und das Wort, das trifft. Und der Dichter trifft auch Arthur Ohlsen, mitten ins Herz.

Ob Thomas Mann in der Laeisz-Halle das ganze Kuckuckskapitel gelesen hat? Den Schluss gewiss. Da war wieder das Wort, das zu hören Arthur Ohlsen sich geweigert hatte, solange er mit seinem Autor im Hader lag. Jetzt war er gezwungen, es zu hören. Weil der Autor in der Epiphanie seiner Geistesmacht wieder seine Netze über den frühen Leser ausgeworfen hatte, mit all den Knoten im feinen Gespinst, das an der Seelenhaut scheuert. Nicht zu den jungen Leuten war er nach Hamburg gekommen, sondern zu den älteren, zu Arthur Ohlsen zum Beispiel, um ihnen zu sagen, dass der romantische Geist das Leben und die

Gesittung und nicht den Tod und die Barbarei wolle. Alles, sprach der Autor aus dem Kuckucksmund, sei beieinander im Sein, das „glasig-schleimige Klümpchen des Urwesens" und die übergeordneten Lebensgebilde, die „Großindividuen", alle Formen der Kultur und der Moral, das Dumme und das Gescheite, die Skala des „Urtümlichsten, Dumpfesten, Wilden bis zum Höchst- und Feinstentwickelten". Voll Verständnis ist die diagnostische Warnung des erfahrenen Autors an den verlorenen Leser, der zu ihm zurückgekehrt ist: „oft werde das Feinste müd seiner selbst, vergaffe sich in das Urtümliche und sinke trunken ins Wilde zurück". (Ja, das alles, vor allem das Schleimklümpchen, das seine fatale Rolle in einem Benn-Gedicht spielt, wird den Benn-Leser Oelze geärgert haben!).

Thomas Mann wird eine Pause gemacht haben in seiner Lesung, wird seine Augen, die Kuckucksaugensterne, blitzhaft durch den großen Saal leuchten gelassen haben, wird sie einen Nu lang in Arthur Ohlsens in Entzücken und Erschrecken geweitete Augen versenkt und gesagt haben: „davon nichts weiter."

Dem Felix de Venosta begegnete Pitt an der Talstation der Seilbahn, die von der Rue Augusto hinaufführt zum Bairro Alto, wo in der Nähe an der Rue Joao de Castilhos die Villa des fortschrittsgläubigen Professors Kuckuck liegt. Zu ihr fuhr Felix oft hinaus, auch zu jenem letzten Besuch, der mit dem Liebesgeständnis an die Tochter des Hauses beginnt und in den Armen der Hausherrin endet.

Als Pitt in Santarém in einem alten Kino, dem Teatro Sá da Bandeira, vor vierhundert Kleinbauern und Landarbeitern mit ihren Frauen und Kindern saß, hatte er Mühe, sich auf seinen Vortrag über die Segnungen des Genossenschaftswesens zu konzentrieren. Seine Genfer Freunde und Mitstreiter und auch der Felix Krull waren im Saal, wo der Kandidat der (gemäßigten) Sozialisten in seiner Wahlkampagne gegen den sozialdemokratischen (konservativen) Ministerpräsidenten Station gemacht hatte (Namen spielen keine Rolle: der Kandidat, den Pitt unterstützte, hat verloren, wurde später aber ein wichtiges Mitglied des Direktoriums der Europäischen Zentralbank). Der Felix ging ihm nicht aus dem Sinn in der Volksfeststimmung im Saal: er hob sich, wie die jungen feschen Helfer des Kandidaten, krass ab gegen die ergreifende Armseligkeit der verhutzelten, von Wind und Sonne vertrockneten und verfärbten Menschen, deren Beifallsklatschen mehr vom melancholischen Fado als von den grell-pathetischen, aus dem Lautsprecher in Pitts Rücken krächzenden Rhythmen des Marsches „Pomp and Circumstance" hatte.

Pitt hörte Felix, den Marquis de Venosta, im Gespräch mit dem amüsierten König von Portugal über die „volksfremde Idee der Gleichheit" schwadronieren, über die Vorspiegelung der Hoffnung, die Republik könne die Natur des Menschen ändern und „Glück und Gleichheit" herbeizaubern. Konnten die kleinen genossenschaftlichen Republiken das? War das, was Pitt hier trieb, nichts als die „zündende Rhetorik der Demagogen"? War sein Versuch, die Westerwaldarmut in Deutschland Mitte des 19. Jahrhunderts zu beschwören, um die genossenschaftliche Pioniertat des Friedrich Wilhelm Raiffeisen und die der Textilarbeiter von Eilenburg und Rochdale mit ihren sozialen Fernwirkungen glänzen zu lassen, nichts anderes als die „gefährliche Beschwatzungskunst" der Feinde der bestehenden Ordnung, die wie „Wühlmäuse" an den Wurzeln der Gesellschaft nagen?

Was ist Hochstapelei: Felix' anschmiegsame Frechheit, die dem „aristokratischen Sinn" und dem Glauben an die unveränderbare soziale Pyramide schmeichelt, oder Pitts „plattes Rednertum", das die vielen kleinbäuerlichen Familien im Saal für eine halbe Stunde in dem „Wahn" wiegt, „es sei notwendig, oder auch nur im geringsten wünschenswert – von der Möglichkeit ganz zu schweigen – die Unterschiede der Geburt, des Geblüts, die Unterschiede von Reich und Arm, Vornehm und Gering einzuebnen"? Die jungen hochgewachsenen Männer in der Kranichphalanx des Kandidaten, die das zwergenhafte Wahlvölkchen zerteilte, ließen ihre edel-blassen Gesichter über der Menge der verschrumpelten Kastanienköpfe schweben. Unter ihnen sah Pitt manchen, der ihn, wie Dom Carlos im Anblick Felix', an den Adonis denken ließ.

Doch wie gern lassen Leser sich von ihren Autoren heimsuchen! – überall, zu jeder Zeit. Lissabon wird durch Felix zum Liebesfest. Überall findet Felix – „denn es strömte mir zu" – Worte und Bilder zum Preis der Liebe, wie sie keinem animierten Philosophen je zugeströmt sind, nicht einmal dem verzückt-verstiegenen Platoniker Otto Weininger, dessen Jünglingserscheinung das Modell des Felix de Venosta sein könnte. Überall in Lissabon – „welche Stadt, Sire!" – sieht Felix die Liebe in ihren verwirrenden Erscheinungen walten. An jeder Straßenecke, an der Passanten sich zu einem Bettlerkind niederbeugen, in jedem Sichzulächeln und jedem Händedruck zwischen Menschen, in jedem Kuss sieht er ein „kleines Fest der Abweichung der Natur von sich selbst, die Leugnung des Widerwillens des Fremden gegen das Fremde, die Spur der heimlich allgegenwärtigen Liebe".

Warum hat Thomas Mann am Ende seines Lebens in tragischem Selbsthader räsoniert, der *Felix Krull* könne nicht sein *Faust* oder sein *Parzival* sein, nicht das sein Schriftstellerleben krönende Werk? Katia Mann hat ihn bedrängt, das Werk zu vollenden. Hätte er auf sie hören können! Was ist die himmlische Erlösungsmacht der Liebe, die der alte Goethe beschwört, gegen ihre verschwisternde Kraft im Irdisch-Humanen, gegen die „wunderbare Aufhebung der Getrenntheit und des eklen Nichts-wissen-Wollens von allem, was einer nicht selbst ist"? Was ist das „Ist gerettet", das von oben schallt, gegen die Überwindung des „Ekels" hienieden? Was ist die Erhebung des Menschen in den Gnadenstand gegen die Aufhebung der „Sonderung" zwischen dem Ich und dem Du? In seinem 20. Jahrhundert hat Thomas Mann den Faust in den Felix verwandelt und Goethes Botschaft in zivilisatorischer Absicht übertroffen.

Pitt hält, wieder einmal, den *Kosmogonischen Eros*, ein sehr zerlesenes Exemplar, in seinen Händen, in den Arthur Ohlsen seinem „lieben literarischen Freund" die Abschiedswidmung schrieb. So großartig wie Ludwig Klages hatte Thomas Mann am Schluss seiner Lesung aus dem Kuckuckskapitel die Pointe seiner furiosen Kosmogonie nicht gesetzt: er hatte Professor Kuckuck schlicht von der „Allsympathie" sprechen lassen. In ihr lade das Sein den Menschen „zur Lust und Last". Der Professor Kuckuck hatte den Felix, der Weltautor hatte sein Hamburger Publikum, Thomas Mann hatte seinen Leser Ohlsen mit seinen Sternenaugen angesehen und gewonnen. Arthur Ohlsens Widmung war auch eine Botschaft für Pitt gewesen: ja, Thomas Mann hatte einen abtrünnigen Leser zurückgewonnen. Wie überflüssig aber waren Pitts Anstrengungen gewesen, einen enttäuschten Leser mit seinem geliebten Autor zu versöhnen. Doch die Heimsuchung des Lesers versteckt sich in vielen Formen.